Julia Oesterling

Arbeitsrecht für Arbeitnehmer*innen

Julia Oesterling

Arbeitsrecht für Arbeitnehmer*innen

Alles, was Sie wissen müssen,
um zu Ihrem Recht zu kommen

südwest

Inhalt

Hinweis: Autorin und Verlag haben sich in diesem Buch um gendergerechte Sprache bemüht. Der Begriff »Arbeitgeber« wird jedoch ausschließlich in der männlichen Form verwendet. Mit »Arbeitgeber« ist nicht ein Mensch gemeint, sondern die juristische Person dahinter, wie z. B. eine GmbH, ein Konzern, ein Verein oder eine Behörde.

1. Einführung und allgemeine Hinweise

»Die Arbeit ist etwas Unnatürliches. Die Faulheit allein ist göttlich.«

Anatole France

Ob Sie Ihre Arbeit als ein notwendiges Übel ansehen oder als ein Mittel zur Selbstverwirklichung, in jedem Fall sollten Sie nicht zu viel arbeiten und sich dabei nicht kaputt machen. Sie müssen voraussichtlich lange arbeiten, um auch im Alter über die Runden zu kommen. Dafür brauchen Sie gute Arbeitsbedingungen. Und nur wenn Sie Ihre Rechte kennen, können Sie diese auch einfordern.

Über dieses Buch

Dieses Buch informiert Sie über Ihre wichtigsten Rechte im Arbeitsverhältnis und zeigt, wie Sie diese Rechte durchsetzen können. Es bietet einen Überblick vom Beginn des Arbeitsverhältnisses über den Umgang mit Problemen am Arbeitsplatz bis zur Beendigung. Viele Beispiele und Fälle aus der Rechtsprechung der Arbeitsgerichte veranschaulichen die rechtliche Situation.

Ein typischer Arbeitsvertrag mit Erklärungen hilft Ihnen, die Regeln in Ihrem eigenen Arbeitsvertrag besser zu verstehen. Das Kapitel zum Arbeitszeugnis zeigt Ihnen, wie Sie Ihr Arbeitszeugnis überprüfen können. Ein konkretes Beispiel zeigt typische Fehler im Zeugnis auf, die immer wieder in Zeugnissen zu finden sind.

Wenn Sie Familie, Freizeit und den Beruf gut miteinander vereinbaren wollen, erfahren Sie etwas über Ihre rechtlichen Möglichkeiten. Es geht um Mutterschutz, Elternzeit, Teilzeit und Homeoffice. Für Beschäftigte, die ihre Angehörigen pflegen, gibt es das Kapitel zum Pflegezeitgesetz und Familienpflegezeitgesetz.

Im Kapitel über Kündigungen lesen Sie, aus welchen Gründen der Arbeitgeber kündigen kann und was Sie vor einer Eigenkündigung bedenken sollten. Das anschließende Kapitel über den Kündigungsschutzprozess gibt Ihnen einen guten Einblick darüber, was Sie vor Gericht erwartet. Sie erfahren, wo Sie sich Hilfe holen können und welche Kosten auf Sie zukommen.

Dieses Buch wird Ihnen nicht jede Frage zu Ihrem Arbeitsverhältnis beantworten. Sie bekommen aber einen guten Überblick über die Möglichkeiten, die Ihnen offenstehen. Sie erwerben ein umfangreiches Vorwissen für eine rechtliche Beratung und lernen, die richtigen Fragen zu stellen.

Sie können das Buch auch als Nachschlagewerk benutzen. Das ausführliche Stichwortverzeichnis am Ende hilft Ihnen bei der Suche. Oder Sie wollten schon immer wissen, was ein Betriebsrat macht und wozu Gewerkschaften da sind? Dann können Sie in diesen Kapiteln schmökern.

Arbeitsrechte sind nur Papiertiger, wenn sie nicht von den Arbeitnehmer*innen eingefordert werden. Gute Arbeitsbedingungen wurden in der Geschichte des Arbeitsrechts immer erkämpft. Sie müssen erhalten und ausgebaut werden. Von einzelnen Arbeitnehmer*innen und gemeinsam mit der Gewerkschaft oder dem Betriebsrat. Jura ist leider nicht besonders unterhaltsam und die juristische Sprache ist oft unverständlich. Die rechtlichen Informationen sind deshalb in verständliches Deutsch übersetzt. Ab und zu gibt es den Hinweis auf juristische Paragrafen, auf die Sie sich gegenüber dem Arbeitgeber berufen können.

Das Buch ersetzt keine Rechtsberatung für genau Ihren Fall. Die Lieblingsantwort von Jurist*innen ist leider: »Es kommt drauf an«, denn es kommt immer auf den Einzelfall an. Schon eine kleine Änderung – eine Klausel im Arbcitsvertrag, eine Betriebsvereinbarung, ein neues

Gesetz –, und schon sieht die Lösung des Falles ganz anders aus. Mein Ratschlag ist deshalb, sich bei aufkommenden Problemen schnell beraten zu lassen.

Allgemeine Tipps

1. An Rechtsschutz denken

Bei Kündigungen und Streitigkeiten am Arbeitsplatz brauchen Beschäftigte in der Regel juristischen Rat oder müssen ihre Rechte vor dem Arbeitsgericht durchsetzen. Vor dem Arbeitsgericht müssen beide Seiten die Kosten für ihre Anwält*innen selbst tragen. Auch die rechtliche Beratung und Vertretung gegenüber dem Arbeitgeber kosten Geld. Sie sollten sich überlegen, ob Sie sich durch die Mitgliedschaft in einer Gewerkschaft oder durch eine Rechtsschutzversicherung absichern wollen.

2. Sich sofort kümmern

Es gibt im Arbeitsrecht viele kurze Fristen zu beachten. Wenn Sie diese Fristen nicht einhalten, verlieren Sie schnell Ihre Rechte. Deshalb sollten Sie sich bei einer Kündigung oder bei Problemen am Arbeitsplatz sofort beraten lassen.

Beispiel: Für eine Kündigungsschutzklage bleiben Ihnen ab Erhalt der Kündigung nur drei Wochen Zeit.

Beispiel: Wenn Sie nach einer Diskriminierung am Arbeitsplatz einen Schadensersatz oder eine Entschädigung bekommen wollen, müssen Sie diese in der Regel innerhalb von zwei Monaten nach der Diskriminierung schriftlich beim Arbeitgeber geltend machen.

3. Erst beraten lassen – dann handeln

Bevor Sie wichtige Entscheidungen für Ihr Arbeitsverhältnis treffen, sollten Sie sich rechtlich beraten lassen. Das gilt besonders vor einer Eigenkündigung oder vor der Unterzeichnung eines Aufhebungsvertrages. Sie können die Folgen wie z. B. eine Sperrzeit beim Arbeitsamt und den Verlust von anderen Rechten nicht immer überblicken. Nach einer Beratung kennen Sie alle Möglichkeiten und die Folgen und können eine informierte Entscheidung treffen.

4. Schriftlich ist besser als mündlich

In vielen Fällen wird im Nachhinein über den Inhalt von mündlichen Absprachen gestritten. Der Urlaub wird mündlich bewilligt und später fällt der Führungskraft ein, dass der Zeitraum doch nicht so gut passt. Die Bewilligung wird zurückgenommen. Oder eine Teilzeit nach der Elternzeit wird zugesagt, aber später nicht umgesetzt. Oft wird die Verlängerung eines befristeten Arbeitsvertrages mündlich zugesagt und kurz vor Ende doch verweigert. Um Missverständnisse zu vermeiden und mehr Sicherheit zu haben, ist es besser, schriftliche Vereinbarungen zu treffen.

5. Fristen setzen

Sie wollen etwas von Ihrem Arbeitgeber, z. B. ein Zwischenzeugnis oder eine Klärung von ausstehendem Lohn oder einer Urlaubsanfrage. Oft gehen solche Anfragen im Personalbüro unter oder werden erst viele Wochen später beantwortet. Eine Frist kann Wunder wirken. Fristen am Ende einer Anfrage zeigen auf, dass die Anfrage wichtig ist und die Beantwortung kontrolliert wird. Wichtig ist, dass die Frist nicht zu kurz ist. Ein Zwischenzeugnis kann man nicht innerhalb von drei Tagen erwarten. 10 bis 14 Tage sind aber sicherlich machbar.

Beispiel:

»Ich erbitte eine Antwort bis zum _______, damit ich meinen Urlaub planen kann.«

6. Beweise sichern

Am Arbeitsplatz ist etwas passiert, was Ihnen nicht gefallen hat? Sie wurden vom Chef angeschrien? Ein Kollege hat einen sexistischen Kommentar gemacht? Schreiben Sie es auf. Machen Sie sich sofort eine

Notiz mit folgenden Inhalten: Was ist vorgefallen? Wer hat was gesagt oder getan? Dazu schreiben Sie das Datum, die Uhrzeit, den Ort und die Namen der Anwesenden auf. Selbst wenn Sie nicht jetzt sofort dagegen vorgehen wollen, kann es später helfen, den Sachverhalt darzustellen. Um sich zu beschweren oder einen Prozess vor dem Arbeitsgericht zu gewinnen, muss man sehr genau beschreiben, was passiert ist.

7. Unterlagen aufbewahren

Es kommt leider immer wieder vor, dass bei der Rechtsberatung wichtige Unterlagen fehlen. Manchmal ist sogar der Arbeitsvertrag nicht mehr auffindbar. Bewahren Sie Ihren Arbeitsvertrag und alle möglichen Zusatzvereinbarungen gut auf. Das Gleiche gilt für Lohnabrechnungen, Zwischenzeugnisse und andere wichtige Dokumente. Auch E-Mails oder Messenger-Nachrichten mit wichtigen Inhalten sollten Sie abspeichern. Legen Sie sich einen Ordner mit der Aufschrift »Arbeit« zu und heften Sie dort alle Unterlagen ein. Falls das zu aufwendig erscheint, nehmen Sie sich wenigstens einen Karton, in den Sie alle wichtig erscheinenden Unterlagen reinlegen. Bei Bedarf muss man dann zwar suchen, aber es kommt nichts weg.

Das Arbeitsrecht – Begriffe erklärt

Arbeitnehmer*innen und Arbeitgeber

Arbeitnehmer*innen werden auch »abhängig Beschäftigte« genannt. Denn sie verrichten ihre Arbeit nach den Weisungen des Arbeitgebers. Dieser bestimmt den Arbeitsort, die Arbeitszeit und den genauen Inhalt der Arbeit. Dadurch sind sie in der Regel auch wirtschaftlich abhängig vom Arbeitgeber. Als Gegenleistung bekommen sie das Arbeitsentgelt.

Wegen ihrer Abhängigkeit vom Arbeitgeber schützt das Arbeitsrecht die Arbeitnehmer*innen. Denn anders als bei anderen Verträgen, wie z. B. einem Kaufvertrag für ein Auto, können sich Arbeitnehmer*innen den Vertragspartner und die einzelnen Vertragsbedingungen oft nicht aussuchen. Der Arbeitgeber sitzt am längeren Hebel. Als Gegengewicht bestimmen die Arbeitsgesetze und weitere Rechtsquellen Mindestrechte für die Arbeitnehmer*innen.

Beamte sind eine besondere Gruppe von Beschäftigten und fallen nicht unter das Arbeitsrecht. Für Angestellte im öffentlichen Dienst dagegen ist das Arbeitsrecht anwendbar.

Im Unterschied zu Arbeitnehmer*innen können Selbstständige für sich entscheiden, wo und wann sie welche Tätigkeit ausüben. Dafür müssen sie ihren Lohn selbst erwirtschaften und tragen das Betriebsrisiko.

Bei neuen Arbeitsformen wie dem Crowdworking ist es in vielen Fällen nicht klar, ob es eine abhängige Beschäftigung ist oder eine selbstständige Tätigkeit. Das Bundesarbeitsgericht hat entschieden, dass Crowdworker Arbeitnehmer*innen sein können, auch wenn im Vertrag eine selbstständige Tätigkeit vereinbart wurde.

Der Arbeitgeber kann eine natürliche oder eine juristische Person sein. Eine natürliche Person ist ein Mensch, dessen Name im Arbeitsvertrag als Vertragspartner steht oder mit dem mündlich ein Arbeitsverhältnis vereinbart wurde. In den meisten Fällen sind Arbeitgeber jedoch juristische Personen wie z. B. eine GmbH, eine Aktiengesellschaft oder ein Verein. Diese juristischen Personen werden durch Geschäftsführende oder Vorstände vertreten. Auch öffentlich-rechtliche juristische Personen wie eine Stadt, ein Bundesland oder der Bund können Arbeitgeber sein.

Scheinselbstständige

Scheinselbstständige stehen eigentlich in einem Arbeitsverhältnis zu einem Arbeitgeber, das heißt, sie müssen nach dessen Vorgaben arbeiten. Um keine Sozialabgaben zu zahlen und die Arbeitgeberpflichten zu umgehen, werden sie jedoch wie Selbstständige behandelt. Dadurch zahlen sie nicht in die Sozialversicherungskassen ein und haben keinen Kündigungsschutz. Beschäftigte, die unsicher sind, ob sie Arbeitnehmer*innen oder Selbstständige sind, sollten dazu Rechtsrat einholen. Es ist auch möglich, die Eigenschaft als Arbeitnehmer*in vom Arbeitsgericht feststellen zu lassen. Außerdem hat die Deutsche Rentenversicherung eine Clearingstelle, die den Status von Beschäftigten überprüft.

Das Arbeitsrecht

Das Arbeitsrecht ist das Schutzrecht für Arbeitnehmer*innen. Es bestimmt die Mindeststandards für gute Arbeitsbedingungen. Hierbei gilt: Arbeitgeber und Arbeitnehmer*innen verfolgen unterschiedliche Interessen. Der Arbeitgeber möchte in der Regel Profit erwirtschaften. Die Arbeitnehmer*innen müssen durch den Arbeitslohn ihre Existenz sichern. Weil der Arbeitgeber meistens am längeren Hebel sitzt, werden die Beschäftigten durch die Arbeitsgesetze geschützt.

Im Arbeitsrecht unterscheidet man zwischen Individualarbeitsrecht und kollektivem Arbeitsrecht. Beim Individualarbeitsrecht geht es um das Verhältnis zwischen einem Arbeitgeber und einer einzelnen Beschäftigten. Im kollektiven Arbeitsrecht sind die Rechte und Pflichten von Gewerkschaften und Betriebsräten oder Personalräten geregelt. Sie können Tarifverträge oder Betriebsvereinbarungen und Dienstvereinbarungen mit den Arbeitgebern abschließen. Diese Regelwerke gelten für eine Vielzahl von Beschäftigten.

2.
Beratung bei Problemen am Arbeitsplatz

Wenn Sie Fragen oder Probleme am Arbeitsplatz haben, gibt es verschiedene Möglichkeiten, die Sache anzugehen. Beachten Sie dabei immer, dass es im Arbeitsrecht viele kurze Fristen gibt. Wenn Sie Fristen nicht einhalten, verlieren Sie Ihre Rechte. Deshalb sollten Sie sich bei auftretenden Problemen sofort rechtlich beraten lassen.

Überblick über die verschiedenen Beratungsmöglichkeiten:

1. Rechtsanwält*in
2. Gewerkschaften
3. Betriebsrat und Personalrat
4. Beratungsstellen
5. Gleichstellungsbeauftragte*r oder Frauenbeauftragte*r
6. Schwerbehindertenvertretung
7. Austausch mit Freund*innen und Familie

Rechtsanwält*in oder Fachanwält*in für Arbeitsrecht

Eine umfassende Beratung bekommen Beschäftigte bei Rechtsanwält*innen oder Fachanwält*innen für Arbeitsrecht. Rechtsanwält*innen können auch die Vertretung gegenüber dem Arbeitgeber übernehmen, sodass Arbeitnehmer*innen den Streit nicht mehr persönlich austragen müssen. Wenn sich der Streit nicht außergerichtlich beilegen lässt, können Rechtsanwält*innen für sie vor dem Arbeitsgericht klagen.

Fragen Sie in Ihrem Freundes- und Bekanntenkreis, ob Ihnen jemand gute Anwält*innen empfehlen kann. Falls Sie für ein anderes Rechtsgebiet schon Kontakt zu Anwält*innen hatten, fragen Sie dort nach guten Kolleg*innen für das Arbeitsrecht. Eine persönliche Empfehlung ist meistens am besten. Ansonsten können Sie auch im Internet z.B. unter https://anwaltauskunft.de oder www.anwalt.de suchen. Bei den Suchkriterien können Sie »Fachanwaltschaft Arbeitsrecht« anklicken und die Suche auf Ihren Wohnort beschränken.

Erstberatung

Der erste Termin bei Rechtsanwält*innen wird Erstberatung genannt. In der Erstberatung wird die rechtliche Situation beurteilt und die verschiedenen Möglichkeiten zum weiteren Vorgehen besprochen. Das kann z.B. ein Anschreiben des Arbeitgebers mit einer bestimmten Forderung sein oder gleich die Erhebung einer Klage vor dem Arbeitsgericht.

Beispiel: Das Arbeitsverhältnis ist beendet. Der Arbeitgeber schuldet einem Arbeitnehmer noch Gehalt und hat auch auf Nachfrage kein Arbeitszeugnis ausgestellt. Die Rechtsanwältin fordert den ausstehenden Lohn und das Arbeitszeugnis in einem Schreiben an den Arbeitgeber ein.

Beispiel: Eine Arbeitnehmerin ist gekündigt worden. Die Rechtsanwältin erhebt beim Arbeitsgericht eine Kündigungsschutzklage.

Kosten

Bei der Terminvereinbarung können Sie gleich nach den Kosten für eine Erstberatung fragen. Je nachdem, was zu tun ist, wird die Rechtsanwältin oder der Rechtsanwalt Ihnen nach der Erstberatung mitteilen, welche Kosten für die Vertretung gegenüber dem Arbeitgeber oder eine Klage vor dem Arbeitsgericht entstehen. Sie können nach einer Kostenaufstellung fragen.

Die Bezahlung oder Vergütung von Anwält*innen ist in einem eigenen Gesetz geregelt, dem Rechtsanwaltsvergütungsgesetz (RVG).

Das Gesetz unterscheidet zwischen der Bezahlung der Erstberatung, der außergerichtlichen Tätigkeit (Kommunikation mit dem Arbeitgeber) und den Kosten für ein Gerichtsverfahren. Im Gerichtsverfahren vor dem Arbeitsgericht können zusätzlich Gerichtskosten entstehen. In einem Gerichtsverfahren vor dem Landesarbeitsgericht müssen Sie, wenn Sie verlieren, auch die Anwältin oder den Anwalt der Arbeitgeberseite bezahlen.

Die Kosten für die außergerichtliche Tätigkeit und für eine Klage richten sich nach dem Streitwert. Je mehr Geld eingefordert wird, desto höher sind die Gebühren für die Rechtsanwält*innen und die Gerichtskosten.

Rechtsschutzversicherung

Wenn Sie eine Rechtsschutzversicherung für Arbeitsrecht haben, übernimmt die Versicherung unter bestimmten Voraussetzungen die Kosten für die Erstberatung und auch für die Vertretung gegenüber dem Arbeitgeber und vor Gericht. Viele Rechtsanwält*innen übernehmen für ihre Mandant*innen die Anfrage auf Kostendeckung bei der Rechtsschutzversicherung.

Beratungshilfe und Prozesskostenhilfe für Geringverdienende

Falls Sie wenig verdienen, können Sie für die Erstberatung bei einer Anwältin einen Beratungshilfeschein bei Ihrem zuständigen Amtsgericht beantragen. Dafür müssen Sie verschiedene Unterlagen mitbringen. Seit der Coronapandemie ist es teilweise möglich, den Antrag per Post zu stellen.

Über den Beratungshilfeschein können die Rechtsanwält*innen die Beratung beim Staat abrechnen und von Ihnen zusätzlich höchstens 15 Euro verlangen. Ist neben der Beratung eine außergerichtliche Vertretung gegenüber dem Arbeitgeber (Schreiben an den Arbeitgeber und Verhandlungen) nötig, so kann auch diese über die Beratungshilfe abgerechnet werden. Für ein Gerichtsverfahren erhalten Geringverdienerinnen Prozesskostenhilfe.

Gewerkschaften

Als Mitglied einer Gewerkschaft zahlen Beschäftigte den monatlichen Mitgliedsbeitrag und bekommen dafür unter anderem kostenlose Beratung im Arbeitsrecht und auch im Sozialrecht. Im Arbeitsrecht kann man z. B. sein Zeugnis überprüfen lassen und Fragen zur Eingruppierung oder zum Urlaub stellen. Bei einer Kündigung übernimmt die Gewerkschaft in der Regel die Kündigungsschutzklage.

Das Sozialrecht umfasst Fragen zum Thema Arbeitslosigkeit und die damit verbundenen Ansprüche auf Arbeitslosengeld I und Arbeitslosengeld II (Hartz IV bzw. ab Januar 2023 Bürgergeld), Krankenversicherung und Rentenversicherung. Bei Erfolgsaussichten erhebt die Gewerkschaft für ihre Mitglieder auch Klagen vor den Arbeits- und Sozialgerichten.

Betriebsrat und Personalrat

Der Betriebsrat und der Personalrat werden von den Beschäftigten in einem Unternehmen oder einer Behörde gewählt. Ihre Aufgabe ist die Vertretung der Interessen der Arbeitnehmer*innen gegenüber dem Arbeitgeber.

Betriebs- und Personalräte haben in der Regel viele Schulungen zu arbeitsrechtlichen Themen besucht. Sie werden nicht nur zu den Rechten des Betriebsrats und Personalrats, sondern auch allgemein im Arbeitsrecht fortgebildet. Gleichzeitig kennen sie sich gut mit den Abläufen im Betrieb aus. Deshalb sind sie gute Ansprechpartner*innen bei Fragen und Problemen im Job. Betriebs- und Personalrät*innen sind auch verpflichtet, Beschwerden von Beschäftigten über den Arbeitgeber entgegenzunehmen und sich um Abhilfe zu kümmern. Gleichzeitig sind sie aber keine ausgebildeten Jurist*innen und kennen nicht jede einzelne Frist im Arbeitsrecht. Neben dem Kontakt zum Betriebs- oder Personalrat sollten Beschäftigte sich auch von Jurist*innen der Gewerkschaft oder Rechtsanwält*innen beraten lassen (mehr Informationen finden Sie im Kapitel »Der Betriebsrat« ab Seite 301).

Beratungsstellen

Es gibt bundesweit viele Beratungsstellen, die auch zu Rechten am Arbeitsplatz beraten. Viele Angebote sind kostenlos. Beschäftigte können sich erkundigen, ob in ihrer Nähe passende Beratungsstellen vorhanden sind. Es gibt auch Beratungsangebote per Telefon oder E-Mail.

Hier einige Beispiele:

Elternzeit und Elterngeld

- Bundesministerium für Familie: www.bmfsfj.de
- Lesben- und Schwulenverband in Deutschland (LSVD): www.lsvd.de

Diskriminierung am Arbeitsplatz

- Antidiskriminierungsverband Deutschland (advd; dieser Verband hilft bei der Suche nach einer Beratungsstelle vor Ort): www.antidiskriminierung.org
- Antidiskriminierungsstelle des Bundes www.antidiskriminierungsstelle.de
- Landesantidiskriminierungsstellen in vielen Bundesländern

Mobbing

- Mobbingberatung Berlin-Brandenburg (Kostenpflichtige Beratung, auch über E-Mail): https://mobbingberatung-bb.de
- MobbingLine Nordrhein-Westfalen (Kostenlose telefonische Beratung): www.komnet.nrw.de/service/MobbingLine/

Beschäftigte mit Schwerbehinderung

- Informationen und Beratung für Beschäftigte mit Behinderung: www.enableme.de

Frauen

- Frauenberatungsstellen (diese bieten bundesweit oft auch eine kostenlose rechtliche Beratung im Arbeitsrecht an)

Beschäftigte im Bundesland Bremen

Können sich an die Arbeitnehmerkammer Bremen wenden: www.arbeitnehmerkammer.de

Gleichstellungsbeauftragte*r oder Frauenvertreter*in

In Behörden und anderen staatlichen Einrichtungen werden Beauftragte für die Gleichstellung von Männern und Frauen gewählt oder bestellt.

Jedes Bundesland hat ein eigenes Landesgesetz dafür verabschiedet. In Niedersachsen heißt es beispielsweise Niedersächsisches Gleichstellungsgesetz und es sieht die Bestellung einer/eines Gleichstellungsbeauftragten vor. In Berlin heißt es Landesgleichstellungsgesetz und bestimmt die Wahl einer Frauenvertreter*in. Die Beauftragten sollen die Beschäftigten vor der Benachteiligung wegen ihres Geschlechts schützen und somit die beruflichen Möglichkeiten von Frauen fördern.

Schwerbehindertenvertretung

Die Schwerbehindertenvertretung soll die Eingliederung schwerbehinderter Menschen fördern und kontrolliert, ob der Arbeitgeber die gesetzlichen Vorschriften einhält.

Eine Schwerbehindertenvertretung wird in Unternehmen und Behörden mit mindestens fünf Beschäftigten mit einer Schwerbehinderung gewählt.

Austausch mit Freund*innen und Familie

Auch wenn Freund*innen und Familie keine Expert*innen im Arbeitsrecht sind, können sie wertvolle Ratschläge geben. Sie haben nicht den Blick auf den Arbeitserfolg, sondern auf Ihr Wohlergehen. Sie wollen nicht, dass die Arbeit ohne Rücksicht auf Verluste geschafft wird, sondern dass es Ihnen gut geht.

Beschäftigte sind manchmal so in ihrem Arbeitsauftrag gefangen, dass ihre Wahrnehmung bezüglich betrieblicher Missstände getrübt ist. Sie merken zwar noch, dass etwas nicht in Ordnung ist, können es aber nicht mehr zuordnen oder rechtfertigen es. Ein Blick von außen kann da helfen. Außerdem stärken Sie sich so den Rücken für Auseinandersetzungen im Betrieb.

3.
Beginn des Arbeitsverhältnisses

Der richtige Arbeitgeber

Arbeitgeber verhalten sich sehr unterschiedlich. Es gibt Arbeitgeber, die selbst einen hohen Anspruch an gute Arbeitsbedingungen haben und diese auch umsetzen. Dann gibt es aber Arbeitgeber, die die Rechte von Arbeitnehmer*innen missachten. Die einen tun dies tatsächlich aus Unwissenheit, die anderen versuchen absichtlich, diese Rechte zu untergraben. In einigen Unternehmen werden die Rechte von Arbeitnehmer*innen systematisch ausgehöhlt, die Gründung von Betriebsräten torpediert und Verhandlungen mit Gewerkschaften verweigert. Die Selbstdarstellung von Unternehmen auf ihrer Website kann sehr stark von den tatsächlichen Arbeitsbedingungen abweichen. Es gibt Unternehmen, die sich nach außen als sehr familienfreundlich darstellen, aber Mitarbeiter*innen diskriminieren, wenn sie aus der Elternzeit zurück an den Arbeitsplatz kommen.

Wenn Sie die Wahl zwischen verschiedenen Arbeitgebern haben, sollten Sie diese Aspekte berücksichtigen:

Betriebsrat

Wenn es bei Arbeitgebern einen Betriebsrat gibt, ist das in der Regel ein gutes Zeichen. Ein Betriebsrat wird von der Belegschaft gewählt und vertritt die Interessen der Beschäftigten. Über den Betriebsrat können Sie bei vielen Themen mitbestimmen und Sie haben einen Ansprechpartner bei Problemen. In Unternehmen mit Betriebsrat sind die Arbeitsbedingungen meistens besser als in Betrieben ohne Betriebsrat.

In manchen großen Unternehmen hat der Betriebsrat eine eigene Präsenz auf der Unternehmenswebsite. Für mehr Informationen siehe auch das Kapitel »Der Betriebsrat« ab Seite 300.

Tarifvertrag

Wenn für das Arbeitsverhältnis ein Tarifvertrag gilt, ist das ebenfalls in der Regel sehr gut. Der Tarifvertrag steht für eine starke Gewerkschaft, die einen Tarifvertrag mit guten Arbeitsbedingungen durchsetzen konnte. Im Fall eines Tarifvertrages sind die Löhne in der Regel höher und es gibt mehr Urlaubstage. Auch der Gender-Pay-Gap ist in Unternehmen mit Tarifvertrag niedriger. Die meisten Tarifverträge haben einen weiteren Vorteil: Die Beschäftigten steigen innerhalb ihrer Lohngruppe mit fortschreitender Betriebszugehörigkeit automatisch in den Stufen auf und so erhöht sich ihr Gehalt. Sie müssen eine Gehaltserhöhung nicht allein aushandeln. Außerdem sorgt die Gewerkschaft in der Regel in den Tarifverhandlungen mit Arbeitgebern dafür, dass die Löhne in den Entgeltgruppen insgesamt steigen.

Mehr dazu im Kapitel »Gewerkschaften« ab Seite 310 und im Kapitel »Lohn und Gehalt« ab Seite 133.

Kleinbetrieb

Als Kleinbetrieb bezeichnet man Betriebe, in denen bis zu zehn Beschäftigte in Vollzeit arbeiten. In diesen Betrieben gilt das Kündigungsschutzgesetz nicht. Dadurch ist es für den Arbeitgeber leichter zu kündigen. Auch gibt es in Kleinbetrieben meistens keinen Betriebsrat und keine aktive Gewerkschaft.

Die Stellenausschreibung

Wenn sich die Stelle dafür eignet, muss sie auch als Teilzeitstelle ausgeschrieben werden. Weiterhin muss sich die Stellenausschreibung an Menschen aller Geschlechter richten. Nur in wenigen Ausnahmefällen dürfen Arbeitgeber den Kreis auf Arbeitnehmer*innen mit einem bestimmten Geschlecht eingrenzen.

Mitarbeitende (m/w/d)

Ein Großteil der Stellen wird mittlerweile für Menschen, die sich als männlich, weiblich oder divers empfinden, ausgeschrieben. Diese Entwicklung haben wir der Klage einer Person – und ihren Unterstützer*innen – zu verdanken, die für ihr Recht bis zum Bundesverfassungsgericht geklagt hat. Das Bundesverfassungsgericht gab der Person in seiner Entscheidung zum Personenstandsregister im Jahr 2017 recht. Das Gericht stellte fest, dass das Personenstandsregister nicht nur männlich und weiblich zur Auswahl haben dürfe. Denn sonst würden diejenigen, die sich weder dem männlichen noch dem weiblichen Geschlecht zuordnen ließen, diskriminiert. Mittlerweile kann man im Personenstandsregister auch »divers« als Geschlechtseintrag wählen oder das Geschlecht offenlassen. Auch die Arbeitgeber haben darauf reagiert, sodass auch in der Arbeitswelt die Vielfalt an Geschlechtern sichtbarer geworden ist.

Keine Diskriminierung in der Stellenanzeige

Eine Stellenanzeige kann diskriminierend sein, wenn sie sich nur an bestimmte Personen richtet.

Beispiel Stellenanzeige: »Wir suchen Mitarbeiter für unser junges dynamisches Team.«

Was ist an dieser Stellenanzeige problematisch?

Ein Arbeitgeber darf in Stellenanzeigen nicht nur nach »jungen dynamischen Mitarbeitern« suchen. Durch das »jung« werden ältere Menschen gezielt ausgenommen. Wenn in der Stellenanzeige durch »Mitarbeiter« nur die männliche Form gewählt wird, grenzt dies die anderen Geschlechter aus.

Ebenfalls problematisch ist eine Stellenanzeige, die sich nur an Menschen mit der »Muttersprache Deutsch« richtet.

Beispiel: In einer Stellenanzeige für eine einfache Bürotätigkeit wird Deutsch als Muttersprache gefordert.

Diese Anforderung kann man normalerweise nur erfüllen, wenn man in einem deutschsprachigen Land geboren und aufgewachsen ist. Die Stellenanzeige diskriminiert daher Bewerber*innen einer anderen Herkunft. Korrekt ist die Anforderung an einfache, gute oder sehr gute Deutschkenntnisse, je nach Tätigkeit.

Wichtig: Falls Sie sich auf eine diskriminierende Stellenanzeige beworben haben und nicht genommen wurden, haben Sie möglicherweise einen Anspruch auf eine Entschädigung nach dem Allgemeinen Gleichbehandlungsgesetz (mehr dazu im Kapitel »Diskriminierung am Arbeitsplatz« ab Seite 177).

Die Bewerbung

Schon im Bewerbungsverfahren müssen Arbeitgeber und Bewerber*innen Rücksicht auf die Interessen der anderen Seite nehmen. Der Arbeitgeber muss über mögliche Probleme aufklären wie z. B. Zahlungsschwierigkeiten. Falls Bewerber*innen nicht ausreichend geeignet sind, die Tätigkeit auszuführen, so müssen sie darüber aufklären.

Offenbarungspflichten der Bewerber*innen

- Gesundheitszustand, wenn man nicht in der Lage ist, die Arbeit auszuführen
- Alkoholabhängigkeit, wenn Auto fahren zur Tätigkeit gehört
- Nachvertragliches Wettbewerbsverbot mit dem alten Arbeitgeber, wenn man deshalb die Stelle nicht antreten kann
- Fehlende Arbeitserlaubnis bei ausländischen Bewerber*innen

Keine Offenbarungspflichten

Es besteht keine Offenbarungspflicht, wenn der Arbeitgeber eine Frage nicht hätte stellen dürfen. Arbeitnehmer*innen müssen z. B. nicht über bestehende oder geplante Schwangerschaften aufklären. Auch über eine Behinderung muss man den Arbeitgeber nicht informieren, wenn die Arbeit dadurch nicht beeinträchtigt wird.

Das Privatleben im Internet

Arbeitgeber sollen Informationen über Bewerber*innen direkt bei diesen einholen. Es ist umstritten, ob sie zusätzlich das Internet nach den Kandidat*innen befragen dürfen. Fakt ist aber: Viele Arbeitgeber tun es und es ist nicht möglich, das zu kontrollieren. Antworten auf Fragen, die sie im Bewerbungsgespräch nicht stellen dürften, finden Arbeitgeber auf den Facebook-Profilen und anderen sozialen Medien im Internet. Wegen Partyfotos und ihren Kommentaren in sozialen Netzwerken werden Bewerber*innen aussortiert. Warum die Bewerbung abgelehnt wurde, erfahren sie jedoch nicht. Beschäftigte sollten sich deshalb gut überlegen, welche Informationen sie über sich öffentlich zugänglich machen.

Bewerbungsunterlagen

Beschäftigte dürfen in den Bewerbungsunterlagen keine falschen Angaben machen. Gefälschte Zeugnisse können dazu führen, dass Arbeitgeber den Arbeitsvertrag wegen arglistiger Täuschung anfechten. Dadurch würde das Arbeitsverhältnis beendet werden.

Wenn kein Arbeitsverhältnis zustande kommt, muss der Arbeitgeber die Bewerbungsunterlagen innerhalb von sechs Monaten löschen.

Das Führungszeugnis

Der Arbeitgeber darf ein Führungszeugnis nur verlangen, wenn dies gesetzlich für den jeweiligen Arbeitsbereich vorgeschrieben ist. Träger der öffentlichen Jugendhilfe können sich z. B. nach einer Regelung im Sozialgesetzbuch die Führungszeugnisse vorlegen lassen. In anderen Fällen darf der Arbeitgeber nicht danach fragen, weil er dann auch Informationen bekommen könnte, die für das Arbeitsverhältnis nicht von Belang sind.

Wenn man ein Führungszeugnis beantragt, so wird es einem direkt zugeschickt. Nur wenn es zur Vorlage bei einer Behörde dient, wird es an die Behörde gesendet.

Das erweiterte Führungszeugnis

Alle Personen, die bei der Arbeit Kontakt mit Minderjährigen haben, müssen ein erweitertes Führungszeugnis vorlegen. So sollen Kinder und Jugendliche geschützt werden. In dem erweiterten Führungszeugnis werden auch geringe Vorstrafen aufgelistet.

Das Bewerbungsgespräch

Der Arbeitgeber darf nur Fragen stellen, die das zukünftige Arbeitsverhältnis betreffen. Nur dann hat er ein berechtigtes Interesse an den Informationen. Diese zulässigen Fragen müssen die Bewerber*innen ehrlich beantworten.

Risiko der Anfechtung

Wenn man im Vorstellungsgespräch eine zulässige Frage nicht wahrheitsgemäß beantwortet, kann der Arbeitgeber den Arbeitsvertrag später möglicherweise anfechten. Durch die Anfechtung wird der Arbeitsvertrag unwirksam und die Beschäftigten verlieren ihren Job.

Unzulässige Fragen

Bei unzulässigen Fragen müssen die Bewerber*innen nicht antworten und dürfen sogar lügen.

Beispiel: Wird im Bewerbungsgespräch die Frage nach einer Schwangerschaft gestellt, darf die schwangere Bewerberin wahrheitswidrig antworten, dass sie nicht schwanger sei. Wenn ein Arbeitsvertrag geschlossen wird, darf der Arbeitgeber diesen später nicht anfechten, wenn er von der Schwangerschaft erfährt.

Der Arbeitgeber darf nicht fragen, ob Bewerber*innen Mitglied in der Gewerkschaft sind. Auch Fragen zur sexuellen Orientierung, dem Sexualleben oder der Familienplanung sind unzulässig.

Kein Job für Arbeitnehmer*innen mit Kinderwunsch

Die Antidiskriminierungsstelle des Bundes berichtet von vielen Fällen, bei denen Frauen im Bewerbungsgespräch nach ihrem Kinderwunsch befragt werden. Wenn sie den Kinderwunsch bejahen, erhalten sie trotz guter Qualifikation eine Absage.

Der Arbeitgeber darf diese Frage nicht stellen. Alle Fragen zu Schwangerschaft, Familienstand oder Familienplanung sind nicht erlaubt. Denn sie hängen nicht mit der auszuübenden Tätigkeit zusammen. Deshalb müssen Beschäftigte solche Fragen nicht beantworten und dürfen sogar lügen.

Wenn der Arbeitgeber solche Fragen im Vorstellungsgespräch gestellt hat und Sie nicht eingestellt wurden, könnten Sie im Nachgang prüfen lassen, ob es sich um ein diskriminierendes Einstellungsverfahren handelte und Sie möglicherweise einen Anspruch auf Entschädigung und Schadensersatz nach dem Allgemeinen Gleichbehandlungsgesetz haben.

Frage nach Krankheiten

Der Arbeitgeber darf fragen, ob die Bewerber*innen gesundheitlich für die Tätigkeit geeignet sind. Auch Fragen nach Krankheiten, durch die Kolleg*innen gefährdet werden könnten, sind erlaubt. Der Arbeitgeber darf jedoch nicht allgemein, ohne Bezug zum Arbeitsplatz, nach Krankheiten fragen.

Frage nach der Schwerbehinderung

Die Frage nach einer Schwerbehinderung wird im Bewerbungsgespräch als unzulässig angesehen. Nach sechs Monaten Betriebszugehörigkeit ändert sich jedoch die Situation. Denn dann haben Beschäftigte mit Schwerbehinderung einen besonderen Kündigungsschutz. Der Arbeitgeber darf nun nach einer Schwerbehinderung fragen, weil er diesen Beschäftigten gegenüber eine besondere Fürsorgepflicht hat.

Frage nach der Religionszugehörigkeit

Die Frage nach der Religion der Bewerber*innen ist für Arbeitgeber verboten. Eine Besonderheit gibt es, wenn der Arbeitgeber selbst einer

Religionsgemeinschaft angehört, wie z. B. die Caritas und die Diakonie. Diese dürfen nach der Konfession fragen, wenn diese eine wesentliche berufliche Anforderung darstellt. Das ist z. B. bei geistlichen Leitern wie Bischöfen oder Pfarrern der Fall. Es kommt jedoch vor, dass eine bestimmte Konfession gefordert wird, obwohl die religiöse Einstellung nicht von besonderer Bedeutung für die Tätigkeit ist.

Der Fall: Dürfen nur Mitglieder der Kirche in kirchlichen Einrichtungen arbeiten?

Ein Werk der evangelischen Kirche suchte einen Referenten/eine Referentin für einen unabhängigen Bericht zur Umsetzung der UN-Antirassismuskonvention durch Deutschland. In der Stellenanzeige wurde die Mitgliedschaft in der evangelischen Kirche gefordert. Die Bewerber*innen sollten ihre Konfession im Lebenslauf angeben. Eine gut qualifizierte und konfessionslose Bewerberin gab ihre Konfession im Lebenslauf nicht an. Sie wurde nicht zum Bewerbungsgespräch eingeladen. Eingestellt wurde ein Bewerber, der sich in seinen Bewerbungsunterlagen als evangelischer Christ bezeichnet hatte. Die konfessionslose Bewerberin verklagte das Werk der evangelischen Kirche auf eine Entschädigung, weil sie wegen ihrer Konfessionslosigkeit diskriminiert worden sei.

Das Bundesarbeitsgericht gab ihr recht und bejahte eine Diskriminierung wegen der Religion. Es sprach ihr eine Entschädigung von zwei Bruttomonatsgehältern zu. Die Mitgliedschaft in der evangelischen Kirche sei keine »wesentliche, rechtmäßige und gerechtfertigte berufliche Anforderung« für diese Stelle.

Bundesarbeitsgericht vom 25.10.2018 –
Aktenzeichen 8 AZR 501/14

Dies ist eine wichtige Gerichtsentscheidung, weil die evangelische und katholische Kirche in Deutschland zu den größten Arbeitgebern gehören. Sie beschäftigen circa 1,3 Millionen Mitarbeiter*innen, viele davon im sozialen und medizinischen Bereich. Wenn die Kirchen für jede Stelle die Mitgliedschaft in ihrer Religionsgemeinschaft fordern könnte, wäre ein großer Teil der Menschen in Deutschland von diesen Arbeitsplätzen ausgeschlossen.

Vorstrafen

Der Arbeitgeber darf nur nach Vorstrafen fragen, wenn dies für den Arbeitsplatz von Bedeutung ist. Es ist nachvollziehbar, wenn eine Bank über ihre zukünftigen Mitarbeiter*innen wissen möchte, ob sie wegen Betrugs oder Unterschlagung vorbestraft sind. Wenn sich eine Person für eine Stelle als Busfahrer*in bewirbt, darf der Arbeitgeber sie nach Verkehrsdelikten fragen.

Der Arbeitgeber darf jedoch nicht allgemein nach Vorstrafen oder laufenden Ermittlungsverfahren fragen. Denn ansonsten würden Menschen mit Vorstrafen vom Arbeitsmarkt ausgeschlossen werden.

4.
Der Arbeitsvertrag

»Pacta sunt servanda« – Verträge sind einzuhalten

Dieser Grundsatz der Vertragstreue gilt im öffentlichen und im privaten Recht. Aber was ist, wenn eine Seite gar nicht das rechtliche Vorwissen hat, um alle Einzelheiten des Vertrages zu verstehen? Bei Arbeitsverträgen gibt es aus diesem Grund Ausnahmen, um Beschäftigte zu schützen. Denn normalerweise legt der Arbeitgeber den Arbeitsvertrag vor und den Arbeitnehmer*innen bleibt nichts anderes übrig, als zu unterschreiben, wenn sie den Job haben wollen. Nur in Ausnahmefällen wird nachverhandelt. Doch nur weil etwas im Arbeitsvertrag steht und die Beschäftigten diesen Vertrag unterschrieben haben, heißt es nicht, dass es auch rechtmäßig ist. Es gibt viele Regelungen, die von Arbeitgebern weiterhin verwendet werden, obwohl die Arbeitsgerichte schon vor Jahren festgestellt haben, dass sie unrechtmäßig und damit unwirksam sind. Das Problem ist, dass sich viele Arbeitnehmer*innen dann an diese »falschen« Regeln halten. Wenn Beschäftigte Zweifel an einer Regel haben, sollten sie diese juristisch überprüfen lassen.

Inhalt des Arbeitsvertrages

Im Arbeitsvertrag muss etwas zu den Arbeitsaufgaben, der Bezahlung, der Dauer der Probezeit, den Arbeitszeiten, dem Einsatzort, dem Gehalt und zum Urlaub stehen. Er wird in der Regel von beiden Seiten schriftlich geschlossen. Aber auch ein mündlicher Arbeitsvertrag ist wirksam. Das Nachweisgesetz verpflichtet den Arbeitgeber jedoch, den Beschäftigten die wesentlichen Vertragsbedingungen schriftlich auszuhändigen.

Neue Regelungen seit August 2022

Für Arbeitsverträge ab dem 01.08.2022 wurden die Informationspflichten des Arbeitgebers erweitert. Die Arbeitsverträge müssen z. B. zusätzlich Informationen zur Vergütung von Überstunden enthalten. Auch einen Hinweis auf die Frist zur Erhebung einer Klage im Fall einer Kündigung muss im Arbeitsvertrag stehen. Neu ist auch die Möglichkeit der Verhängung eines Bußgeldes, wenn Arbeitgeber gegen diese Informationspflichten verstoßen.

In den Arbeitsverträgen, die vor dem 01.08.2022 geschlossen wurden, müssen die zusätzlichen Informationen auf Verlangen der Arbeitnehmer*innen ergänzt werden.

Neben dem Arbeitsvertrag gibt es noch viele andere Rechtsquellen mit Rechten und Pflichten für den Arbeitgeber und die Beschäftigten. Diese finden sich in den Arbeitsgesetzen wie dem Kündigungsschutzgesetz, dem Bürgerlichen Gesetzbuch und dem Teilzeit- und Befristungsgesetz und auch in Tarifverträgen, Betriebsvereinbarungen und der Rechtsprechung der Arbeitsgerichte.

Unwirksame Regelungen im Arbeitsvertrag

Verstößt eine Regel im Arbeitsvertrag gegen ein Gesetz oder die Rechtsprechung der Arbeitsgerichte, ist sie unwirksam. Bei dieser Regelung ist es offensichtlich:

Die Arbeitnehmerin verpflichtet sich, innerhalb der ersten fünf Jahre der Beschäftigung nicht schwanger zu werden.

Eine solche Regelung ist wegen des unzulässigen Eingriffs in die Privatsphäre sittenwidrig und zudem diskriminierend gegenüber Arbeitnehmerinnen. Eine Arbeitnehmerin könnte also diesen Arbeitsvertrag unterschreiben und trotzdem schwanger werden. Das ist dann kein Vertragsverstoß.

Eine andere Regelung ist weitverbreitet, aber ebenso unwirksam:

Der Arbeitnehmer verpflichtet sich, Stillschweigen über sein Gehalt zu wahren.

Arbeitnehmer*innen dürfen über ihr Gehalt sprechen, der Arbeitgeber darf es nicht verbieten.

Und wenn Sie nach erfolgreichem Bewerbungsgespräch den Vertrag bekommen und eine solche Klausel darin vorfinden? Sie könnten den zukünftigen Arbeitgeber darauf hinweisen und darauf bestehen, dass dies geändert wird. Es könnte aber sein, dass Sie den Job dann nicht bekommen. Sie können aber auch unterschreiben und sich im Ernstfall auf die Unwirksamkeit der Klausel berufen.

Das Weisungsrecht oder Direktionsrecht des Arbeitgebers

Der Arbeitsvertrag kann nicht jede Einzelheit des Arbeitsverhältnisses regeln. Deshalb hat der Arbeitgeber gegenüber seinen Beschäftigten ein Direktionsrecht, also ein Recht, Weisungen zu erteilen. Die Tätigkeit ist im Arbeitsvertrag meistens nur mit einem Stichwort angegeben, z. B. »Verkäufer«, »Maschinenbedienerin« oder »Architektin«. Der Arbeitgeber darf durch Weisungen näher bestimmen, welche Aufgaben bearbeitet werden müssen. Das Gleiche gilt für die Arbeitszeit. Diese ist z. B. mit »30 Stunden in der Woche« angegeben. Der Arbeitgeber darf bestimmen, wann die Arbeit beginnt und endet und wie sie auf die Wochentage verteilt ist. Dabei muss er sich aber an die Gesetze halten und darf das Weisungsrecht nicht überziehen. Er muss die Interessen der Arbeitnehmer*in berücksichtigen. Sie können die Weisungen Ihres Arbeitgebers also rechtlich überprüfen lassen.

Beispiel: Arbeitszeiten und Kinderbetreuung

Der Arbeitgeber bestimmt den Arbeitsbeginn um 7:00 Uhr morgens. Die berufstätigen Eltern können ihr Kind aber erst ab 8:30 Uhr in den Kindergarten bringen. Unter Umständen haben sie das Recht auf Arbeitszeiten, die mit den Öffnungszeiten des Kindergartens vereinbar sind. Die Interessen des Arbeitgebers werden mit den Interessen der Eltern abgewogen. Es wird geprüft, ob nicht eine andere Bezugsperson das Kind bringen und ob der Arbeitgeber andere Beschäftigte in der Frühschicht einsetzen kann. Falls es mit dem Arbeitgeber keine Einigung gibt, ist es möglich, auf angepasste Arbeitszeiten zu klagen.

Beispiel eines Arbeitsvertrags mit Erklärungen

Zwischen der
Muster GmbH
– nachfolgend Arbeitgeber genannt –

und

Frau/Herrn/Vor- und Nachname
– nachfolgend Arbeitnehmer*in genannt –

wird folgender Arbeitsvertrag vereinbart:

§ 1 Beginn des Arbeitsverhältnisses und Probezeit

(1) Das Arbeitsverhältnis beginnt am 1.6.2022.

(2) Das Arbeitsverhältnis wird auf unbestimmte Zeit geschlossen. Die ersten drei Monate des Arbeitsverhältnisses gelten als Probezeit.

▸▸ Es ist ein unbefristeter Arbeitsvertrag mit drei Monaten Probezeit. Üblich sind drei bis sechs Monate Probezeit. Länger als sechs Monate darf die Probezeit nicht vereinbart werden. Während der Probezeit kann das Arbeitsverhältnis von beiden Seiten mit einer Frist von zwei Wochen gekündigt werden. Nicht zu verwechseln mit der Probezeit ist die sechsmonatige Beschäftigungszeit, nach der die Beschäftigten einen

Kündigungsschutz nach dem Kündigungsschutzgesetz haben. Nach dem Kündigungsschutzgesetz ist eine Kündigung nur wirksam, wenn betriebsbedingte, personenbedingte oder verhaltensbedingte Gründe vorliegen (mehr dazu im Kapitel »Kündigung«).

(3) Auf den Arbeitsvertrag findet der Tarifvertrag für den Einzelhandel Berlin und Brandenburg jeweils in seiner aktuellen Fassung Anwendung.

▸▸ Das ist eine sogenannte Bezugnahmeklausel. Wenn ein Arbeitsvertrag Bezug auf einen Tarifvertrag nimmt, gilt dieser Tarifvertrag für das Arbeitsverhältnis. Die Beschäftigten bekommen z. B. den Tariflohn und den Urlaub nach Tarifvertrag, auch wenn sie nicht Mitglied einer Gewerkschaft sind. Es gibt Bezugnahmeklauseln auf einen bestimmten Tarifvertrag mit einem bestimmten Datum oder, wie hier im Beispiel, auf den jeweils aktuellen Tarifvertrag. Dadurch bekommen Sie automatisch mehr Gehalt, wenn die Gewerkschaft erfolgreich einen neuen Tarifvertrag verhandelt hat.

Es gibt auch Bezugnahmeklauseln, nach denen sich nur die Bezahlung nach einem Tarifvertrag richtet. Dort steht z. B.:

Die Vergütung richtet sich nach dem Tarifvertrag der Länder (TV-L).

§ 2 Tätigkeit

(1) Der/die Arbeitnehmer*in wird als Einzelhandelskauffrau eingestellt. Arbeitsort ist Berlin.

(2) Der Arbeitgeber behält sich im Rahmen seines Direktionsrechts vor, den/die Arbeitnehmer*in gemäß seiner/ihrer Leistungen und Fähigkeiten

(a) mit einer anderen im Interesse des Arbeitgebers liegenden zumutbaren sowie gleichwertigen Tätigkeit zu betrauen und/oder
(b) an einem anderen Arbeitsort einzusetzen.

▸▸ Das ist eine sogenannte Versetzungsklausel. Danach können Arbeitnehmer*innen andere Aufgaben zugewiesen bekommen. Das geht aber nur, wenn diese zumutbar und gleichwertig sind. Sie können auch an einen anderen Ort versetzt werden. Wenn das Unternehmen z. B. mehrere Filialen in Berlin hat, können die Arbeitnehmer*innen auch von einer Filiale in die andere versetzt werden. Man muss dann im Einzelfall prüfen, ob dies zulässig ist. Versetzt der Arbeitgeber Beschäftigte als Strafe, z. B. weil diese einen Betriebsrat gründen möchten, so verstößt dies gegen das Maßregelungsverbot.

Wenn es einen Betriebsrat gibt, muss der Arbeitgeber diesen vorher zu der Versetzung anhören und der Betriebsrat muss zustimmen. Auch wenn der Arbeitsvertrag es erlaubt, kann der Betriebsrat die Versetzung aus bestimmten Gründen verhindern.

§ 3 Arbeitszeit

(1) Die regelmäßige Arbeitszeit beträgt 38 Stunden pro Woche. Beginn und Ende der täglichen Arbeitszeit richten sich nach der betrieblichen Einteilung.

▸▸ Hier steht erst mal nur, dass Sie insgesamt 38 Stunden in der Woche arbeiten müssen. Wann die Arbeit morgens beginnt und ob am Freitag weniger gearbeitet wird, ist noch nicht klar. Sie sollten sich vorher nach den üblichen Arbeitszeiten erkundigen.

(2) Der/die Arbeitnehmer*in wird seine/ihre ganze Arbeitskraft im Interesse des Arbeitgebers einsetzen. Er/sie ist verpflichtet, auf Anordnung des Arbeitgebers betriebsnotwendige Überstunden im gesetzlich zulässigen Umfang zu leisten.

▸▸ Wenn Sie neben Ihrem Hauptjob noch eine andere Arbeit machen wollen, brauchen Beschäftigte dafür die Zustimmung ihres Arbeitgebers. Wenn es wichtig für den Betrieb ist, müssen sie länger arbeiten. Aber nur »im gesetzlich zulässigen Umfang«. Der Arbeitgeber muss also das Arbeitszeitgesetz einhalten. Danach darf nur ausnahmsweise länger als acht Stunden am Tag gearbeitet werden und es müssen Pausen gewährt werden (▸▸ mehr dazu im Kapitel »Arbeitszeiten« ab Seite 123).

(3) Der Arbeitgeber ist berechtigt, Kurzarbeit anzuordnen, wenn ein erheblicher Arbeitsausfall vorliegt, der auf wirtschaftlichen Gründen

oder einem unabwendbaren Ereignis beruht. Der Arbeitgeber muss die Kurzarbeit zwei Wochen vorher schriftlich ankündigen. Der/die Arbeitnehmer*in ist in diesem Fall damit einverstanden, dass die Arbeitszeit vorübergehend entsprechend verkürzt und für die Dauer der Arbeitszeitverkürzung die Vergütung entsprechend reduziert wird.

▸▸ Das Thema Kurzarbeit ist in Coronazeiten besonders wichtig geworden. Der Arbeitgeber kann Kurzarbeit nur mit dem Einverständnis der Beschäftigten einführen. Wenn die Einwilligung nicht schon im Arbeitsvertrag erteilt wurde, muss eine Zusatzvereinbarung zum Arbeitsvertrag abgeschlossen werden. (siehe Kapitel »Während des Arbeitsverhältnisses; »Kurzarbeit« ab Seite 73).

§ 4 Vergütung

(1) Der/die Arbeitnehmer*in erhält eine monatliche Bruttovergütung von 2.400 Euro.

▸▸ Wenn im Vertrag nichts zur Fälligkeit steht, muss das Gehalt in der Regel spätestens am Ende des Monats gezahlt werden. Es muss mindestens der gesetzliche Mindestlohn gezahlt werden. Seit Oktober 2022 sind dies 12 Euro brutto pro Stunde.

Wenn ein Tarifvertrag gilt, richtet sich die Bezahlung nach dem Tarifvertrag. Es sei denn, die Regelung im Arbeitsvertrag ist günstiger.

(2) Etwaige Überstunden sind mit dem Gehalt abgegolten.

▸▸ Diese Regelung zu den Überstunden ist unwirksam, weil sie intransparent ist. Denn es ist nicht klar, wie viele Überstunden im Monat ohne Bezahlung geleistet werden müssen. Sie können die Bezahlung der Überstunden verlangen. Wenn in der Regelung genaue Angaben stehen, kann diese jedoch wirksam sein.

Beispiel: »Monatlich sind bis zu zehn Überstunden mit dem Bruttomonatsgehalt abgegolten.« Es ist jedoch umstritten, wie viele Überstunden noch vom Monatslohn gedeckt sind. Das müssten Sie im Einzelfall prüfen lassen. Beachten Sie dabei auch, dass der Anspruch auf ausstehendes Gehalt in vielen Fällen nach drei Monaten verfällt ▸▸ siehe Ausschlussfrist in § 9 des Musterarbeitsvertrages.

▸▸ Wenn kein Tarifvertrag gilt, erhöht sich das Gehalt nicht von allein. Sie sollten nach einer gewissen Beschäftigungsdauer nachverhandeln (siehe Kapitel »Lohn und Gehalt« ab Seite 133).

§ 5 Entgeltfortzahlung im Krankheitsfall

(1) Der/die Arbeitnehmer*in ist verpflichtet, dem Arbeitgeber jede Arbeitsunfähigkeit und auch die voraussichtliche Dauer unverzüglich mitzuteilen. Wenn die Arbeitsunfähigkeit länger als drei Kalendertage andauert, hat der/die Arbeitnehmer*in eine ärztliche Bescheinigung über das Bestehen der Arbeitsunfähigkeit sowie deren voraussichtliche Dauer spätestens am darauffolgenden Arbeitstag vorzulegen.

▸▸ Verstöße gegen diese Verpflichtung können zu einer Abmahnung und auch zur Kündigung führen. Wenn Sie sich vor der Arbeit krank fühlen, sollten Sie sofort anrufen und Bescheid geben. Schreiben Sie sich auf, mit wem Sie gesprochen haben, und dazu das Datum und die Uhrzeit.

▸▸ Der Arbeitgeber könnte die Arbeitsunfähigkeitsbescheinigung nach dem Gesetz auch schon am ersten Tag der Krankheit verlangen. In dem Arbeitsvertrag macht der Arbeitgeber von diesem Recht keinen Gebrauch und verlangt die Arbeitsunfähigkeitsbescheinigung erst nach drei Tagen Krankheit.

(2) Bei Arbeitsunfähigkeit wegen einer Krankheit gelten die Vorschriften des Entgeltfortzahlungsgesetzes.

▸▸ Nach dem Entgeltfortzahlungsgesetz bekommen Sie vom Arbeitgeber in den ersten sechs Wochen der Arbeitsunfähigkeit das übliche Gehalt. Sollten Sie länger erkrankt sein, müssen Sie bei der Krankenkasse Krankengeld beantragen. Das Krankengeld beträgt circa 70 Prozent des Nettoentgelts.

§ 6 Urlaub

Der Urlaubsanspruch beträgt 30 Arbeitstage im Kalenderjahr. Die rechtliche Behandlung des Urlaubs richtet sich im Übrigen nach den Bestimmungen des Bundesurlaubsgesetzes.

▸▸ 30 Urlaubstage sind verbreitet, aber kein Muss. Der Mindesturlaubsanspruch sind 24 Urlaubstage bei einer 6-Tage-Woche. Bei einer 5-Tage-Woche muss man also mindestens 20 Urlaubstage bekommen, bei einer 4-Tage-Woche 16 usw. (weitere Informationen siehe Kapitel »Urlaub« ab Seite 157).

§ 7 Verschwiegenheitspflicht

(1) Der/die Arbeitnehmer*in verpflichtet sich, über alle Betriebs- und Geschäftsgeheimnisse und ihm/ihr während der Vertragsdauer bekannt gewordenen betrieblichen Vorgänge während der Dauer des Arbeitsverhältnisses Stillschweigen zu bewahren.

▸▸ Die Verpflichtung zum Stillschweigen über Betriebs- und Geschäftsgeheimnisse ist rechtens. Sie wirkt auch nach Beendigung des Arbeitsverhältnisses fort.

(2) Der/die Arbeitnehmer*in verpflichtet sich, Stillschweigen über sein/ihr Gehalt zu wahren.

▸▸ Zu einem Stillschweigen über das Gehalt kann der Arbeitgeber seine Beschäftigten nicht verpflichten. Arbeitnehmer*innen dürfen über ihr Gehalt sprechen.

§ 8 Beendigung des Arbeitsverhältnisses

(1) Die ersten drei Monate des Arbeitsverhältnisses gelten als Probezeit. Innerhalb der Probezeit kann das Arbeitsverhältnis mit einer Frist von 14 Tagen gekündigt werden.

▸▸ Während der Probezeit ist diese kurze Kündigungsfrist rechtmäßig. Nach Ablauf der Probezeit muss der Arbeitgeber eine Kündigungsfrist von vier Wochen zum 15. oder zum Ende des Monats einhalten. Die Probezeit darf für maximal sechs Monate vereinbart werden.

(2) Nach Ablauf der Probezeit beträgt die Kündigungsfrist zwei Monate zum Monatsende.

▸▸ Diese vertragliche Kündigungsfrist ist erst mal länger als die gesetzliche Frist, die nur vier Wochen betragen würde. Nach acht Jahren ist die gesetzliche Frist jedoch drei Monate bis zum Monatsende (§ 622 BGB). Es gilt die Frist, die für die Beschäftigten günstiger ist.

§ 9 Ausschlussfristen

(1) Alle beiderseitigen Ansprüche aus dem Arbeitsverhältnis müssen innerhalb einer Frist von drei Monaten nach Fälligkeit in Textform gegenüber der anderen Vertragspartei geltend gemacht werden, ansonsten verfallen sie. Die Nichteinhaltung dieser Ausschlussfrist führt zum Verlust des Anspruchs.

▸▸ Solche Ausschlussfristen stehen in fast jedem Arbeitsvertrag. Sie sind eine Art schnelle Verjährung, denn die übliche Verjährungsfrist beträgt drei Jahre. Wenn Sie z. B. in einem Monat zu wenig Gehalt bekommen haben, müssen Sie den Arbeitgeber innerhalb von drei Monaten auffordern, dies nachzuzahlen. Ansonsten haben Sie den Anspruch auf das Geld verloren.

Ein Beispiel für ein Geltendmachungsschreiben finden Sie in Kapitel »Lohn und Gehalt« auf Seite 139.

Die Ausschlussfrist darf nicht kürzer als drei Monate sein, sonst ist sie unwirksam. Sie ist auch unwirksam, wenn sie nicht für »beiderseitige Ansprüche«, sondern einseitig nur für den/die Arbeitnehmer*in gilt.

Viele Tarifverträge sehen Ausschlussfristen von sechs Monaten vor. Wenn ein solcher Tarifvertrag für das Arbeitsverhältnis gilt, so gilt auch die längere Ausschlussfrist.

(2) Lehnt die jeweils andere Vertragspartei den Anspruch in Textform ab oder erklärt sie sich nicht innerhalb von zwei Wochen nach der Geltendmachung des Anspruches in Textform, so verfällt der Anspruch, wenn er nicht innerhalb einer weiteren Frist von drei Monaten nach der Ablehnung oder nach dem Fristablauf gerichtlich geltend gemacht wird. Die Nichteinhaltung dieser Ausschlussfrist führt zum Verlust des Anspruchs.

▸▸ Das ist der zweite Teil einer sogenannten doppelten Ausschlussfrist. Wenn Sie Ihr fehlendes Gehalt oder andere Forderungen auch nach schriftlicher Geltendmachung nicht bekommen, müssen Sie das Geld einklagen. Denn wenn der Arbeitgeber die Zahlung ablehnt oder sich auch zwei Wochen nach Ihrer Geltendmachung nicht meldet, fängt die zweite Ausschlussfrist von weiteren drei Monaten an zu laufen. Wenn Sie innerhalb dieser Frist keine Klage einreichen, verfällt der Anspruch.

(3) Die Ausschlussfristen gelten nicht für unverzichtbare Ansprüche, die kraft Gesetzes der Regelung durch Ausschlussfristen entzogen sind (z. B. Mindestlohngesetz). Sie gelten ebenfalls nicht für Ansprüche, die auf einer Verletzung des Lebens, des Körpers oder der Gesundheit bzw. die auf vorsätzlichen oder grob fahrlässigen Pflichtverletzungen beruhen.

▸▸ Der Anspruch auf Mindestlohn darf nicht durch die Ausschlussfristen ausgeschlossen werden. Verträge, die nach dem 31.12.2014 geschlossen wurden, müssen darauf hinweisen. Ansonsten sind die Ausschlussfristen insgesamt unwirksam. Ausstehender Lohn kann dann noch bis zum Ablauf der Verjährung nach drei Jahren eingefordert werden.

Auch Ansprüche z. B. wegen einer Verletzung bei der Arbeit durch einen Unfall unterliegen nicht den Ausschlussfristen. Das Gleiche gilt, wenn jemand Sie mit Absicht verletzt oder grob fahrlässig (besonders unvorsichtig) handelt.

§ 10 Schriftformklausel

(1) Änderungen und/oder Ergänzungen des Arbeitsvertrages bedürfen der Schriftform. Die elektronische Form ist ausgeschlossen.

▸▸ Wenn der Arbeitsvertrag geändert oder ergänzt werden soll, so muss das schriftlich erfolgen. Schriftlich heißt hier, dass beide Seiten ein Papier unterschreiben. Das kann eine Zusatzvereinbarung zum Arbeitsvertrag sein, die eine Zulage zum Gehalt regelt, oder auch eine Verlängerung eines befristeten Arbeitsvertrages.

(2) Das Schriftformerfordernis gilt nicht für individuelle vertragliche Abreden zwischen Arbeitgeber und Arbeitnehmer*in zur Abänderung und/oder Ergänzung des Arbeitsvertrages.

▸▸ Es ist aber möglich, dass die Arbeitnehmer*in mit dem Arbeitgeber nach schriftlichem Vertragsabschluss noch mündliche Absprachen trifft.

Der Arbeitgeber darf sich dann nicht auf die Schriftformklausel aus Absatz 1 berufen. Eine schriftliche Vereinbarung ist aber besser, weil man Missverständnisse vermeidet und keine Beweisschwierigkeiten hat.

§ 11 Salvatorische Klausel

Sollten einzelne Bestimmungen dieses Vertrages unwirksam sein oder werden, so wird hierdurch die Wirksamkeit der übrigen Bestimmungen im Vertrag nicht berührt.

▸▸ Diese Regel soll »retten« oder »bewahren«, was zu retten ist, und findet sich am Ende der meisten Arbeitsverträge. Wenn z. B. die Ausschlussfrist des Arbeitsvertrages unwirksam ist, gelten trotzdem die anderen Bestimmungen weiter.

Musterstadt, den ……………..

Arbeitgeber Arbeitnehmer*in

Befristeter Arbeitsvertrag

Der unbefristete Arbeitsvertrag soll eigentlich die Regel sein und eine Befristung die Ausnahme. Doch die Anzahl der sachgrundlosen Befristungen hat sich seit 2001 mehr als verdreifacht. Arbeitgeber nutzen die Befristung ohne Sachgrund als eine Art verlängerte Probezeit. Eine Person mit nur einem Jahresvertrag wird bestimmt keinen Betriebsrat gründen. Nein, sie wird sich anstrengen, damit sie den Vertrag ein weiteres Jahr bekommt. Oft wird Beschäftigten mit befristeten Arbeitsverträgen bis zum letzten Moment nicht mitgeteilt, ob der Vertrag verlängert wird. Fordern Sie dies frühzeitig ein und lassen Sie sich die Verlängerung oder den unbefristeten Arbeitsvertrag schriftlich geben. Eine mündliche Zusage reicht nicht aus und wird so manches Mal einfach »vergessen«. Wenn eine Verlängerung der Befristung noch nicht sicher ist, sollten Sie sich vorsorglich bei der Agentur für Arbeit arbeitslos melden, damit Sie keine Sperrzeit bekommen.

! Tipp: Zwischenzeugnis verlangen

Falls der Arbeitgeber Ihnen auch einen Monat vor Ablauf der Befristung noch keinen neuen Vertrag gegeben hat, sollten Sie ein Zwischenzeugnis verlangen. So machen Sie deutlich, dass über eine Fortführung des Arbeitsverhältnisses nicht allein vom Arbeitgeber entschieden wird.

Befristung ohne Sachgrund

Bis zu zwei Jahre darf der Arbeitgeber den Arbeitsvertrag befristen, ohne einen Sachgrund dafür zu haben. Innerhalb dieses Zeitraumes darf er die Befristung nur drei Mal verlängern. Ansonsten ist ein Grund erforderlich, wie z. B. die Vertretung von Beschäftigten oder den nur vorübergehenden Bedarf an der Arbeitsleistung.

Bei befristeten Arbeitsverträgen steht im Vertrag z. B. Folgendes:

Das Arbeitsverhältnis ist befristet bis zum 30.06.2022.

Damit endet das Arbeitsverhältnis an diesem Tag automatisch. Der Arbeitgeber muss keine Kündigung aussprechen. Meistens wird im Arbeitsvertrag kein Grund für die Befristung genannt, denn der Arbeitgeber ist dazu leider nicht verpflichtet. Falls es später zu einer gerichtlichen Auseinandersetzung über die Befristung kommt, kann er die Gründe erstmalig nennen bzw. noch nachschieben.

Nur bei einer Zweckbefristung muss der Arbeitgeber den Grund für die Befristung nennen, weil das genaue Ende des Arbeitsverhältnisses noch nicht feststeht. Das ist z. B. die Vertretung eines erkrankten Mitarbeiters.

Beispiel: Zweckbefristung wegen Krankheit

(1) Die Arbeitnehmerin wird beginnend ab dem 01.03.2022 zum Zwecke der Vertretung des krankheitsbedingt ausgefallenen Arbeitnehmers Herrn Stefano Bianco eingestellt. Das Arbeitsverhältnis endet mit Erreichen des Zwecks, frühestens jedoch zwei Wochen nach Zugang der Unterrichtung der Arbeitnehmerin durch den Arbeitgeber über den Zeitpunkt der Zweckerreichung (Rückkehr des

Arbeitnehmers Stefano Bianco an seinen Arbeitsplatz); die Unterrichtung hat schriftlich oder in Textform zu erfolgen.

Formvorschrift für die Befristung des Arbeitsvertrages

Ein Arbeitsvertrag kann auch mündlich geschlossen werden. Ein befristeter Arbeitsvertrag jedoch nicht. Sogenannte Befristungsabreden müssen schriftlich geschlossen werden, sonst sind sie unwirksam. In diesem Fall liegt ein unbefristeter Arbeitsvertrag vor.

Diese Gründe führen zur Unwirksamkeit der Befristung

- Es liegt kein Sachgrund für eine Befristung vor und das Arbeitsverhältnis ist schon länger als zwei Jahre befristet.
- Jemand wurde befristet eingestellt, ohne dass ein Sachgrund vorliegt, und war schon vorher beim gleichen Arbeitgeber beschäftigt.
- Es wurde kein schriftlicher Arbeitsvertrag geschlossen.
- Nach dem ersten Arbeitsvertrag für drei Monate hat der Arbeitgeber diesen noch vier Mal um weitere drei Monate verlängert. Einen Sachgrund dafür hat er nicht.

Unbefristeter Arbeitsvertrag durch Weiterarbeit

Wenn die Beschäftigten über den Zeitpunkt der Befristung weiterarbeiten, kann dies zu einem unbefristeten Arbeitsverhältnis führen. Das geht jedoch nur, wenn dies mit dem Wissen des Arbeitgebers passiert und dieser nicht sofort widerspricht.

Befristung mit Sachgrund

Im Teilzeit- und Befristungsgesetz sind mehrere Sachgründe aufgezählt, die einem Arbeitgeber den Abschluss eines befristeten Arbeitsvertrages erlauben. Die Aufzählung ist aber nicht abschließend. In einem Gerichtsprozess könnte der Arbeitgeber weitere Gründe angeben. Zwei häufige Gründe für die Befristung von Arbeitsverträgen sind der vorübergehende Bedarf und die Vertretung von Beschäftigten.

Befristung wegen nur vorübergehenden betrieblichen Bedarfs

Der Arbeitgeber darf den Arbeitsvertrag befristen, wenn er schon absehen kann, dass er die Arbeitsleistung nur vorübergehend benötigt. Das ist z. B. bei Saisonarbeitskräften der Fall oder bei einem zeitlich befristeten Forschungsprojekt.

Vertretung als Sachgrund

Der Arbeitsvertrag darf befristet werden, wenn es um die Vertretung von Mitarbeiter*innen geht. Der Arbeitgeber rechnet mit deren Rückkehr und möchte deshalb nur ein befristetes Arbeitsverhältnis abschließen. Das ist z. B. bei Vertretungen von erkrankten Beschäftigten, freigestellten Betriebsräten oder Mitarbeiter*innen in Elternzeit der Fall.

Kettenbefristung – Missbrauchskontrolle

Unter einer Kettenbefristung versteht man ein Arbeitsverhältnis, das über viele Jahre immer wieder befristet wird. Für diese Befristungen gibt der Arbeitgeber jedes Mal einen neuen Sachgrund an. Die Gerichte sind leider sehr tolerant bei diesen Kettenbefristungen. Erst wenn über sechs Jahre lang mehr als neun Vertragsverlängerungen vereinbart wurden, prüft das Bundesarbeitsgericht, ob ein Missbrauch vorliegt. Aber auch dann kann der Eindruck des Missbrauchs von der Arbeitgeberseite entkräftet werden.

Längere Befristung durch Tarifvertrag

Hier noch eine Besonderheit: Durch Tarifverträge kann die Dauer der Befristung ohne Sachgrund verlängert werden. Das Gesetz erlaubt das. Dadurch wird z. B. nach einem Tarifvertrag die sachgrundlose Befristung für vier Jahre ermöglicht, obwohl es sonst maximal für zwei Jahre erlaubt ist.

Beendigung des befristeten Arbeitsverhältnisses

Der befristete Arbeitsvertrag endet mit Ablauf der vereinbarten Zeit. Die Beendigung erfolgt automatisch, ohne dass der Arbeitgeber oder die Beschäftigten noch etwas tun müssten.

Beendigung durch Kündigung

Ein befristeter Arbeitsvertrag kann nur ordentlich gekündigt werden, wenn dies ausdrücklich im Arbeitsvertrag steht. In diesem Fall ist die Kündigung unter Einhaltung der Kündigungsfrist möglich. Die meisten befristeten Arbeitsverträge enthalten eine solche Klausel.

Eine fristlose Kündigung wegen eines wichtigen Grundes ist für beide Seiten jederzeit möglich. Diese kann nicht ausgeschlossen werden.

Klage gegen die Befristung – Entfristungsklage

Wenn Beschäftigte Zweifel an der Wirksamkeit der Befristung haben, sollten sie sich dazu rechtlich beraten lassen. Man kann jedoch immer nur die letzte Befristung angreifen.

Wichtig: Wenn Sie gegen die Befristung vorgehen wollen, müssen Sie eine Klage beim Arbeitsgericht innerhalb von drei Wochen nach Ende der Befristung einreichen! Ansonsten wird die Befristung als rechtmäßig angesehen und das Arbeitsverhältnis ist beendet.

Wenn die Befristung rechtswidrig ist, kann man den Arbeitgeber anschreiben und versuchen, dass er einen unbefristeten Arbeitsvertrag anerkennt. Weigert er sich, muss man innerhalb von drei Wochen nach Ablauf der Befristung eine Klage gegen die Befristung beim Arbeitsgericht einreichen.

Beispiel: Der Arbeitsvertrag ist bis zum 31. Mai befristet. Die Befristungskontrollklage muss bis zum 21. Juni beim Arbeitsgericht eingegangen sein.

5.
Während des Arbeitsverhältnisses

Haupt- und Nebenpflichten im Arbeitsverhältnis

Der Arbeitgeber muss den Lohn zahlen und die Arbeitnehmer*innen dafür arbeiten. Das sind die Hauptpflichten für beide Seiten. Dazu kommen Nebenpflichten, von denen viele nicht im Arbeitsvertrag geregelt sind, sondern in den Arbeitsgesetzen und anderen Rechtsquellen. Weitere Nebenpflichten wurden von der Rechtsprechung der Arbeitsgerichte entwickelt.

Rücksichtnahmepflichten für beide Seiten

Wer einen Vertrag mit einer anderen Person schließt, muss Rücksicht auf die Interessen des Vertragspartners bzw. der Vertragspartnerin nehmen. Das ist auch im Arbeitsverhältnis so. Der Arbeitgeber muss bei der Gestaltung der Arbeitsbedingungen für den Schutz des Lebens, der Gesundheit und des Eigentums der Beschäftigten sorgen. Auch das Persönlichkeitsrecht der Beschäftigten ist zu achten. Arbeitnehmer*innen müssen die Arbeitsmittel sorgfältig behandeln und dürfen Geschäftsgeheimnisse nicht preisgeben.

Nebenpflichten des Arbeitgebers aus den Gesetzen

Die Arbeitsgesetze sehen viele Nebenpflichten für den Arbeitgeber vor. Hier einige Beispiele:

- Urlaubsgewährung (Bundesurlaubsgesetz)
- Entgeltzahlung für sechs Wochen bei Arbeitsunfähigkeit der Beschäftigten (Entgeltfortzahlungsgesetz)

- Gewährung von Pausen (Arbeitszeitgesetz)
- Mögliche Pflicht zur Erlaubnis von Teilzeitarbeit (Teilzeit- und Befristungsgesetz)
- Zahlung des Mindestlohns (Mindestlohngesetz)
- Keine Behinderung von Betriebsratswahlen (Betriebsverfassungsgesetz)

Beschäftigungspflicht des Arbeitgebers

Die Arbeitnehmer*innen haben nicht nur das Recht auf das vereinbarte Arbeitsentgelt, sondern auch auf vertragsgemäße Beschäftigung. In vielen Arbeitsverträgen steht, dass die Beschäftigten versetzt werden können. Die neue Tätigkeit muss jedoch immer gleichwertig sein. Die Beschäftigten dürfen dadurch nicht herabgestuft werden.

Beispiel: Ein Arbeitnehmer kommt aus der Elternzeit zurück. Obwohl er als Führungskraft eingestellt wurde, soll er ab jetzt in seinem alten Team unter einer neu eingestellten Führungskraft weiterarbeiten. Eine solche Weisung ist rechtswidrig. Der Arbeitnehmer hat einen Anspruch auf die Beschäftigung als Führungskraft.

Gleichbehandlungsgrundsatz

Der Arbeitgeber muss die Beschäftigten gleich behandeln. Wenn er verschiedenen Arbeitnehmergruppen unterschiedliche Leistungen gewährt, muss er dafür sachliche Gründe haben. Es ist kein sachlicher Grund, wenn z. B. nach Geschlecht oder ethnischer Herkunft unterschieden wird.

Verbot der Diskriminierung

Das Allgemeine Gleichbehandlungsgesetz verbietet Diskriminierungen am Arbeitsplatz aufgrund des Geschlechts, der Herkunft, des Alters und weiterer Merkmale. Der Arbeitgeber muss die Beschäftigten vor Diskriminierungen wie sexueller Belästigung und Mobbing am Arbeitsplatz schützen.

Recht auf geschlechtergerechte Anrede

Der Arbeitgeber hat am Arbeitsplatz das allgemeine Persönlichkeitsrecht der Beschäftigten zu achten. Dieses Recht schützt auch die geschlechtliche Identität eines Menschen. Die Anrede nach dem selbst empfundenen Geschlecht ist für die Identität von hoher Bedeutung.

Beschäftigte haben daher am Arbeitsplatz das Recht auf eine Anrede nach dem von ihnen empfundenen Geschlecht. Dieses Recht gilt unabhängig davon, wie eine Person von anderen wahrgenommen wird. Also auch wenn Vorgesetzte oder Kolleg*innen eine Person z. B. als männlich wahrnehmen, müssen sie die Person nach der von ihr gewünschten Anrede ansprechen.

Beispiel: Eine Beschäftigte hat einen männlichen Vornamen. Sie empfindet sich als weiblich, lebt danach und möchte mit »Frau« angesprochen werden. Auch wenn die Kolleg*innen die Person nicht als weiblich in ihrem Sinne einordnen, haben sie deren Wunsch zu respektieren.

Auch Beschäftigte, die sich weder als männlich noch als weiblich empfinden, haben ein Recht auf geschlechtergerechte Anrede. Statt einer Anrede mit »Frau« oder »Herr« können stattdessen der Vor- und Nachname benutzt werden. In E-Mails oder Briefen spricht ein geschlechtsneutrales »Guten Tag« alle Geschlechter an. Von den Arbeitsgerichten gibt es zu diesen Fällen noch keine Gerichtsentscheidungen. Erste Urteile von den Zivilgerichten bestätigen aber das Recht auf geschlechtergerechte Anrede z. B. beim Onlineshopping. Dieses Recht muss auch für das tägliche Miteinander im Arbeitsverhältnis gelten.

Beschwerderecht

Der Arbeitgeber muss Beschwerden der Beschäftigten entgegennehmen und diese prüfen. Das ist z. B. bei einer Diskriminierung am Arbeitsplatz der Fall. Auch eine allgemeine Beschwerde muss der Arbeitgeber prüfen und dieser abhelfen, wenn die Beschwerde berechtigt ist. Wenn es einen Betriebsrat gibt, können sich die Beschäftigten beim Betriebsrat über den Arbeitgeber beschweren.

Weitere Nebenpflichten des Arbeitgebers

- Wenn Beschäftigte Schutzkleidung am Arbeitsplatz tragen müssen, trägt der Arbeitgeber hierfür die Kosten.
- Der Arbeitgeber muss die Sozialversicherungsbeiträge an die zuständigen Stellen zahlen.
- Es besteht die Pflicht zur Erteilung eines Zwischenzeugnisses, wenn die Beschäftigten dafür einen Grund haben wie z. B. einen Vorgesetztenwechsel.

Nebenpflichten der Arbeitnehmer*innen: Das Wettbewerbsverbot

Beschäftigte dürfen nicht in Konkurrenz zu ihrem Arbeitgeber treten. Sie dürfen nicht gleichzeitig für einen Arbeitgeber eines konkurrierenden Unternehmens arbeiten und auch kein eigenes Konkurrenzunternehmen gründen. Dieses Wettbewerbsverbot kann auch nach der Beendigung des Arbeitsverhältnisses andauern. Dazu müssen Arbeitgeber und Beschäftigte einen Vertrag schließen, nach welchem der Arbeitgeber eine sogenannte Karenzentschädigung dafür zahlt, dass die Beschäftigten einen Wettbewerb unterlassen. Dieses Wettbewerbsverbot kann nur für eine Höchstdauer von zwei Jahren vereinbart werden.

Verschwiegenheitspflicht für Arbeitnehmer*innen

Die Beschäftigten bekommen durch ihre Arbeit oft Informationen über Herstellungsverfahren, Kund*innen oder zukünftige Projekte des Arbeitgebers. Als Nebenpflicht zum Arbeitsvertrag dürfen sie solche Informationen nicht nach außen tragen.

Loyalitätspflichten – das Problem mit kirchlichen Arbeitgebern

Die Gesetze und die Rechtsprechung in Deutschland gestehen den Kirchen einen Sonderstatus zu. Das Arbeitsrecht gilt für sie zwar auch, aber in der Anwendung soll ihr Selbstbestimmungsrecht beachtet werden. Daher können Kirchen und ihre Einrichtungen wie die Caritas und die Diakonie die glaubensbezogenen Pflichten ihrer Beschäftigten selbst bestimmen und die Einhaltung dieser Pflichten auch im Privatleben fordern. Zu diesen Pflichten gehören eine heterosexuelle Ausrichtung und das Verbot der Wiederheirat. Während es in Bezug auf andere Arbeitgeber absurd erscheint, dass die Vorgesetzten sich in das Liebesleben ihrer Mitarbeitenden einmischen, ist das für Angestellte der Kirchen harte Realität. Im Fall von Homosexualität, Scheidung oder Wiederheirat droht ihnen die Kündigung. Viele verheimlichen ihre Beziehungen daher am Arbeitsplatz.

Im Januar 2022 hat die Initiative »OutInChurch – Für eine Kirche ohne Angst« die Probleme öffentlich gemacht. 125 Mitarbeitende der katholischen Kirche haben sich als queer geoutet und ein Ende der Diskriminierungen durch ihren Arbeitgeber gefordert. Das Bistum Essen solidarisierte sich mit der Initiative und sicherte seinen Beschäftigten zu, keine arbeitsrechtlichen Sanktionen gegen queere Mitarbeitende zu verhängen. Andere kirchliche Einrichtungen werden hoffentlich folgen.

Im November 2022 teilte die Deutsche Bischofskonferenz mit, dass die katholische Kirche ihr Arbeitsrecht reformieren wolle. Homosexualität oder neue Heirat nach einer Scheidung sollen danach kein Kündigungsgrund mehr für Mitarbeiter*innen sein. Jedes Bistum muss diese Regeln jedoch noch einzeln umsetzen, damit sie Geltung erlangen.

Haftung der Arbeitnehmer*innen und des Arbeitgebers

Wer das Eigentum von einer anderen Person beschädigt oder zerstört, muss dafür bezahlen. Im Privatleben haftet man für fahrlässiges und vorsätzliches Handeln. Fahrlässig bedeutet, dass man aus Versehen etwas kaputt gemacht hat. Eine Person handelt vorsätzlich, wenn sie mit Absicht etwas tut.

Haftung im Arbeitsverhältnis

Im Arbeitsverhältnis gelten diese Regeln auch. Das Bundesarbeitsgericht hat sie jedoch zugunsten der Beschäftigten angepasst. Es wird auch von den »Grundsätzen des innerbetrieblichen Schadensausgleichs« gesprochen. Die Beschäftigten haften danach im Arbeitsleben nicht im vollen Umfang wie im Privatleben.

Arbeitnehmer*innen können während ihrer Arbeit durch leichte Fehler einen großen finanziellen Schaden anrichten. Ein Lkw-Fahrer kann z. B. durch eine kurze Unaufmerksamkeit im Straßenverkehr einen Verkehrsunfall mit einem Schaden in Millionenhöhe verursachen. Diese Haftung der Beschäftigten soll beschränkt werden. Denn der Lohn reicht in solchen Fällen nicht aus, um den Schaden zu begleichen. Die Arbeitgeber können solche Risiken jedoch versichern.

Diese Grundsätze gelten:

- Bei Vorsatz und grober Fahrlässigkeit haften die Beschäftigten in vollem Umfang. Grob fahrlässig handelt eine Person, wenn sie die erforderliche Sorgfalt grob missachtet. Sie handelt vorsätzlich, wenn sie einen bestimmten Schaden erreichen will.
- Bei mittlerer Fahrlässigkeit können die Beschäftigten anteilig haften. Der Schaden kann zwischen Arbeitgeber und ihnen aufgeteilt werden.
- Bei leichter Fahrlässigkeit haften die Beschäftigten nicht.
- Wenn ein Schadensfall eingetreten ist, kann man sich darüber streiten, welche Form der Fahrlässigkeit vorliegt und ob auch die Beschäftigten zahlen müssen. Falls der Arbeitgeber Zahlungen von Ihnen verlangt, sollten Sie sich rechtlich beraten lassen.

Haftungserleichterung nur bei betrieblicher Tätigkeit

Diese Haftungserleichterungen gelten jedoch nur bei einer betrieblichen Tätigkeit. Wer am Arbeitsplatz eine »Spaßfahrt« mit dem Gabelstapler unternimmt und dabei ein Einfahrtstor zerstört, kann nicht auf eine Besserstellung bei der Haftung hoffen.

Schädigung gegenüber Außenstehenden

Wenn Beschäftigte bei ihrer Arbeit Außenstehende schädigen, müssen sie diesen Personen den Schaden bezahlen. Bei mittlerer und leichter Fahrlässigkeit muss der Arbeitgeber den Schaden jedoch teilweise oder ganz ersetzen.

Haftung des Arbeitgebers

Für den Arbeitgeber gibt es keine Einschränkung der Haftung. Er haftet bei einer Pflichtverletzung für fahrlässiges und vorsätzliches Verhalten. In den meisten Fällen haben Arbeitgeber eine Betriebshaftpflichtversicherung.

Das Personalgespräch

Bei einem Personalgespräch geht es um Themen aus dem Arbeitsverhältnis. Es findet im Betrieb oder Unternehmen statt und wird meistens von der Arbeitgeberseite einberufen. Mögliche Themen für ein Personalgespräch:

- Ermahnung oder Abmahnung
- Versetzung
- Kündigung
- Mangelhafte Leistung
- Gehaltserhöhung
- Zielvereinbarungen
- Fortbildung
- Beförderung

Der Arbeitgeber kann die Teilnahme an einem Personalgespräch anordnen. Er hat dafür ein Weisungsrecht.

Betriebsrat oder Vertrauensperson mitbringen

Wenn es bei Ihnen im Betrieb einen Betriebsrat gibt, sollten Sie ein Mitglied des Betriebsrats als Begleitung zum Personalgespräch mitnehmen.

Der Betriebsrat hat zwar nicht bei allen Themen ein Recht auf Teilnahme, aber in vielen Betrieben ist die Teilnahme von Betriebsratsmitgliedern üblich.

Wenn es keinen Betriebsrat gibt, können Sie einfordern, dass eine Vertrauensperson mitkommen kann. Sie können dies jedoch nicht erzwingen.

Wenn der Arbeitgeber mit einem Rechtsanwalt bzw. einer Rechtsanwältin zum Gespräch kommt, sollten Beschäftigte darauf bestehen, auch mit ihrem Rechtsbeistand zu kommen.

Falls der Arbeitgeber das Hinzuziehen einer weiteren Person ablehnt, sollten Beschäftigte das Gespräch trotzdem nicht verweigern. Sie könnten dafür eine Abmahnung bekommen und so das Arbeitsverhältnis gefährden.

Worüber wird gesprochen?

Der Arbeitgeber ist rechtlich nicht verpflichtet, die Beschäftigten über das Thema des Personalgesprächs zu informieren. Dennoch ist dies üblich. Falls der Arbeitgeber nicht von selbst mitteilt, worum es geht, sollten die Beschäftigten danach fragen.

Beschäftigte sind nur verpflichtet, über Themen des Arbeitsverhältnisses zu sprechen, nicht jedoch über eine Vertragsänderung oder die Beendigung des Arbeitsverhältnisses (siehe auch Fall im Kapitel »Die Abmahnung« auf Seite 220 f.).

Verhalten während des Gesprächs

Es ist gut, sich während des Gesprächs Notizen zu machen, um sich später an die Inhalte zu erinnern.

Viele Arbeitgeber fertigen selbst ein Protokoll an und schicken dies später an die Teilnehmenden. Es besteht dazu jedoch keine Verpflichtung. Wenn Beschäftigte ihre eigenen Notizen haben, können sie das Protokoll des Arbeitgebers damit abgleichen.

Auf keinen Fall darf das Personalgespräch mit dem Handy oder anderen Geräten aufgezeichnet werden. Das ist eine Straftat wegen der Verletzung der Vertraulichkeit des gesprochenen Wortes (§ 201 Strafgesetzbuch) und wird mit Geldstrafe oder Freiheitsstrafe bis zu drei Jahren bestraft. Abgesehen von der Straftat kann der Arbeitgeber das Arbeitsverhältnis deswegen kündigen.

Der Fall: Fristlose Kündigung wegen heimlicher Aufzeichnung des Personalgesprächs

Ein Arbeitnehmer hatte Vorgesetzte und Kolleg*innen als »faule Mistkäfer« und »Low-Performer« bezeichnet. Aufgrund dieser Vorfälle wurde mit ihm ein Personalgespräch geführt und eine Abmahnung ausgesprochen. Danach erfuhr der Arbeitgeber, dass der Arbeitnehmer das Personalgespräch mit dem Smartphone aufgezeichnet hatte. Daraufhin kündigte er den Arbeitnehmer fristlos.

Die Richter*innen sahen die fristlose Kündigung als rechtmäßig an. Denn der Arbeitnehmer habe durch die heimliche Aufzeichnung des Gesprächs die Rücksichtnahmepflichten gegenüber dem Arbeitgeber verletzt. Ein solches Verhalten verletze außerdem das Persönlichkeitsrecht der anderen Teilnehmenden. Wegen des Rechts am eigenen Wort darf jeder Mensch selbst bestimmen, wer das gesprochene Wort aufnehmen und möglicherweise wieder abspielen darf.

Hessisches Landesarbeitsgericht vom 23.08.2017 – Aktenzeichen 6 Sa 137/17

Nichts unterschreiben

Arbeitgeber können Personalgespräche dazu nutzen, Druck auszuüben. Am Ende des Gesprächs werden Beschäftigte gedrängt, ein Dokument zu unterschreiben, z. B. einen Aufhebungsvertrag oder ein Schuldanerkenntnis. Sie sind nicht verpflichtet, etwas zu unterschreiben. Nehmen Sie die Unterlagen mit nach Hause, prüfen Sie diese in Ruhe und lassen Sie sich dazu rechtlich beraten.

Wichtig: Keine Teilnahmepflicht bei Krankheit

Wenn Beschäftigte arbeitsunfähig erkrankt sind, müssen sie nicht an einem Personalgespräch teilnehmen.

Personalgespräch auf Betreiben des Arbeitnehmers/der Arbeitnehmerin

Auch Beschäftigte können um ein Personalgespräch bitten. Nach dem Betriebsverfassungsgesetz haben sie z. B. das Recht, Vorschläge für die Gestaltung des Arbeitsplatzes und des Arbeitsablaufs zu machen.

Beschäftigte können auch verlangen, dass der Arbeitgeber ihnen die Zusammensetzung des Gehalts, die Beurteilung ihrer Leistung und die mögliche berufliche Entwicklung im Betrieb erklärt. Zu einem solchen Gespräch können sie ein Mitglied des Betriebsrats mitbringen.

Die Personalakte

Inhalt der Personalakte

Zur Personalakte gehören alle Unterlagen über die einzelnen Beschäftigten, die das Arbeitsverhältnis dokumentieren. Der Arbeitgeber darf Daten speichern, die er für die Lohnzahlung benötigt, für die Personalplanung und für die Bezahlung von Steuern und Sozialabgaben. Die Personalakte kann in Papierform oder digital geführt werden.

Beispiele für Dokumente der Personalakte

- Bewerbungsunterlagen mit Lebenslauf
- Beurteilungen und Zeugnisse
- Arbeitsvertrag
- Lohnsteuerkarte
- Sozialversicherungsausweis
- Lohn- und Gehaltsveränderungen
- Abmahnungen
- Ausfallzeiten wegen Krankheit
- Aufzeichnungen über Urlaubstage

Recht auf Einsicht in die Personalakte

Beschäftigte haben ein Recht auf Einsicht in die gesamte eigene Personalakte. Dafür müssen sie gegenüber dem Arbeitgeber keinen Grund angeben. Sie können ein Mitglied des Betriebsrats zur Einsichtnahme mitbringen. Schwerbehinderte Arbeitnehmer*innen können ein Mitglied der Schwerbehindertenvertretung hinzuziehen. Die Beschäftigten dürfen Kopien von Unterlagen machen. Der Arbeitgeber darf die Einsichtnahme durch Vorgesetzte oder beauftragte Personen beaufsichtigen lassen.

Recht auf Gegendarstellung und Berichtigung

Wenn Dokumente der Personalakte falsche Angaben enthalten, können Beschäftigte eine Berichtigung oder Entfernung dieser Dokumente verlangen. Außerdem haben sie ein Recht auf Gegendarstellung. Im Fall einer Abmahnung können sie durch eine Gegendarstellung ihre Sicht der Ereignisse beschreiben.

Datenschutz

Der Arbeitgeber darf keine Daten speichern, die nichts mit dem Arbeitsverhältnis zu tun haben und unter die Privatsphäre der Beschäftigten fallen. Die Speicherung und Nutzung der Daten in der Personalakte unterliegt dem Datenschutz nach dem Bundesdatenschutzgesetz und der europäischen Datenschutzgrundverordnung (DSGVO) (siehe auch Abschnitt »Datenschutz für Beschäftigte« auf Seite 65 ff.).

Die Personalakten dürfen nicht allgemein zugänglich aufbewahrt werden. Der Kreis der Zugangsberechtigten soll möglichst eng sein und die Sachbearbeiter*innen müssen im Datenschutz geschult sein.

Versetzung

Durch eine Versetzung werden Beschäftigten neue Aufgaben zugewiesen, der Arbeitsort ändert sich oder sie sollen in einer anderen Abteilung arbeiten. Der Arbeitgeber hat ein Weisungsrecht und kann Versetzungen deshalb anordnen. Dieses Weisungsrecht findet seine Grenzen jedoch im Arbeitsvertrag, in Betriebsvereinbarungen und in Tarifverträgen, in den Arbeitsgesetzen und auch in Verordnungen der Europäischen Union.

Grenzen für das Weisungsrecht im Arbeitsvertrag

Wenn Beschäftigte laut Arbeitsvertrag eine bestimmte Funktion ausüben, darf der Arbeitgeber das nicht per Weisungsrecht einseitig ändern. Er darf z. B. eine Arbeitnehmerin mit Führungsverantwortung nicht auf eine Stelle ohne diese Verantwortung versetzen. Auch das Gehalt darf der Arbeitgeber nicht einseitig kürzen.

Wenn der Arbeitsort im Arbeitsvertrag festgelegt ist, darf er die Beschäftigten nicht ohne Weiteres an einen anderen Ort versetzen.

Beispiel: Im Arbeitsvertrag steht als Einsatzort Deutschland. Die Arbeitnehmerin hat bisher in Hamburg gearbeitet, nun soll sie in Bremen arbeiten. Wenn der Einsatzort auf ganz Deutschland ausgedehnt ist, kann der Arbeitgeber anordnen, dass die Arbeitnehmerin in Bremen arbeitet. Sie darf aber nicht ins Ausland versetzt werden. Wenn im Arbeitsvertrag Hamburg als Einsatzort stehen würde, dürfte der Arbeitgeber nicht anordnen, dass sie ab jetzt in Bremen arbeitet.

Versetzungsklauseln im Arbeitsvertrag

In den meisten Arbeitsverträgen stehen sogenannte Versetzungsklauseln. Diese Klauseln sollen bestimmen, inwieweit der Arbeitgeber z. B. den Arbeitsort oder auch die Tätigkeit ändern darf. Viele Versetzungsklauseln sind jedoch unwirksam, weil sie die Beschäftigten benachteiligen. Wenn Sie mit einer Versetzung unzufrieden sind, sollten Sie prüfen lassen, ob der Arbeitgeber diese Anweisung geben durfte (siehe auch Kapitel »Während des Arbeitsverhältnisses« auf den Seiten 62 bis 65).

Grenzen für das Weisungsrecht in Gesetzen

Der Arbeitgeber darf keine Weisungen erteilen, die gegen Gesetze verstoßen.

Beispiel: Nach dem Arbeitszeitgesetz müssen Beschäftigte nach Ende der Arbeitszeit eine Ruhezeit von mindestens elf Stunden haben. Der Arbeitgeber darf keine Arbeitszeiten anordnen, die diese Ruhezeit umgehen.

Nur faire Weisungen sind rechtmäßig

Der Arbeitgeber muss die Weisungen auch nach »billigem Ermessen« erteilen. Das bedeutet, dass er berechtigte Interessen der Arbeitnehmer*innen berücksichtigen muss. Er muss z. B. auf die familiären Belange der Beschäftigten Rücksicht nehmen. Die Weisungen dürfen nicht unfair oder unzumutbar sein.

Der Fall: Keine Versetzung nach London während der Elternzeit

Eine Arbeitnehmerin war seit mehreren Jahren mit der Leitung der Rechtsabteilung eines Unternehmens betraut. Nach der Geburt ihrer Tochter nahm sie Elternzeit und arbeitete mit 30 Stunden in Teilzeit. In der Elternzeitvereinbarung einigte sie sich mit dem Arbeitgeber auf drei Tage Homeoffice und zwei Arbeitstage im Büro in einer Stadt in Deutschland.

Während ihrer Elternzeit schloss der Arbeitgeber das Büro in Deutschland und verlegte es nach London. Er wies die Arbeitnehmerin an, ab jetzt zwei Tage in der Woche in London zu arbeiten.

Die Arbeitnehmerin wehrte sich dagegen mit einer Klage. Das Hessische Landesarbeitsgericht gab ihr recht. Es sah die Weisung des Arbeitgebers als vertragswidrig an. Denn die aufwendige Reise nach London sei für die Arbeitnehmerin unzumutbar. Weil sie in Elternzeit sei, stünde sie unter dem besonderen Schutz des Bundeselterngeld- und Elternzeitgesetzes, welches die Vereinbarkeit von Familie und Beruf fördern solle. Die Kinderbetreuung sei nicht mit dem Einsatz an zwei Tagen in London vereinbar.

Hessisches Landesarbeitsgericht vom 15.02.2011 – Aktenzeichen 13 SaGa 1934/10

Mitbestimmung des Betriebsrats

Wenn es im Betrieb einen Betriebsrat gibt, verbessert sich der Schutz vor rechtswidrigen Versetzungen. Denn der Betriebsrat hat ein Mitbestimmungsrecht bei Versetzungen und kann die Beschäftigten unterstützen. Eine Versetzung ohne Beteiligung des Betriebsrats ist rechtswidrig.

Der Arbeitgeber muss den Betriebsrat zu einer geplanten Versetzung anhören. Der Betriebsrat kann der Versetzung aus bestimmten Gründen die Zustimmung verweigern. Einer dieser Gründe ist die ungerechtfertigte Benachteiligung der betroffenen Beschäftigten. Wenn der Betriebsrat gegen eine Versetzung vorgeht, muss das Arbeitsgericht entscheiden. Bis zu dieser Entscheidung darf der Arbeitgeber die Versetzung nicht anordnen.

Wie kann ich mich gegen eine rechtswidrige Versetzung wehren?

Wenn Sie mit einer Versetzung unzufrieden sind, sollten Sie sofort rechtlich prüfen lassen, ob der Arbeitgeber dazu berechtigt ist. Falls das nicht der Fall ist, kann ein Anwaltsschreiben helfen. Zur Not können Sie auch gerichtlich gegen eine Versetzung vorgehen.

Wenn es im Betrieb einen Betriebsrat gibt, sollten Sie sich mit einem Mitglied des Betriebsrats beraten und den Betriebsrat bitten, die Zustimmung zu der Versetzung zu verweigern.

Datenschutz für Beschäftigte

Datenschutz soll die Privatsphäre eines jeden Menschen schützen. Denn jeder Mensch hat das Recht, selbst darüber zu entscheiden, wem er seine persönlichen Daten weitergibt. Dieses Recht auf informationelle Selbstbestimmung wird auch durch das Grundgesetz geschützt. Die Gesetze zum Datenschutz sollen der missbräuchlichen Verwendung von Daten vorbeugen. Das ist gerade in Anbetracht der fortschreitenden Digitalisierung wichtig. Datenschutz gilt auch im Arbeitsverhältnis. Die personenbezogenen Daten der Beschäftigten sind schutzwürdig und der Arbeitgeber hat viele Pflichten zu beachten.

Was sind personenbezogene Daten?

Das sind alle Daten, durch die man Informationen über einen Menschen bekommt. Dazu gehören Angaben über den Namen, die Adresse, das Geburtsdatum und die E-Mail-Adresse. Aber auch Kennnummern wie die Sozialversicherungsnummer, Personalausweisnummer oder die Kontodaten gehören dazu. Informationen über das Aussehen eines Menschen sind ebenfalls personenbezogene Daten.

Europäische Datenschutzgrundverordnung und Bundesdatenschutzgesetz

Für den Datenschutz am Arbeitsplatz sind zwei Regelwerke von besonderer Bedeutung. Die europäische Datenschutzgrundverordnung (DSGVO) und das deutsche Bundesdatenschutzgesetz (BDSG). Mit der DSGVO wurde der Datenschutz im Jahr 2018 in allen EU-Ländern vereinheitlicht. In Deutschland wurde daraufhin das BDSG angepasst.

Der Arbeitgeber darf nur in diesen drei Fällen personenbezogene Daten erheben und nutzen:

- Die Daten sind für die Aufnahme, Erfüllung oder die Beendigung des Arbeitsverhältnisses erforderlich.
- Er hat die Einwilligung der Beschäftigten.
- Eine Betriebsvereinbarung von Arbeitgeber und Betriebsrat erlaubt es.

Zweckbindung der Daten

Der Arbeitgeber darf personenbezogene Daten seiner Beschäftigten nicht ohne Grund erheben, speichern und nutzen. Das ist nur erlaubt, wenn er sie für die Aufnahme, Erfüllung oder Beendigung des Arbeitsverhältnisses benötigt. Im laufenden Arbeitsverhältnis braucht er z. B. die allgemeinen Kontaktdaten und die Kontoverbindung seiner Mitarbeiter*innen. Informationen über Ausbildung und Qualifikation benötigt er für die Personaleinsatzplanung. Auch die Arbeitszeit muss er erfassen. Erhält der Arbeitgeber dagegen private Daten wie z. B. über Freundschaften im Büro, Rauchen, politische Einstellungen oder die Gewerkschaftsmitgliedschaft, darf er diese nicht speichern.

Einwilligung

Mit der Einwilligung der Beschäftigten darf der Arbeitgeber Daten erheben und speichern, die über die Erfüllung des Arbeitsverhältnisses hinausgehen. Möchte der Arbeitgeber z. B. Fotos der Mitarbeiter*innen auf der Website veröffentlichen, so braucht er dafür eine Einwilligung. Das Gleiche gilt für den Eintrag der Geburtstage der Beschäftigten im Unternehmenskalender. Viele Arbeitnehmer*innen haben mit der Einführung der DSGVO vom Arbeitgeber deshalb einen schriftlichen Vordruck bekommen, damit sie der Verarbeitung ihrer Daten zustimmen können. Inzwischen ist die Einwilligung auch elektronisch z. B. per E-Mail erlaubt.

Datenschutz und Betriebsvereinbarung

Die Datenerhebung und Nutzung sind weiterhin erlaubt, wenn eine Betriebsvereinbarung dies regelt. Arbeitgeber und Betriebsrat können beispielsweise eine Betriebsvereinbarung zur digitalen Zeiterfassung abschließen. Bei der digitalen Zeiterfassung werden personenbezogene Daten der einzelnen Beschäftigten erfasst. Die Betriebsvereinbarung regelt, zu welchem Zweck die Daten erhoben werden, wer Zugriff auf die Daten hat und wann sie gelöscht werden müssen.

Datenschutz bei der Bewerbung

Der Datenschutz beginnt mit der Bewerbung. So dürfen bestimmte Daten vom Arbeitgeber gar nicht erst erhoben werden. Eine Frage nach Gewerkschaftszugehörigkeit, sexueller Orientierung oder Schwangerschaft ist im Bewerbungsgespräch verboten.

Bewerbungsunterlagen enthalten viele personenbezogene Daten. Deswegen dürfen nur Personen Zugriff auf die Daten haben, die bei der Stellenbesetzung mitreden dürfen.

Datenschutz bei Beendigung des Arbeitsverhältnisses

Nach Beendigung des Arbeitsverhältnisses darf der Arbeitgeber die Daten der Beschäftigten nur weiter speichern, wenn er dafür ein berechtigtes Interesse hat. Wenn noch Lohn oder eine Betriebsrente auszuzahlen ist, braucht er weiterhin die Kontodaten der Person.

Bestimmte Unterlagen muss der Arbeitgeber für mehrere Jahre aufbewahren, weil er dazu gesetzlich verpflichtet ist. Dazu gehören z. B. die Dokumentation der Arbeitszeit und Gehaltsabrechnungen.

Digitale Überwachung am Arbeitsplatz

Durch die Digitalisierung ist die Überwachung der Mitarbeiter*innen sehr einfach geworden, besonders im Büro. Fast jede Software kann neben ihren normalen Funktionen auch zur Überwachung und Kontrolle von Beschäftigten eingesetzt werden. Bezahlt man in der Kantine mit einer Chipkarte, so kann auch gespeichert werden, was man gegessen hat und zu welcher Uhrzeit. Eine Umfrage zur Kundenzufriedenheit kann auch Daten über einzelne Beschäftigte erfassen. Auch durch Kommentarfunktionen auf der Website des Unternehmens können personenbezogene Daten von Beschäftigten im Internet auftauchen.

Beispiel: Microsoft 365 – Produktivität wird erfasst

Das neue Office-Paket von Microsoft ist in Sachen Datenschutz problematisch. Teil der Software ist ein sogenannter Produktivitätsreport. Damit können Vorgesetzte für jede/n einzelne/n Mitarbeiter*in ablesen, wie viele E-Mails diese/r verschickt und wie oft und lange sie bzw. er über das das Programm Teams mit Kolleg*innen kommuniziert hat. Aus diesen Daten wird für jede Beschäftigte ein Produktivitätswert erstellt, den Vorgesetzte abrufen können. Diese Überwachungsmöglichkeiten durch Microsoft 365 wurden von Gewerkschaftern und Datenschützer*innen kritisiert und als nicht mit dem deutschen Datenschutz vereinbar angesehen. Es braucht aber jemanden im Unternehmen, der konkrete Maßnahmen trifft, um die Überwachung zu verhindern. Wenn es einen Betriebsrat gibt, sollte dieser eine Betriebsvereinbarung zu Microsoft 365 verhandeln, die auch die Datenverarbeitung mit regelt. Eine Nutzung der Daten zur Erstellung von Produktivitätsprofilen kann dort ausgeschlossen werden.

Rechte der Beschäftigten

Die Beschäftigten haben gegenüber dem Arbeitgeber unter anderem diese Rechte:

1. Recht auf Auskunft

Die Beschäftigten haben gegen den Arbeitgeber einen Anspruch über Auskünfte zu den personenbezogenen Daten, die von diesem erhoben wurden. Dazu gehört auch ein Dokument, das alle verarbeiteten personenbezogenen Daten auflistet.

Der Fall: Schadensersatz wegen verspäteter Auskunft

Der Kläger arbeitete in einem Unternehmen als Meister der Elektromechanik. Der Arbeitgeber warf ihm vor, während der Arbeitszeit geschlafen zu haben, und kündigte das Arbeitsverhältnis fristlos und hilfsweise ordentlich. Der Kläger setzte sich mit einer Kündigungsschutzklage zur Wehr. Gleichzeitig machte er über seinen Anwalt von seinem Auskunftsrecht nach Artikel 15 der DSGVO Gebrauch. Der Anwalt schrieb den Arbeitgeber an und forderte diesen auf, Auskunft über alle bisher im Arbeitsverhältnis verarbeiteten personenbezogenen Daten des Klägers zu erteilen. Der Arbeitgeber antwortete erst drei Monate später auf das Auskunftsersuchen. Das Arbeitsgericht Neumünster verurteilte das Unternehmen, einen Schadensersatz von 1.500 Euro zu zahlen. Es sah für jeden Monat der Verspätung eine Summe von 500 Euro als angemessen an, um eine abschreckende Wirkung zu erzielen. Gleichzeitig stellte das Gericht die Unwirksamkeit der Kündigung fest.

Arbeitsgericht Neumünster vom 11.08.2020 –
Aktenzeichen 1 Ca 247 c/20

2. Recht auf Berichtigung

Wenn personenbezogene Daten falsch erhoben wurden, haben die Beschäftigten ein Recht auf Berichtigung der Daten.

3. Recht auf Löschung

Dieses Recht wird auch »Recht auf Vergessenwerden« genannt. Beschäftigte können die Löschung ihrer personenbezogenen Daten verlangen, z. B. wenn für deren Speicherung kein Grund mehr besteht oder die Daten unrechtmäßig verarbeitet wurden.

4. Widerspruchsrecht

Die Beschäftigten können die Einwilligung zur Verwendung ihrer personenbezogenen Daten widerrufen.

5. Recht auf Schadensersatz

Verstößt der Arbeitgeber gegen die DSGVO und ist dem Beschäftigten dadurch ein materieller oder immaterieller Schaden entstanden, so hat der Beschäftigte Anspruch auf Schadensersatz. Ein materieller Schaden ist ein geldwerter Schaden, wie z. B. entgangener Lohn. Ein immaterieller Schaden kann ein Schaden am Körper oder an der Ehre sein wie auch an dem Persönlichkeitsrecht.

Der Fall: Videoüberwachung am Arbeitsplatz

Die meisten Tankstellen werden an den Zapfsäulen und im Verkaufsraum videoüberwacht. Das wird mit häufigen Überfällen auf Tankstellen gerechtfertigt. Kund*innen werden darauf durch Schilder aufmerksam gemacht. Die Tankstellenbetreiber in diesem Fall ließen die Beschäftigten jedoch auch in den nicht öffentlichen Bereichen der Tankstelle pausenlos durch mehrere Kameras überwachen. Einen Anlass dafür gab es nicht. Ein Mitarbeiter klagte wegen der Überwachung auf eine Entschädigung wegen des Eingriffs in sein Persönlichkeitsrecht. Das Persönlichkeitsrecht wird vom Grundgesetz geschützt, dazu gehört auch das Recht am eigenen Bild. Jeder Mensch darf selbst darüber entscheiden, ob Filmaufnahmen von ihm gemacht und verwendet werden dürfen. Die Richter*innen gaben dem Mitarbeiter recht und sprachen ihm eine Entschädigung von 2.000 Euro zu. Sie erkannten eine schwere Verletzung der Persönlichkeitsrechte des Klägers. Eine Videoüberwachung von Beschäftigten ist ausnahmsweise nur erlaubt, wenn es konkrete Hinweise z. B. auf Diebstahl durch Mitarbeiter*innen gibt.

Landesarbeitsgericht Mecklenburg-Vorpommern vom 24.05.2019 – Aktenzeichen 2 Sa 214/18

Datenschutzbeauftragte*r

Unter bestimmten Voraussetzungen müssen Arbeitgeber eine/n Datenschutzbeauftragte*n benennen. Das ist z. B. der Fall, wenn in der Regel mehr als 20 Personen ständig mit der automatisierten Verarbeitung personenbezogener Daten beschäftigt sind. Der/die Datenschutzbeauftragte kann aus der Belegschaft kommen oder von einem externen Dienstleister.

Der/die Datenschutzbeauftragte muss für diese Aufgabe geschult werden und zuverlässig sein. Er oder sie ist in fachlichen Fragen weisungsfrei. Wenn es eine, wie oben beschriebene, gesetzliche Verpflichtung zur Benennung einer oder eines Datenschutzbeauftragten gibt, hat die/der interne Datenschutzbeauftragte einen besonderen Kündigungsschutz. Er oder sie kann nur außerordentlich aus wichtigem Grund gekündigt werden. Auch darf er oder sie wegen der Erfüllung seiner/ihrer Aufgaben nicht abberufen oder benachteiligt werden. Der Schutz besteht noch bis zu einem Jahr nach Beendigung der Tätigkeit.

Gesundheitsdaten = besondere personenbezogene Daten

Gesundheitsdaten von Beschäftigten gelten nach der DSGVO als besonders sensible Daten, die einem besonderen Schutz unterliegen. Die Verarbeitung dieser Daten ist dem Arbeitgeber verboten. Nur wenn die Beschäftigten in die Verarbeitung für einen bestimmten Zweck ausdrücklich eingewilligt haben, gibt es eine Ausnahme von diesem Verbot.

Wichtig wird dies im Arbeitsverhältnis z. B. bei langer Krankheit von Beschäftigten und wenn deshalb ein sogenanntes BEM, ein betriebliches Eingliederungsmanagement, ansteht. Durch das BEM soll geklärt werden, ob die Veränderung der Arbeitsbedingungen zu einer Verbesserung der gesundheitlichen Situation führen kann. Die Beschäftigten werden deshalb gefragt, ob sie Auskunft über die Art ihrer Erkrankung geben möchten. Die Mitteilung dieser Informationen kann nur freiwillig erfolgen. Wird ein solches BEM durchgeführt, so müssen die dadurch erhobenen Daten getrennt von der Personalakte gespeichert werden.

Der Fall: Arbeitgeber gibt Gesundheitsdaten an Behörden weiter – Schadensersatz

Ein Arbeitnehmer aus dem Ausland und Inhaber eines Aufenthaltstitels arbeitete für circa zwei Jahre bei einem Unternehmen. Im zweiten Jahr erkrankte er häufig. Der Arbeitgeber informierte die Ausländerbehörde und das Arbeitsamt über die Fehltage des Klägers und beschuldigte ihn einer Pflichtverletzung bei der Krankmeldung. Der Kläger erfuhr davon durch eine Akteneinsicht seiner Akte bei der Agentur für Arbeit. Er meldete den Fall beim Datenschutzbeauftragten des betreffenden Bundeslandes. Dieser bestätigte, dass es sich bei den Informationen über die Fehlzeiten um Gesundheitsdaten im Sinne der DSGVO handelt, und rügte das Unternehmen für die Weitergabe der Daten. Der Arbeitnehmer verklagte das Unternehmen auf Schadensersatz und gewann den Prozess. Das Arbeitsgericht sah in der Weitergabe der Daten eine Rufschädigung. Außerdem sah es den Beschäftigten um sein Recht gebracht, seine personenbezogenen Daten zu kontrollieren. Es verurteilte das Unternehmen auf Zahlung von 1.500 Euro für diesen immateriellen Schaden.

Arbeitsgericht Dresden vom 26.08.2020 – Aktenzeichen 13 Ca 1046/20

Fragen und Antworten

1. **Darf der Arbeitgeber meine E-Mails lesen?**
   Das kommt darauf an, ob das Schreiben von privaten E-Mails bei der Arbeit erlaubt ist. Wenn es erlaubt ist, darf der Arbeitgeber die E-Mails nicht mitlesen. Denn dann sind Arbeits- und private E-Mails vermischt. Wenn das Schreiben privater E-Mails am Arbeitsplatz verboten ist, darf der Arbeitgeber die E-Mails lesen.

2. **Darf der Arbeitgeber die Telefonate von Beschäftigten mithören?**
   Nein, das dauerhafte Mithören der Gespräche ist nicht erlaubt. Um zu überprüfen, ob Beschäftigte ohne Erlaubnis Privatgespräche führen, darf der Arbeitgeber die Verbindungsdaten wie Telefonnummer und Uhrzeit überprüfen.

3. **Wie ist die Rechtslage, wenn der Arbeitgeber den Verdacht auf Straftaten oder schwerwiegende Pflichtverletzungen hat?**
   In solchen Fällen kann es dem Arbeitgeber erlaubt sein, ein Telefonat abzuhören, um eine Kontrolle durchzuführen, oder stichprobenartig E-Mails zu kontrollieren.

Kurzarbeit

Bei der Kurzarbeit wird vorübergehend die Arbeitszeit verringert, weil es einen Auftragsmangel oder andere Probleme im Betrieb gibt. Während der Coronapandemie konnten viele Betriebe durch Kurzarbeit gerettet werden. Die Kurzarbeit kann für die gesamten Arbeitsstunden der Beschäftigten vereinbart werden oder nur für einen Anteil.

Beispiel: Die Arbeitszeit wird um 30 Prozent verkürzt. Für die 70 Prozent der Arbeitszeit bekommen die Beschäftigten ihren üblichen Lohn. Für die 30 Prozent Arbeitsausfall bekommen sie nur das Kurzarbeitergeld.

Der Arbeitgeber vereinbart Kurzarbeit mit den Beschäftigten und beantragt bei der Agentur für Arbeit das Kurzarbeitergeld. Die Beschäftigten verdienen zwar wesentlich weniger, behalten aber ihren Job. Auch in Zukunft wird Kurzarbeit wegen Lieferverzögerungen, Rohstoffmangel oder Energiemangel voraussichtlich aktuell bleiben.

Kurzarbeit muss vereinbart werden

Der Arbeitgeber darf die Kurzarbeit nur einführen, wenn es dafür eine Regelung im Arbeitsvertrag, in einer Betriebsvereinbarung oder im Tarifvertrag gibt.

Einige Arbeitsverträge enthalten bereits Regelungen zu Kurzarbeit. Mit der Unterschrift unter den Arbeitsvertrag haben die Beschäftigten in der Regel ihr Einverständnis mit einer später auftretenden Kurzarbeit gegeben.

Wenn es im Betrieb einen Betriebsrat gibt, kann dieser mit dem Arbeitgeber eine Betriebsvereinbarung zu Kurzarbeit abschließen. Diese gilt dann für alle Arbeitnehmer*innen im Betrieb.

Auch viele Tarifverträge enthalten Regelungen zu Kurzarbeit. Wenn ein Tarifvertrag für das Arbeitsverhältnis gilt, weil im Arbeitsvertrag z. B. eine Bezugnahmeklausel steht, kann der Arbeitgeber die Kurzarbeit anordnen.

Wenn es keine Regelung gibt – Arbeitgeber hat kein Weisungsrecht für Kurzarbeit

Wenn es noch keine Regelung zu Kurzarbeit gibt, darf der Arbeitgeber diese nicht einseitig anordnen. Er braucht dafür das Einverständnis der Beschäftigten. Während der Coronapandemie haben deshalb viele Arbeitgeber ihren Beschäftigten eine Zusatzvereinbarung zum Arbeitsvertrag über Kurzarbeit vorgelegt.

Die Beschäftigten sind nicht verpflichtet, sich mit der Kurzarbeit einverstanden zu erklären. Jedoch droht bei längerem Auftragsmangel oder anderen Problemen eine betriebsbedingte Kündigung. Sie haben deshalb eigentlich keine Wahl. Sie können sich nach einer anderen Stelle umsehen, aber es kann sein, dass andere Arbeitgeber die gleichen Probleme haben.

Zusatz zum Arbeitsvertrag

Der Zusatz zum Arbeitsvertrag sollte Folgendes regeln:

- Beginn und voraussichtliche Dauer der Kurzarbeit
- Reduzierung der Arbeitsstunden
- Verteilung der Arbeitsstunden

Das Kurzarbeitergeld

Das Kurzarbeitergeld wird für die ausgefallene Arbeitszeit gezahlt. Wenn nur ein Teil der Arbeitszeit reduziert wird, bekommt man anteilig das Kurzarbeitergeld. Bei der Kurzarbeit null wird gar nicht gearbeitet und die Beschäftigten bekommen nur das Kurzarbeitergeld ausgezahlt.

Das Kurzarbeitergeld beträgt 60 Prozent des Nettoeinkommens. Wenn ein oder mehrere Kinder im Haushalt leben, bekommen Beschäftigte 67 Prozent des Nettoeinkommens.

Beispiel: 50 Prozent Kurzarbeit

Eine Beschäftigte und ihr Arbeitgeber vereinbaren eine Kurzarbeit von 50 Prozent. Statt 40 Stunden arbeitet sie während der Kurzarbeit nur noch 20 Stunden. Für die 20 Arbeitsstunden bekommt sie ihr normales Gehalt weiter. Für die 20 Stunden, die durch die Kurzarbeit ausfallen, bekommt sie 60 Prozent des Nettolohns.

Der Arbeitgeber beantragt das Kurzarbeitergeld bei der Agentur für Arbeit. Diese zahlt das Kurzarbeitergeld an den Arbeitgeber aus. Voraussetzung ist, dass mindestens ein Drittel der Beschäftigten einen Entgeltausfall von mehr als 10 Prozent haben. Bevor das Geld gewährt wird, müssen die Beschäftigten Überstunden und Zeitguthaben abgebaut haben.

Die maximale Bezugsdauer für das Kurzarbeitergeld sind zwölf Monate. Während der Coronapandemie wurde dieser Zeitraum verlängert. Der Arbeitgeber bekommt das Kurzarbeitergeld von der Agentur für Arbeit und muss es umgehend an die Beschäftigten weiterleiten. Die Sozialversicherungsbeiträge muss weiter der Arbeitgeber allein zahlen.

! Tipp: Kinderzuschlag für Familien

Familien mit Kindern haben unter bestimmten Voraussetzungen einen Anspruch auf den Kinderzuschlag von bis zu 205 Euro pro Kind. Informationen dazu gibt es auf der Internetseite der Bundesagentur für Arbeit.

Mögliche Steuernachzahlung

Das Kurzarbeitergeld wird ohne Abzug von Steuern ausgezahlt. Es wird aber bei der Ermittlung des Steuersatzes für sonstiges Einkommen mitgezählt. Deshalb kann es sein, dass Beschäftigte am Ende des Jahres Steuern nachzahlen müssen. Es ist daher ratsam, sich dafür Geld zur Seite zu legen.

Aufstockung durch den Arbeitgeber

Die Beschäftigten haben kein Recht auf eine Aufstockung des Kurzarbeitergeldes durch den Arbeitgeber. Aber einige Arbeitgeber tun dies freiwillig, um die Gehaltseinbußen ihrer Mitarbeiter*innen abzumindern. Die Beschäftigten bekommen dann z.B. 60 Prozent des Nettolohns als Kurzarbeitergeld und einen weiteren Betrag zusätzlich vom Arbeitgeber.

6.
Vereinbarkeit von Familie, Freizeit und Beruf

Die meisten Menschen haben neben ihrer Arbeit noch andere Interessen und Verpflichtungen. Sie haben Kinder oder spannende Hobbys, pflegen ihre Freundschaften oder kümmern sich um ihre Angehörigen. Es ist eine Herausforderung, das alles miteinander zu vereinbaren. Das Arbeitsrecht gibt Beschäftigten einige Möglichkeiten, um das Berufsleben mit dem Rest zu verbinden.

Übersicht über die verschiedenen Möglichkeiten

Arbeiten und Kinder haben

Das Mutterschutzgesetz schützt die werdende Mutter ab der Schwangerschaft. Wenn eine Gefährdung für das ungeborene Kind besteht, kann schon ab Kenntnis der Schwangerschaft ein Beschäftigungsverbot ausgesprochen werden. Das allgemeine Beschäftigungsverbot gilt sechs Wochen vor der Geburt und acht Wochen nach der Entbindung.

Nach der Geburt können beide Eltern für jedes Kind bis zu drei Jahre in Elternzeit gehen. Das Elterngeld bekommen sie aber zusammen nur für maximal 14 Monate.

Wenn das Kind erkrankt, können Eltern sich freinehmen. Sie haben Anspruch auf bis zu zehn Tage pro Elternteil auf Kinderkrankengeld von der Krankenkasse.

In den wenigsten Familien können bzw. wollen beide Eltern in Vollzeit arbeiten. Eine 40-Stunden-Woche plus Kinderbetreuung und Haushalt sind oft nicht vereinbar. Gleichzeitig müssen meistens beide arbeiten, um genug Geld für die Miete, Essen und all die anderen Ausgaben reinzubekommen.

Eltern können deshalb während der Elternzeit in Teilzeit arbeiten. Nach der Elternzeit ist auch eine Teilzeitarbeit nach dem Teilzeit- und Befristungsgesetz möglich. Hier wird nicht nur die Verringerung der Arbeitszeit, sondern auch die Lage der Arbeitszeit verändert. So können die Arbeitszeiten an die Öffnungszeiten von Kindergarten und Schule angepasst werden.

Unter Umständen haben Eltern auch ein Recht auf Brückenteilzeit. Bei dieser Form der Teilzeit vereinbart man eine Rückkehr zur Vollzeit nach einem bestimmten Zeitraum.

Die Arbeit im Homeoffice kann zusammen mit flexiblen Arbeitszeiten für eine bessere Vereinbarkeit von Familie und Beruf sorgen. Dazu erfahren Sie mehr im Kapitel »Homeoffice« ab Seite 112.

Auch eine Gleitzeitregelung kann für mehr Entspannung im Familienalltag sorgen. Wenn Beschäftigte ihre Arbeit zwischen 8 und 10 Uhr beginnen können, bringt ihnen das mehr Ruhe für das Bringen der Kinder in den Kindergarten oder zur Schule.

Es gehört zu den Aufgaben des Betriebsrats, die Vereinbarkeit von Familie und Erwerbsarbeit zu fördern. Mitglieder des Betriebsrats sind deshalb Ansprechpartner*innen für Fragen der Beschäftigten. Der Betriebsrat hat Mitbestimmungsrechte bei der Festlegung der Arbeitszeiten und der Urlaubsgrundsätze.

Arbeiten und Angehörige pflegen

Das Pflegegesetz und Familienpflegegesetz geben den Beschäftigten einen Rechtsanspruch gegen den Arbeitgeber auf Freistellung von der Arbeit oder Teilzeitarbeit. Es gibt jedoch nicht, wie bei der Elternzeit, eine staatliche Finanzierung für diese Pflegezeiten. Nur für einen kurzen Zeitraum gibt es Geld von der Pflegekasse oder ein Darlehen vom Staat.

Arbeit und Freizeit

Wer nicht in Vollzeit arbeiten möchte, kann mit dem Arbeitgeber nach den Vorgaben des Teilzeit- und Befristungsgesetzes eine Teilzeitarbeit vereinbaren. Man muss dafür keine Gründe, wie Kinder oder die Pflege von Angehörigen, angeben. Wenn der Arbeitgeber sich weigert, werden seine Interessen und die Interessen der Beschäftigten gegeneinander abgewogen. Denn der Arbeitgeber darf eine Teilzeitarbeit aus betrieblichen Gründen ablehnen.

Neben der Teilzeitarbeit können auch ein oder mehrere Tage im Homeoffice die Vereinbarkeit von Beruf und Freizeit verbessern. Leider gibt es noch keinen Rechtsanspruch auf Homeoffice. Aber seit der Coronapandemie sind viele Arbeitgeber dafür offen.

Arbeiten und Älter werden

Wer am Ende des Erwerbslebens weniger arbeiten oder früher in Rente gehen möchte, kann versuchen, mit dem Arbeitgeber eine Regelung zur Altersteilzeit abzuschließen. Eine andere Möglichkeit ist ein Lebensarbeitszeitkonto. Dieses wird in der Regel im Rahmen einer Betriebsvereinbarung vom Betriebsrat mit dem Arbeitgeber vereinbart.

Arbeiten mit Kind: Vom Kinderwunsch zu Schwangerschaft und Mutterschutz

Kinderwunsch mitteilen?

Die Familienplanung gehört zum Teil der Privatsphäre. Beschäftigte sind nicht verpflichtet, ihren Arbeitgeber über einen Kinderwunsch zu informieren. Besonders Frauen müssten Nachteile am Arbeitsplatz fürchten. Auch wenn das Verhältnis zwischen den Kolleg*innen und Vorgesetzten gut ist, sollten Beschäftigte ihren Kinderwunsch nicht mitteilen. Sie können nicht darauf vertrauen, dass es im Beruf keine Nachteile bringt. Bei der nächsten Beförderung könnten Arbeitnehmer*innen unberücksichtigt bleiben, weil man mit einem schwangerschaftsbedingten Ausfall rechnet.

Das Mutterschutzgesetz

Das Mutterschutzgesetz schützt die Gesundheit der schwangeren Arbeitnehmer*in und ihres Kindes. Der Schutz beginnt am ersten Tag der Schwangerschaft und reicht bis zu einigen Monaten nach der Entbindung. Im Mutterschutzgesetz sind Beschäftigungsverbote und das Recht auf Mutterschaftsgeld und Zuschüsse vom Arbeitgeber geregelt.

Mutterschutz für alle

An vielen Stellen wird im Mutterschutzgesetz noch von »Frauen« geschrieben. Im Jahr 2017 hat der Gesetzgeber jedoch mit einer neuen Regelung klargestellt, dass das Gesetz jede Person schützt, die schwanger ist, ein Kind geboren hat oder stillt. Damit sind auch diverse und nicht binäre Beschäftigte geschützt.

Mitteilung der Schwangerschaft

Für schwangere Beschäftigte stellt sich die Frage, wann sie dem Arbeitgeber die Schwangerschaft mitteilen. Das Mutterschutzgesetz sagt dazu, dass eine schwangere Frau dem Arbeitgeber die Schwangerschaft mitteilen soll, sobald sie davon erfahren hat. Wichtig ist, dass im Gesetz »soll« steht und nicht »muss«. Die Vorschrift soll die Schwangere und das ungeborene Kind schützen, nicht den Arbeitgeber. Es ist also eine Empfehlung, aber keine Pflicht. Die Schwangerschaft kann auch später mitgeteilt werden.

Falls der Arbeitsplatz Risiken für das Ungeborene und die Schwangere birgt, sollte die Arbeit natürlich sofort unterbrochen werden. Schwangere sollten mit ihrer Frauenärztin darüber sprechen.

Circa ein Viertel der Schwangerschaften enden in den ersten zwölf Wochen mit einer Fehlgeburt. Falls Sie nach Ansicht der Ärztin ohne Gefahr für sich und das Kind arbeiten können, ist es sinnvoll, mit der Mitteilung der Schwangerschaft die ersten zwölf Wochen abzuwarten. Bei einer Fehlgeburt wäre es ansonsten umso schlimmer, wenn Sie vielen Leuten das Ende der Schwangerschaft mitteilen müssten.

Gefährdungen für Schwangere und Kind ermitteln

Wenn eine Beschäftigte ihre Schwangerschaft mitteilt, muss der Arbeitgeber eine sogenannte Gefährdungsbeurteilung durchführen. Dadurch werden alle möglichen Gefährdungen durch körperliche oder psychische Belastungen ermittelt. Danach werden Maßnahmen zum Schutz vor den Gefährdungen bestimmt. Der Arbeitsplatz muss mit Rücksicht auf die Situation einer werdenden Mutter umgestaltet werden.

Beispiele:

- Möglichkeiten zum Hinsetzen oder Hinlegen und Ausruhen
- Ausschluss von Gefährdungen durch Strahlungen, Lärm, Temperatur, Zugluft
- Keine belastende Arbeitsumgebung
- Hilfen zur Lastenhandhabung
- Keine Akkordarbeit

Wenn die werdende Mutter am Arbeitsplatz auch durch die Maßnahmen nicht ausreichend geschützt werden kann, muss sie woanders eingesetzt werden. Ist auch das nicht möglich, so muss der Arbeitgeber ein betriebliches Beschäftigungsverbot aussprechen. Die schwangere Arbeitnehmer*in wird bei Fortzahlung der Bezüge von der Arbeit freigestellt.

Gesetzliches Beschäftigungsverbot – für alle

Sechs Wochen vor dem errechneten Geburtstermin und acht Wochen nach der Entbindung darf eine werdende bzw. junge Mutter vom Arbeitgeber nicht beschäftigt werden. Eine Ausnahme davon gilt nur, wenn sich die Beschäftigte ausdrücklich bereit erklärt. Diese Erklärung ist jedoch widerruflich, der/die Arbeitnehmer*in darf ihre Meinung also ändern und doch das Beschäftigungsverbot in Anspruch nehmen.

Ärztliches Beschäftigungsverbot – je nach Beruf

Neben diesem gesetzlichen Beschäftigungsverbot gibt es noch das ärztliche Beschäftigungsverbot. Durch ein ärztliches Attest kann die Beschäftigung einer schwangeren Frau auch über das gesetzliche Beschäftigungsverbot hinaus verboten werden.

Beispiele: Berufe mit häufigem Beschäftigungsverbot für Schwangere
Beschäftigte im Krankenhaus sind nicht nur Viren und Bakterien, sondern in manchen Fällen Strahlungen und Chemikalien ausgesetzt. Auch Lehrerinnen und Erzieherinnen haben an ihrem Arbeitsplatz viel Kontakt mit Viren und Bakterien. Altenpflegerinnen, Landschaftsgärtnerinnen, Paketbotinnen leisten schwere körperliche Arbeit und fallen daher meistens unter ein vorzeitiges Beschäftigungsverbot.

Freistellung für Arzttermine

Wenn die Termine für den Besuch bei der Frauenärztin oder der Hebamme nur während der Arbeitszeit möglich sind, so muss die Schwangere dafür von der Arbeit freigestellt werden.

Versetzung der schwangeren Arbeitnehmerin

Wenn die Arbeitnehmerin an ihrem Arbeitsplatz gefährdet wird, kann der Arbeitgeber sie auch an einem anderen Arbeitsplatz einsetzen. Eine Lehrerin kann z. B. in der Verwaltung eingesetzt werden.

Der Unterschied zwischen Beschäftigungsverbot und Arbeitsunfähigkeit

Wenn Beschäftigte vom Arzt krankgeschrieben werden, bekommen sie nur sechs Wochen lang das Entgelt vom Arbeitgeber weitergezahlt. Danach gibt es Krankengeld von der Krankenkasse in Höhe von circa 70 Prozent des Nettolohns. Während eines Beschäftigungsverbots bekommt die Schwangere 100 Prozent ihres Nettolohns.

! Tipp:
Wenn Sie Fragen zum Mutterschutz am Arbeitsplatz haben, können Sie sich auch an Mitglieder des Betriebsrats, des Personalrats oder an die Frauenbeauftragte wenden.

Mutterschaftsgeld und Zuschuss vom Arbeitgeber

Während des Beschäftigungsverbots soll die Frau netto das gleiche Entgelt bekommen wie vor Beginn der Schutzfrist. Sie soll durch die

Schwangerschaft und Geburt wenigstens in diesen 14 Wochen nicht finanziell schlechtergestellt werden. Deshalb hat sie einen Anspruch auf Mutterschaftsgeld von der Krankenkasse und einen Zuschuss des Arbeitgebers. Das Mutterschaftsgeld ist auf 13 Euro am Tag begrenzt. Der Zuschuss des Arbeitgebers muss das Einkommen der Frau so aufstocken, dass sie netto das Gleiche bekommt wie vor Beginn der Schutzfrist. Für die Berechnung des Zuschusses wird das Arbeitsentgelt der letzten drei Monate vor dem Beschäftigungsverbot zugrunde gelegt. Den Arbeitgebern wird dieser Zuschuss in vollem Umfang von der Krankenkasse erstattet.

Kündigungsverbot

Von der Schwangerschaft bis zu vier Monate nach der Geburt darf eine Arbeitnehmerin nicht gekündigt werden. Auch bei einer Fehlgeburt nach der zwölften Schwangerschaftswoche ist die Arbeitnehmerin vier Monate nach der Entbindung vor einer Kündigung geschützt.

Es gibt aber immer noch Fälle, in denen der Arbeitgeber auf die Mitteilung einer Schwangerschaft mit Kündigung reagiert. Das ist eine Diskriminierung aufgrund des Geschlechts. Arbeitnehmer*innen müssen dagegen innerhalb von drei Wochen eine Kündigungsschutzklage vor dem Arbeitsgericht erheben. Ansonsten würde selbst diese widerrechtliche Kündigung wirksam werden.

Nur in Ausnahmefällen kann die oberste Landesbehörde die Kündigung für zulässig erklären. Das ist aber nur möglich, wenn die Kündigung nichts mit der Schwangerschaft zu tun hat.

Elternzeit und Elterngeld

Herzlichen Glückwunsch! Sie werden bald Eltern oder sind es schon! Diese neue Aufgabe mit dem Job zu vereinbaren, ist eine große Herausforderung. Damit Sie sich darauf vorbereiten können, bekommen Sie in diesem Kapitel Infos über Elternzeit, Elterngeld und die Möglichkeiten, in Teilzeit zu arbeiten.

Viele Menschen, die keine Kinder haben, stellen sich die Elternzeit als einen sehr langen Urlaub vor. Das ist leider nicht der Fall. Natürlich ist es schön, viel Zeit mit seinem Baby zu verbringen. Die meisten Babys beanspruchen ihre Eltern, besonders die Mütter, stark. Man ist immer auf Abruf, es gibt keine festgelegten Pausen und kein freies Wochenende, dafür aber Nachtschichten. Morgens steht man dann vollkommen übernächtigt in der Küche und der Haushalt schaut einen auffordernd an. Vielleicht haben Sie aber auch ein Baby, das die meiste Zeit zufrieden vor sich hin schlummert.

Wer nimmt die Elternzeit in Anspruch?

Überwiegend gehen Frauen in Elternzeit. Wenn Väter in Elternzeit gehen, ist das meistens ein kurzer Zeitraum. Im Jahr 2018 haben immerhin 42 Prozent der Väter eine Elternzeit genommen, aber durchschnittlich nur für circa drei Monate. Die Mütter gehen im Durchschnitt circa zwölf Monate in Elternzeit. So werden die Weichen dafür gestellt, dass auch nach der Elternzeit meistens die Mütter den Großteil der Kinderbetreuung übernehmen. Sie gelten als »zuständig«.

Gleichzeitig wünschen sich über die Hälfte der Väter eine partnerschaftliche Aufteilung der Kinderbetreuung. Sie möchten mehr Zeit mit ihren Kindern verbringen. Rechtlich gesehen haben Väter genauso wie Mütter einen Anspruch auf Elternzeit und Elterngeld. Trotzdem werden ihnen in manchen Unternehmen Steine in den Weg gelegt. Es wird Zeit, dass auch Väter ihr Recht auf Elternzeit und Elterngeld einfordern.

Überblick

Man muss zwischen Elternzeit und Elterngeld unterscheiden. Man bekommt nicht unbedingt für den gesamten Zeitraum der Elternzeit auch das Elterngeld.

Nach der Geburt eines Kindes können Beschäftigte pro Elternteil und pro Kind bis zu drei Jahre in Elternzeit gehen. Das volle Elterngeld (Basiselterngeld) gibt es aber nur für maximal 14 Monate für beide Elternteile zusammen. Wenn beide Eltern in Teilzeit zurück in den Beruf gehen, kann man zusätzlich einen Partnerschaftsbonus plus bekommen.

Info: Elternzeit und Elterngeld sind im Bundeselternzeit- und Elterngeldgesetz (BEEG) geregelt.

Die Elternzeit müssen Beschäftigte vom Arbeitgeber verlangen und die genauen Zeiten mitteilen. Das Elterngeld beantragen sie bei der staatlichen Elterngeldstelle.

Die Regeln zu Elternzeit und Elterngeld sind kompliziert. In ganz Deutschland gibt es private und öffentliche Beratungsstellen, die bei der Planung der Elternzeit helfen. Auf der Internetseite des Bundesministeriums für Familie gibt es eine kostenlose Broschüre, einen Erklärfilm und einen Elterngeldrechner (www.bmfsfj.de). Einige Broschüren gibt es auch in anderen Sprachen wie z. B. Türkisch und Englisch.

Elternzeit

Die Elternzeit ist eine Auszeit für Arbeitnehmer*innen vom Beruf und darf bis zu drei Jahre dauern. Das gilt genauso für Väter wie für Mütter und ist auch für weitere Bezugspersonen möglich. Das Arbeitsverhältnis ruht in dieser Zeit. Nach der Elternzeit gehen die Beschäftigten zurück in den Job.

Bei lesbischen Paaren ist die Mutter, die das Kind nicht ausgetragen hat, bis jetzt rechtlich noch nicht automatisch als weitere Mutter anerkannt. Wenn sie mit der leiblichen Mutter verheiratet oder verpartnert ist, kann aber auch sie Elternzeit und Elterngeld beantragen. Auch wer eine Adoption des Kindes anstrebt, kann unter bestimmten Bedingungen Elterngeld und Elternzeit beantragen.

Infos für Regenbogenfamilien

Weitere Informationen für lesbische, schwule und nicht binäre Eltern finden Sie auf der Website des Lesben- und Schwulenverbandes (www.lsvd.de) und bei der Initiative lesbischer und schwuler Eltern (ILSE).

Eine Broschüre mit Informationen für Trans* mit Kind finden Sie auf der Internetseite des Bundesverbandes Trans* (www.bundesverband-trans.de).

Elternzeit in Zeitabschnitte aufteilen

Die Elternteile können ihre Elternzeit jeweils auf bis zu drei Zeitabschnitte verteilen. Mit Zustimmung des Arbeitgebers kann die Elternzeit auch auf weitere Abschnitte aufgeteilt werden.

> **Beispiel:** Ein Elternteil geht im ersten Lebensjahr des Kindes in Elternzeit und weitere sechs Monate, wenn das Kind in die Schule kommt.

Für den Zeitraum bis zum dritten Geburtstag des Kindes muss der Arbeitgeber die von den Eltern gewählten Zeiten akzeptieren. In dem Zeitraum zwischen dem dritten und achten Geburtstag des Kindes kann er die Elternzeit unter bestimmten Voraussetzungen ablehnen.

Die Eltern können zusammen in Elternzeit gehen oder auch hintereinander. In den meisten Fällen ist es eine finanzielle Frage, wie lange Beschäftigte in Elternzeit gehen können. Der Staat unterstützt die Eltern mit dem Basiselterngeld und Elterngeld plus.

Elterngeld – Basiselterngeld

Wenn Beschäftigte in Elternzeit sind, bekommen sie kein Gehalt. Das Elterngeld soll einen Teil des Lohnausfalls ausgleichen. Beide Elternteile bekommen zusammen insgesamt höchstens 14 Monate das Basiselterngeld. Die Monate können sie frei unter sich aufteilen. Ein Elternteil kann maximal zwölf Monate das Basiselterngeld beziehen. Die weiteren zwei Monate Elterngeld gibt es nur als sogenannte Partnermonate, wenn auch der andere Elternteil mindestens zwei Monate in Elternzeit geht. Nur Alleinerziehende bekommen das Elterngeld für 14 Monate.

Die Eltern können sich innerhalb dieser Regeln ihr eigenes Modell der Elternzeit bauen. Sie können gleichzeitig in Elternzeit gehen und das Elterngeld beantragen oder auch hintereinander.

Beispiel: Nach der Geburt des Kindes nimmt der Vater ein Jahr Elternzeit und beantragt für sieben Monate das Elterngeld. Die Mutter geht für sieben Monate in Elternzeit und beantragt ebenfalls für sieben Monate das Elterngeld. Damit schöpfen sie die 14 Monate Basiselterngeld voll aus. Nach Ablauf der sieben Monate geht sie wieder arbeiten und sorgt für das Einkommen der Familie.

Höhe des Basiselterngeldes

Das Basiselterngeld beträgt zwischen 65 und 67 Prozent des Nettoeinkommens. Es wird auf der Grundlage des Einkommens der letzten zwölf Monate berechnet. Man bekommt mindestens 300 Euro, aber nicht mehr als 1.800 Euro.

Unter bestimmten Voraussetzungen können auch andere Bezugspersonen wie z. B. die Großeltern das Elterngeld beantragen.

Mehr Elterngeld für Geringverdiener*innen

Bei Einkommen unter 1.000 Euro netto wird das Basiselterngeld erhöht. Das wird so berechnet: Für jede 20 Euro, die das Einkommen unter 1.000 Euro liegt, erhöht sich das Elterngeld um 1 Prozent.

Beispiel: Eine Arbeitnehmerin hat vor der Elternzeit durchschnittlich 600 Euro monatlich netto verdient. Der Unterschied zu 1.000 Euro sind 400 Euro. Teilt man 400 Euro durch 20, kommen 20 heraus. Das Elterngeld der Arbeitnehmerin erhöht sich um 20 Prozent. Sie bekommt nicht nur 67 Prozent, sondern 87 Prozent von dem durchschnittlichen Einkommen von 600 Euro. Ihr Elterngeld beträgt 522 Euro.

Elterngeldrechner

Auf der Internetseite des Bundesministeriums für Familie finden Sie einen Elterngeldrechner mit Planer: www.bmfsfj.de.

Wichtig: Das Mutterschaftsgeld wird auf das Elterngeld angerechnet

Die Mutter bekommt leider nicht acht Wochen nach der Geburt das Mutterschaftsgeld und ab dann bis zu zwölf Monate Elterngeld, denn die acht Wochen Mutterschaftsgeld nach der Geburt des Kindes werden auf die Zeiten des Elterngeldes angerechnet. Der Bezug des Elterngeldes verkürzt sich für die Mutter, sodass auch sie höchstens für zwölf Monate das Basiselterngeld bekommt.

! Tipp:
Die Planung der Elternzeit ist herausfordernd. Malen Sie sich einen Überblick mit den Monaten nach dem voraussichtlichen Geburtstermin und markieren Sie die Elternzeit und den Bezug des Basiselterngeldes und eventuell für das Elterngeld plus für beide Eltern in verschiedenen Farben.

Elterngeld plus

Statt Basiselterngeld können Beschäftigte auch in Teilzeit arbeiten und das Elterngeld plus wählen. Sie bekommen dadurch zwar nicht mehr Elterngeld, aber für einen längeren Zeitraum. Statt das Elterngeld für einen Monat zu bekommen, können sie die Hälfte als Elterngeld plus auf zwei Monate verteilen. Man kann das Basiselterngeld auch mit dem Elterngeld plus kombinieren.

Beispiel: Ein Elternteil bekommt sechs Monate das volle Basiselterngeld und danach die Hälfte des Elterngeldes für weitere sechs Monate als Elterngeld plus. Insgesamt hat er neun Monate das volle Elterngeld bekommen. Wenn der andere Elternteil auch in Elternzeit geht, kann er für die restlichen fünf Monate Basiselterngeld beantragen oder auch zehn Monate Elterngeld plus.

Partnerschaftsbonus

Wenn beide Eltern gleichzeitig in Teilzeit zurück in den Job gehen und Elterngeld plus bekommen, werden sie mit dem Partnerschaftsbonus belohnt. Das ist möglich, wenn beide Elternteile für zwei bis vier Monate in Teilzeit im Schnitt zwischen 24 und 32 Wochenstunden arbeiten. Für diese Monate können sie den Partnerschaftsbonus zwischen 150 und 900 Euro bekommen.

Beispiel: Die Mutter nimmt für acht Monate Elternzeit und kehrt danach mit einer 32-Stunden-Woche zurück zur Arbeit. Danach geht der Vater sechs Monate in Elternzeit und übernimmt die Kinderbetreuung. Für die insgesamt 14 Monate können beide das volle Basiselterngeld bekommen. Nach seiner Elternzeit geht der Vater mit 25 Stunden zurück in seinen alten Job. Weil beide Eltern gleichzeitig in Teilzeit arbeiten, können sie zusammen zusätzlich für vier Monate den Partnerschaftsbonus bekommen.

Alleinerziehende bekommen vier Monate zusätzlich Elterngeld plus.

Antrag auf Elterngeld

Das Elterngeld kann per Post bei der Elterngeldstelle des jeweiligen Bundeslandes beantragt werden. Seit September 2021 ist das in vielen Bundesländern auch digital möglich. Dadurch soll der Antrag einfacher und unbürokratischer werden. Weitere Informationen finden Sie auf der Seite des Bundesministeriums für Familie unter www.elterngeld-digital.de.

Weil die Bearbeitung oft lang dauert, sollten Beschäftigte den Antrag sofort losschicken, wenn sie die Geburtsurkunde bekommen haben. Zudem wird das Elterngeld nur drei Monate rückwirkend gezahlt.

Mitteilung der Elternzeit – Antrag auf Elternzeit

Oft ist von einem Antrag auf Elternzeit die Rede. Eigentlich ist es aber nur eine Mitteilung an den Arbeitgeber. Die Elternzeit kann nicht wie ein Antrag abgelehnt werden. Wenn Beschäftigte den Arbeitgeber darüber informieren, dass sie in Elternzeit gehen, hat dieser das hinzunehmen und die Elternzeit zu ermöglichen.

Zeitpunkt und Inhalt der Mitteilung

Beschäftigte müssen den Beginn der Elternzeit dem Arbeitgeber spätestens sieben Wochen vorher mitteilen. Gleichzeitig sollen sie die Zeiträume der Elternzeit angeben. Wenn sie nach der vollen Elternzeit in Teilzeit arbeiten möchten, sollten sie auch darüber informieren. Die Dauer der Elternzeit können Arbeitnehmer*innen nur einmal einseitig festlegen. Wer später etwas ändern möchte, braucht dazu das Einverständnis des Arbeitgebers.

Wichtig: Auch wenn Sie sich mit Ihrem Arbeitgeber schon mündlich über die Elternzeit abgestimmt haben – verlangen Sie die Elternzeit zusätzlich schriftlich und bewahren Sie einen Nachweis darüber auf.

Für die Elternzeit zwischen dem dritten Geburtstag des Kindes bis zur Vollendung des achten Lebensjahres muss die Elternzeit 13 Wochen vor Beginn mitgeteilt werden.

Besonderer Kündigungsschutz

Das Gesetz zur Elternzeit schützt werdende Eltern vor einer Kündigung. Nach der Mitteilung der Elternzeit und auch während der Elternzeit darf der Arbeitgeber das Arbeitsverhältnis nur ausnahmsweise kündigen, wenn ein besonderer Grund vorliegt. Die Zulässigkeit dieser Kündigung wird von der obersten Landesbehörde für Arbeitsschutz geprüft.

Die schwangere Arbeitnehmerin hat bei Mitteilung der Elternzeit schon den besonderen Kündigungsschutz durch das Mutterschutzgesetz. Dieser gilt ab der Schwangerschaft.

Der besondere Kündigungsschutz des anderen Elternteils beginnt frühestens acht Wochen vor Beginn der Elternzeit. Beschäftigte, die auf Nummer sicher gehen wollen, sollten die Elternzeit erst acht Wochen vorher verlangen.

Recht auf Elternzeit

Der Arbeitgeber darf weder der Mutter noch dem Vater oder einer anderen Bezugsperson das Recht auf Elternzeit verwehren. In der Praxis kommt es jedoch gerade bei den Vätern vor, dass Vorgesetzte versuchen, ihnen den Wunsch auf Elternzeit auszureden oder die Elternzeit auf zwei Monate zu reduzieren. Lassen Sie sich nicht beirren! Diese kostbare Zeit mit Ihren Kindern sollten Sie sich nicht nehmen lassen. Zur Not können Sie Ihr Recht auf Elternzeit auch gerichtlich durchsetzen.

Bescheinigung über die Elternzeit

Der Arbeitgeber muss den Beschäftigten eine Bescheinigung über die Dauer der Elternzeit ausstellen. Diese brauchen sie unter anderem für die Krankenversicherung.

Teilzeitarbeit während der Elternzeit

Beschäftigte können in der Elternzeit bis zu 32 Stunden pro Woche arbeiten gehen. Die Elternzeit muss der Arbeitgeber hinnehmen, mit der Arbeit in Teilzeit muss er sich aber einverstanden erklären. Wenn die Beschäftigten noch in Elternzeit sind, braucht der Arbeitgeber aber sehr gute Gründe, um einen Teilzeitwunsch inklusive der Verteilung der Arbeitszeit abzulehnen. Er muss nicht nur betriebliche Gründe anführen, sondern auch »dringende« betriebliche Gründe. Für Beschäftigte ist es daher einfacher, den Teilzeitwunsch innerhalb der Elternzeit durchzusetzen.

Beispiel: Ein Elternteil teilt dem Arbeitgeber eine Elternzeit von zwei Jahren mit. Gleichzeitig wird nach einem Jahr voller Elternzeit für das zweite Jahr eine Teilzeitarbeit von 24 Stunden beantragt. Der Antrag enthält auch die Mitteilung, wie die Stunden auf die Woche verteilt werden sollen, z. B. von Montag bis Donnerstag jeweils sechs Stunden zwischen 9 und 15 Uhr.

Wichtig: Lassen Sie sich vor dem Antrag auf Teilzeit in der Elternzeit rechtlich beraten. Denn es gibt ein Risiko, dass der Arbeitgeber die Elternzeit akzeptiert, aber die Teilzeit ablehnt. Falls er das durchsetzen kann, haben Sie während der gesamten Elternzeit kein Einkommen. Um es rechtssicher zu machen, kann man z. B. einen Teil der Elternzeit unter der Bedingung beantragen, dass eine Teilzeitarbeit gewährt wird.

Unter bestimmten Voraussetzungen haben Beschäftigte gegenüber dem Arbeitgeber ein Recht auf Verringerung der Arbeitszeit. Der Arbeitgeber muss mehr als 15 Arbeitnehmer*innen beschäftigen, das Arbeitsverhältnis muss länger als sechs Monate bestehen und es dürfen keine betriebsbedingten Gründe dagegensprechen (mehr dazu im Abschnitt »Teilzeitarbeit« ab Seite 96).

Falls eine Einigung nicht möglich ist, können Beschäftigte versuchen, den Teilzeitwunsch mithilfe der Gewerkschaft oder von Rechtsanwält*innen durchzusetzen.

Das Recht auf Teilzeitarbeit besteht für Beschäftigte auch unabhängig von der Elternzeit nach dem Teilzeit- und Befristungsgesetz (siehe auch Kapitel »Teilzeitarbeit« ab Seite 96).

Planung der Elternzeit – Kinderbetreuung

Bedenken Sie bei der Planung der Länge der Elternzeit unbedingt, dass die meisten Kindergärten nur einmal im Jahr neue Kinder aufnehmen, wenn die Großen in die Schule kommen. Wenn Ihr Kind im Januar geboren wird und Sie zwölf Monate Elternzeit nehmen möchten, müssen Sie sich also überlegen, ob Sie Ihr Kind schon im ersten Sommer im Kindergarten betreuen lassen oder erst mit circa 1,5 Jahren oder noch später. Beachten Sie dabei auch, dass viele Kindergärten Kinder erst ab einem Jahr aufnehmen. Auch die Öffnungszeiten von Krippen und Kindergärten sind unterschiedlich.

Beschäftigte sollten sich schon während der Schwangerschaft nach geeigneten Kindergärten umsehen und wenn möglich auf eine Warteliste setzen lassen. Die meisten Kindergärten vergeben die Plätze jedoch nicht nur nach dem Wartelistenplatz, sondern auch nach weiteren Kriterien wie z. B. dem Geschlecht des Kindes.

Probleme bei der Rückkehr nach der Elternzeit

Es ist leider keine Seltenheit, dass vor allem Mütter nach der Rückkehr aus der Elternzeit Probleme am Arbeitsplatz bekommen. Beispielsweise werden ihnen nur noch einfache Tätigkeiten zugewiesen, obwohl sie zuvor eine Stelle mit großer Verantwortung hatten. Eine Tätigkeit in Teilzeit wird in dieser Position nicht akzeptiert. Oder es wartet am ersten Arbeitstag ein Aufhebungsvertrag oder gar eine Kündigung auf sie. Die *Süddeutsche Zeitung* berichtete im Januar 2021 über häufige Fälle (»Und raus bist du«, SZ vom 9./10.01.2021). Falls Sie davon betroffen sind, sollten Sie alle Vorkommnisse dokumentieren und sich umgehend beraten lassen. Es gibt rechtliche Möglichkeiten, sich dagegen zu wehren, diese sind aber noch ausbaufähig. Die Initiative »proparents« (für Eltern) will erreichen, dass Eltern über das allgemeine Gleichbehandlungsgesetz geschützt werden.

Fragen und Antworten

1. Ab wann wird das Elterngeld gezahlt?

Der Antrag auf Elterngeld wird von den Jugendämtern erst bearbeitet, wenn Sie auch die Geburtsurkunde mitschicken. Die Geburtsurkunde bekommen Sie nach der Geburt vom Standesamt. Nach Einreichung aller Unterlagen bei der Elterngeldstelle ist die Bearbeitungszeit oft noch sehr lang. In Berlin sind es zurzeit »nur« noch sechs Wochen. Es kann aber auch länger dauern, bis das Geld auf Ihrem Konto ist. Besonders bei Selbstständigen dauert die Bearbeitung sehr lange. Sie sollten sich zur Überbrückung eine Rücklage zulegen. Außerdem empfehle ich Ihnen, den Antrag mit allen Gehaltsnachweisen und anderen Unterlagen schon vor der Geburt fertig auszufüllen und den adressierten Umschlag bereit zu halten. Wenn das Baby da ist, müssen Sie dann nur noch die Geburtsurkunde reinlegen und können es abschicken.

! Tipp für unverheiratete Väter und Mütter:
Wenn die Eltern nicht verheiratet sind, kann der Vater die Vaterschaft beim Jugendamt schon vor der Geburt anerkennen. Damit haben Sie schon einen Behördengang erledigt, bevor das Baby da ist und Sie anderes zu tun haben. Außerdem erleichtert es die Ausstellung der Geburtsurkunde nach der Geburt.

2. Seit meiner Elternzeit vor ein paar Jahren arbeite ich in Teilzeit. Wie komme ich zurück zur Vollzeitarbeit?

Das Teilzeit- und Befristungsgesetz gibt Ihnen das Recht auf die Verlängerung der Arbeitszeit. Wenn Sie dem Arbeitgeber Ihren Wunsch auf Aufstockung schriftlich mitteilen, muss er Sie bei der Besetzung eines entsprechenden freien Arbeitsplatzes bevorzugt berücksichtigen. Der Arbeitgeber kann sich für eine Ablehnung nur auf dringende betriebliche Gründe oder Arbeitszeitwünsche von anderen Beschäftigten in Teilzeit berufen (siehe auch Kapitel »Teilzeitarbeit« ab Seite 96).

3. Habe ich ein Recht auf Urlaub während der Schließzeiten des Kindergartens?

Die meisten Kindergärten schließen für mehrere Wochen im Jahr, sodass die Eltern in dieser Zeit Urlaub nehmen müssen. Nach dem Bundesurlaubsgesetz muss der Arbeitgeber die Urlaubswünsche der Beschäftigten berücksichtigen. Nur wenn dringende betriebliche Belange entgegenstehen, darf Ihnen der Urlaub während der Kita-Schließzeiten verwehrt werden. Der Arbeitgeber ist verpflichtet, den Mitarbeiter*innen mit Kindern vorrangig die Urlaubswünsche zu erfüllen.

4. Kann ich auch während der Elternzeit Urlaub ansammeln und diesen nach der Elternzeit nehmen?

Theoretisch geht das. Das Bundeselterngeld- und Elternzeitgesetz erlaubt es den Arbeitgebern jedoch, diesen Anspruch auszuschließen. Davon machen die meisten Arbeitgeber Gebrauch.

Kinderkrankentage

Wenn Kinder unter zwölf Jahren erkranken, brauchen sie die Eltern oder andere nahe Bezugspersonen. Beschäftigte können deshalb von der Krankenkasse ein Kinderkrankengeld bekommen, wenn sie wegen der Pflege des Kindes nicht arbeiten können. Der Anspruch und die Voraussetzungen dafür stehen in § 45 Sozialgesetzbuch V.

Wenn die Voraussetzungen für das Kinderkrankengeld vorliegen, haben Beschäftigte gleichzeitig einen Anspruch auf unbezahlte Freistellung gegenüber dem Arbeitgeber. Sie bekommen für den Zeitraum kein Arbeitsentgelt, sondern das Kinderkrankengeld in Höhe von bis zu 90 Prozent des Nettoeinkommens.

Beschäftigte haben bis zu zehn Tage im Jahr pro Kind Anspruch auf Kinderkrankengeld. Alleinerziehende haben diesen Anspruch bis zu 20 Tage für jedes Kind.

Voraussetzungen:

- Das Kind ist jünger als zwölf Jahre oder es hat eine Behinderung und ist auf Hilfe angewiesen.
- Es gibt ein ärztliches Attest über die Erkrankung und Pflegebedürftigkeit des Kindes.
- Keine andere im Haushalt lebende Person kann das Kind betreuen.
- Die betreuende Person und das Kind sind in der gesetzlichen Krankenversicherung.

Als Kinder gelten nicht nur leibliche Kinder, sondern auch Stiefkinder, Enkelkinder, Pflegekinder. Stiefkinder sind die Kinder eines Ehegatten oder die Kinder des Lebenspartners oder der Lebenspartnerin. Die Kinder müssen im gemeinsamen Haushalt leben oder von der Person Unterhalt bekommen.

Bezahlte Freistellung nach § 616 BGB prüfen

Neben dem Anspruch auf eine unbezahlte Freistellung mit Kinderkrankengeld aus dem Sozialgesetzbuch haben Beschäftigte möglicherweise einen weiteren Anspruch nach dem Bürgerlichen Gesetzbuch.

Der § 616 des Bürgerlichen Gesetzbuches gibt den Beschäftigten das Recht, wegen einer Erkrankung des Kindes bis zu fünf Tage bezahlt von der Arbeit freigestellt zu werden. In vielen Arbeitsverträgen wird dieser Anspruch jedoch ausgeschlossen. Diese Frage sollten Beschäftigte mit ihrem Arbeitgeber klären.

Teilzeitarbeit

Die meisten Teilzeitkräfte haben nach der Lohnarbeit nicht frei, sondern arbeiten unentgeltlich im Haushalt. Dazu kommen oft noch Sorgearbeiten wie Kinderbetreuung, Familienorganisation oder Pflege von Angehörigen. Über ein Viertel der Beschäftigten in Deutschland arbeitet in Teilzeit. Unter den Teilzeitkräften sind besonders viele Frauen und davon sind besonders viele Mütter.

Für Arbeitgeber ist es von Vorteil, dass Teilzeitbeschäftigte in der Regel hoch motiviert sind und gute Arbeitsergebnisse vorweisen. Für die Beschäftigten ermöglicht Teilzeitarbeit die Vereinbarkeit von Familie und Beruf. Auch neben der Familienarbeit gibt es viele andere Gründe, in Teilzeit zu arbeiten. Zeit für Hobbys und Freund*innen, den Garten, politisches Engagement, Musikinstrumente spielen, Reisen usw. Aber der geringere Lohn durch Teilzeitarbeit wirkt sich natürlich auch auf die Rente aus. Bei vielen Teilzeitkräften wird die Rente nicht zum Leben reichen.

Während die einen überbeschäftigt sind, also gerne weniger arbeiten würden, sind die anderen unterbeschäftigt. Es sind besonders viele Frauen, die gerne mehr arbeiten würden.

Von der Vollzeit in die Teilzeit und zurück

Es ist daher wichtig zu wissen, dass es unter bestimmten Bedingungen nicht nur ein Recht auf Teilzeit gibt, sondern auch das Recht, die Arbeitszeit wieder zu erhöhen. Mit der neuen Brückenteilzeit kann man auch für einen vorher festgelegten Zeitraum in Teilzeit gehen und dann wieder zurück in die Vollzeit.

Was alles unter Teilzeitarbeit fällt

Ein/e Arbeitnehmer*in arbeitet in Teilzeit, wenn seine/ihre regelmäßige Wochenarbeitszeit kürzer ist als die Wochenarbeitszeit vergleichbarer Arbeitnehmer*innen in Vollzeit. Es gibt daher eine große Bandbreite an Teilzeitbeschäftigungen. Die einen arbeiten nur wenige Stunden in der Woche, die anderen arbeiten nur ein paar Stunden weniger als Vollzeitbeschäftigte. Die Möglichkeiten der Teilzeitarbeit sind im Teilzeit- und Befristungsgesetz (TzBfG) geregelt. Aber auch in einigen Tarifverträgen gibt es Vorschriften zur Teilzeitarbeit.

Beispiel: Es gibt im Unternehmen mehrere Sachbearbeiter*innen mit einer Wochenarbeitszeit von 38 Stunden. Ein Sachbearbeiter arbeitet seit der Geburt seines Kindes nur noch 25 Stunden in der Woche. Er arbeitet also in Teilzeit.

Wichtig: Auch Beschäftigte mit Minijobs sind Teilzeitbeschäftigte

Auch Beschäftigte mit Mini- oder Midijobs sind Beschäftigte in Teilzeit. Sie haben die gleichen Rechte wie andere Teilzeitbeschäftigte auch, wie z. B. das Recht auf Urlaub und Entgeltfortzahlung im Krankheitsfall. Diese Rechte werden ihnen aber häufig verwehrt (mehr Informationen im Kapitel »Minijob und Midijob – geringfügige Beschäftigung« auf Seite 107 f.).

Das Gehalt bei einer Teilzeitstelle

Das Bruttogehalt bei einer Teilzeitstelle bekommen Beschäftigte anteilig. Wer eine 50-Prozent-Stelle hat, bekommt also 50 Prozent des Bruttogehalts. Beim Nettogehalt bekommen Beschäftigte in Teilzeit jedoch mehr raus, weil sie weniger Steuern zahlen. Im Internet findet man sogenannte Brutto-Netto-Rechner, mit denen man ausrechnen kann, wie viel Geld man bei einer Verringerung oder Erhöhung der Arbeitszeit netto ausbezahlt bekommt.

Stellenausschreibung – Teilzeit soll ermöglicht werden

Arbeitgeber sollen Teilzeitbeschäftigung fördern, wenn dies möglich ist. Deshalb müssen sie Arbeitsplätze auch als Teilzeitarbeitsplätze ausschreiben, wenn sich der Arbeitsplatz dafür eignet. Die meisten Arbeitsplätze eignen sich dafür, auch von Teilzeitkräften ausgefüllt zu werden. Falls Sie eine Teilzeitstelle suchen, aber die Stellenausschreibung eine Vollzeitstelle vorsieht, sollten Sie nachfragen, ob auch Teilzeit möglich ist. Eine weitere Möglichkeit ist, die Stelle erst mal in Vollzeit anzutreten und nach sechs Monaten oder später eine Reduzierung der Stunden zu beantragen, wenn die Voraussetzungen dafür vorliegen.

Diskriminierungsverbot

Arbeitgeber dürfen Beschäftigte in Teilzeit und Vollzeit nicht unterschiedlich behandeln. Nur in Ausnahmefällen kann das durch sachliche Gründe gerechtfertigt werden. Teilzeitbeschäftigte Arbeitnehmer*innen müssen anteilig so bezahlt werden wie ihre Kolleg*innen in Vollzeit. Sie dürfen nicht von Sonderzahlungen wie Urlaubs- und Weihnachtsgeld ausgeschlossen werden. Wenn der Arbeitgeber den Beschäftigten in Vollzeit das Homeoffice erlaubt, so muss er dieses Recht auch den Teilzeitbeschäftigten gewähren. Auch bei Aus- und Weiterbildungsmaßnahmen dürfen Beschäftigte in Teilzeit nicht benachteiligt werden.

Der Fall: Zuschläge und Spesen auch für die Aushilfe

Ein Aushilfsfahrer war in Teilzeit mit einem Minijob angestellt. Die Berufskraftfahrer in Vollzeit erhielten zusätzlich zu ihrem Lohn für jeden Sonn- und Feiertag Zuschläge und Spesen in Höhe von 6 Euro für jeden Arbeitstag. Der Aushilfsfahrer klagte auf sein Recht, ebenfalls Zuschläge und Spesen zu bekommen. Das Gericht gab ihm recht, weil es in der ungleichen Praxis eine Diskriminierung von Teilzeitbeschäftigten sah.

Arbeitsgericht Weiden vom 05.07.2017 –
Aktenzeichen 3 Ca 1513/16

Erörterungs- und Informationspflichten des Arbeitgebers

Der Arbeitgeber ist verpflichtet, mit den Beschäftigten über ihre Wünsche auf Veränderung der Dauer oder Lage der Arbeitszeit zu sprechen. Die Beschäftigten können zu diesem Gespräch zur Unterstützung ein Mitglied des Betriebs- oder Personalrats mitnehmen.

Wenn Arbeitnehmer*innen mitgeteilt haben, dass sie ihre Wochenstunden oder die Lage der Arbeitszeit ändern möchten, muss der Arbeitgeber sie über passende Stellen informieren.

Beispiele:

- Ein Arbeitnehmer möchte statt in Teilzeit wieder in Vollzeit arbeiten.
- Eine Arbeitnehmerin möchte die Arbeitszeit reduzieren und ihre Stunden so legen, dass sie am Freitag freihat.

Wichtig: Wenn Sie von Vollzeit in Teilzeit wechseln wollen oder umgekehrt, müssen Sie dem Arbeitgeber diesen Wunsch schriftlich anzeigen!

Wenn Beschäftigte ihren Wunsch schriftlich angezeigt haben und schon sechs Monate beschäftigt sind, muss der Arbeitgeber innerhalb von einem Monat schriftlich darauf antworten.

Arbeitszeit verringern – rechtliche Voraussetzungen

Diese Voraussetzungen müssen vorliegen, damit Beschäftigte die Verringerung ihrer Arbeitszeit verlangen können:

- Das Arbeitsverhältnis besteht seit mindestens sechs Monaten.
- Der Arbeitgeber beschäftigt in der Regel mehr als 15 Personen.
- Die Beschäftigten haben mindestens drei Monate vor Beginn der beabsichtigten Veränderung einen schriftlichen Antrag gestellt.

Der Antrag auf Verringerung der Arbeitszeit

Mit Ihrem Antrag müssen Sie nicht nur die Verringerung der Stunden angeben, sondern auch die Verteilung dieser Stunden auf die einzelnen Arbeitstage.

Beispiel: Ein Arbeitnehmer möchte seine Arbeitszeit von 40 auf 32 Stunden reduzieren. Am Mittwoch möchte er freihaben und an den anderen Tagen jeweils acht Stunden arbeiten.

Sie müssen den Antrag nicht begründen, sollten ihn aber spätestens drei Monate vor Beginn der gewünschten Teilzeit abgeben oder dem Arbeitgeber zusenden. Darüber sollten Sie einen Nachweis aufbewahren wie z. B. eine Eingangsbestätigung durch den Arbeitgeber oder die E-Mail im Postausgang. Auch wenn Sie mit dem Arbeitgeber bereits ein Gespräch über die Reduzierung der Arbeitszeit hatten, müssen Sie den Antrag schriftlich stellen.

Beispiel für einen Antrag auf Verringerung der Arbeitszeit:

An die Personalabteilung

Guten Tag,
hiermit beantrage ich gemäß § 8 Teilzeit- und Befristungsgesetz die Verringerung meiner Arbeitszeit von 40 auf 24 Stunden. Ich möchte gerne an vier Tagen in der Woche jeweils 6 Stunden von 9 bis 15 Uhr arbeiten. Für den freien Tag bin ich flexibel.
Bitte kommen Sie für ein Gespräch auf mich zu.

Mit freundlichen Grüßen
*Arbeitnehmer*in*

Mögliche Ablehnung durch den Arbeitgeber

Der Arbeitgeber kann den Wunsch auf Teilzeitarbeit nur ablehnen, wenn betriebliche Gründe entgegenstehen. Das ist der Fall, wenn die Verringerung der Arbeitszeit die Organisation, Planung oder Sicherheit im Betrieb wesentlich beeinträchtigt oder sie unverhältnismäßig hohe Kosten verursacht. Wenn der Arbeitgeber einwendet, keine geeignete Vertretung zu finden, muss er nachweisen, dass auf dem Arbeitsmarkt tatsächlich keine vergleichbare Arbeitskraft zur Verfügung steht.

Der Fall: Arbeitszeitreduzierung auf zehn Wochenstunden nicht möglich

Eine Erzieherin wollte ihre Arbeitszeit von 26 Stunden auf zehn Stunden reduzieren. Die Leitung des Kindergartens lehnte ihren Antrag ab und die Erzieherin klagte dagegen. Der Kindergarten hatte ein pädagogisches Konzept, nachdem die Erzieher*innen die Kinder durchgängig betreuen und im Kontakt mit den Eltern sein sollten. Deshalb sollte der Kreis der Erzieher*innen für die Kinder so weit wie möglich beschränkt werden.

Das Bundesarbeitsgericht gab dem Arbeitgeber recht, weil es die gewünschten zehn Stunden Arbeitszeit in der Woche als unvereinbar mit dem Konzept des Kindergartens ansah.

Bundesarbeitsgericht vom 18.03.2003 – Aktenzeichen 9 AZR 126/02

Wenn Beschäftigte und Arbeitgeber sich nicht einigen können, muss der Arbeitgeber den Teilzeitantrag spätestens einen Monat vor dem gewünschten Termin schriftlich ablehnen. In diesem Fall können Beschäftigte auf die Verringerung der Arbeitszeit klagen.

Reagiert der Arbeitgeber gar nicht oder zu spät auf den Antrag, so gilt die Arbeitszeit entsprechend den Wünschen der Beschäftigten als verringert. Voraussetzung ist hier, dass der Antrag der Beschäftigten schriftlich und rechtzeitig eingereicht wurde.

Erneuter Antrag erst wieder in zwei Jahren

Wenn der Arbeitgeber der Verringerung der Arbeitszeit zugestimmt hat, können Beschäftigte eine erneute Verringerung erst wieder nach zwei Jahren verlangen. Das Gleiche gilt, wenn der Arbeitgeber den Wunsch zu Recht abgelehnt hat.

Brückenteilzeit gegen die »Teilzeitfalle«

Im Jahr 2019 wurde die sogenannte Brückenteilzeit eingeführt. Beschäftigte sollen nach einer Phase der Teilzeit wieder in Vollzeit zurückkehren können und nicht in der »Teilzeitfalle« landen. Insbesondere Eltern soll ermöglicht werden, nach einer Teilzeitphase für die Kindererziehung ihre Arbeitszeit wieder aufzustocken. Beschäftigte können aber auch aus anderen Gründen die Arbeitszeit für einen bestimmten Zeitraum verringern, wie etwa Weiterbildung, mehr Freizeit oder die Übernahme eines Ehrenamtes, und danach wieder in Vollzeit arbeiten.

Voraussetzungen für die Brückenteilzeit:

- Das Arbeitsverhältnis besteht seit mindestens sechs Monaten.
- Der Arbeitgeber beschäftigt in der Regel mehr als 45 Personen.
- Die Beschäftigten haben mindestens drei Monate vor Beginn der beabsichtigten Veränderung einen schriftlichen Antrag gestellt.
- Der Zeitraum der Verringerung reicht von mindestens einem Jahr bis zu maximal fünf Jahren.

Der Arbeitgeber kann das Verlangen ablehnen, wenn betriebliche Gründe dagegensprechen oder wenn schon viele andere Beschäftigte die Arbeitszeit verringert haben.

Weitere Möglichkeiten, befristet in Teilzeit zu arbeiten, gibt es in der Elternzeit, Pflegezeit und Familienpflegezeit. Auch Tarifverträge können Beschäftigten ein Recht auf befristete Teilzeit einräumen, wie z. B. der Tarifvertrag der Länder (TV-L) und der Tarifvertrag des öffentlichen Dienstes (TVöD). Danach können Arbeitnehmer*innen mit einem minderjährigen Kind oder zu pflegenden Angehörigen eine befristete Teilzeit nehmen.

Beschäftige in kleinen Betrieben – das Gespräch suchen

Für Beschäftigte in kleinen Betrieben mit weniger als 15 oder 45 Mitarbeiter*innen liegen die Voraussetzungen für das Verlangen einer Teilzeitbeschäftigung nicht vor. Sie sollten trotzdem das Gespräch mit ihrem Arbeitgeber suchen und nach einer Beschäftigung in Teilzeit fragen. Denn Teilzeitarbeit hat auch Vorteile für den Arbeitgeber. Die Beschäftigten sind oft produktiver, motivierter und fehlen seltener. Außerdem können sie sich gegenseitig vertreten. Falls der Arbeitgeber nicht einverstanden ist, kann man den Wunsch jedoch nicht gerichtlich durchsetzen.

Arbeitszeit erhöhen

Beschäftigte, die ihre Arbeitszeit erhöhen wollen, müssen den Arbeitgeber darüber schriftlich informieren. Anders als bei der Reduzierung der Arbeitszeit gibt es dafür keine Wartezeit oder eine Mindestzahl von Beschäftigten im Betrieb. Nach der Mitteilung muss der Arbeitgeber sie über passende freie Arbeitsplätze informieren. Bei einer Bewerbung auf die freie Stelle muss der Arbeitgeber die Person zwar berücksichtigen, aber nicht automatisch auswählen. Wenn der Beschäftigte für die freie Stelle nicht geeignet ist, die Arbeitszeitwünsche von anderen Beschäftigten oder betriebliche Gründe entgegenstehen, kann der Arbeitgeber den Wunsch ablehnen.

Wenn der Arbeitgeber den Wunsch aus nicht nachvollziehbaren Gründen ablehnt, können Beschäftigte dagegen im Wege der Klage vorgehen.

Der Fall: Vollzeit für die Flugbegleiterin

Eine Flugbegleiterin in Teilzeit wollte ihre Stunden von 83 Prozent auf 100 Prozent erhöhen. Das Luftfahrtunternehmen lehnte den Wunsch ab. Gleichzeitig beschäftigte es jedoch andere Flugbegleiter*innen in Vollzeit und stellte weitere Flugbegleiter*innen in Teilzeit ein. Begründen konnte das Luftfahrtunternehmen diese Praxis nicht. Das Landesarbeitsgericht gab der Arbeitnehmerin recht. Zwar dürfe der Arbeitgeber entscheiden, ob er Vollzeit- oder Teilzeitarbeitsplätze einrichte. Er dürfe aber nicht das Recht auf Erhöhung der Arbeitszeit umgehen. Das Gericht verurteilte den Arbeitgeber deshalb dazu, die Flugbegleiterin in Vollzeit zu beschäftigen.

Hessisches Landesarbeitsgericht vom 11.05.2020 – Aktenzeichen 17 Sa 696/19

Jobsharing – Arbeitsplatzteilung

Das Jobsharing ist eine besondere Form der Teilzeitarbeit. Zwei Beschäftigte teilen sich einen Vollzeitjob. Ihre Aufgaben und die Verantwortung sind nicht wie bei der normalen Teilzeitarbeit aufgeteilt, sondern sie teilen sich die Aufgaben und die Verantwortung für eine gemeinsame Stelle. Dabei können sie sich die einzelnen Arbeitstage aufteilen oder den Tag in Vor- und Nachmittagsschichten einteilen. Die beiden Beschäftigten verpflichten sich in der Regel, die andere Person zu vertreten, wenn diese verhindert ist. Das kann zu problematischen Situationen führen, etwa wenn eine Person erkrankt ist und der Kollege oder die Kollegin eigentlich Urlaub genommen hat. Damit übernehmen Arbeitnehmer*innen ein Risiko, für das eigentlich der Arbeitgeber verantwortlich sein sollte. In jedem Fall erfordert das Modell Jobsharing ein hohes Maß an Kommunikation, Organisation und Vertrauen der beiden Beschäftigten.

Die Rolle des Betriebsrats und Personalrats

Betriebs- und Personalräte haben Mitbestimmungsrechte bei der Arbeitszeit und den Einstellungen. Der Arbeitgeber muss sie über vorhandene und geplante Teilzeitarbeitsplätze informieren.

Beschäftigte, die ihre Arbeitszeit erhöhen wollen, sollten darüber unbedingt auch den Betriebsrat informieren. So können sie wichtige Informationen über geplante Arbeitsplätze durch den Betriebsrat bekommen. Der Betriebsrat kann möglicherweise auch die Einstellung eines neuen Beschäftigten verhindern, wenn dadurch Kolleg*innen benachteiligt werden, die ihre Arbeitszeit verlängern wollen.

Fragen und Antworten

1. Kann ich für die Pflege eines Angehörigen in Teilzeit gehen?

Ja, das ist im Pflegezeitgesetz und Familienpflegezeitgesetz geregelt (siehe die Kapitel »Pflegezeit und Familienpflegezeit« ab Seite 116 und »Familienpflegezeit« ab Seite 119), allerdings maximal für zwei Jahre. Wenn Sie danach weiter in Teilzeit arbeiten wollen, können Sie einen Anspruch nach dem Teilzeit- und Befristungsgesetz prüfen lassen. Es ist dann von Vorteil, dass Sie bereits in Teilzeit gearbeitet haben, weil das zeigt, dass dies organisatorisch möglich ist.

2. Wie viel Urlaub steht mir als Teilzeitkraft zu?

Das kommt darauf an, wie viele Tage in der Woche Sie arbeiten.

Beispiel: Eine Arbeitnehmerin hat in Vollzeit bei einer 5-Tage-Woche 30 Tage Urlaub. Wenn sie in Teilzeit weiterhin an fünf Tagen in der Woche arbeitet, aber für weniger Stunden, bleibt es bei dem Urlaub von 30 Tagen. Nur wenn sie an weniger Tagen in der Woche arbeitet, verringert sich auch der Urlaubsanspruch.

3. Ich arbeite auf Abruf je nach Arbeitsanfall. In meinem Arbeitsvertrag ist keine feste Arbeitszeit vereinbart. Darf der Arbeitgeber mich auch für lediglich zwei Stunden einsetzen?

Wenn die Arbeitszeit nicht im Arbeitsvertrag steht, gilt bei Arbeit auf Abruf 20 Stunden in der Woche als vereinbart. Wenn auch die Dauer der täglichen Arbeitszeit nicht festgelegt ist, muss der Arbeitgeber den/die Arbeitnehmer*in für mindestens drei Stunden in Folge einsetzen. Der Arbeitgeber darf Sie also nicht für nur zwei Stunden zur Arbeit kommen lassen.

4. Kann ich mehrere Jobs in Teilzeit ausüben?

Ja, das ist möglich. Viele Arbeitsverträge verlangen dafür die Zustimmung des Arbeitgebers. Wenn der Arbeitgeber aber keine berechtigten Interessen dagegen hat, wie z. B. Arbeit für die Konkurrenz, haben Sie einen Anspruch auf die Zustimmung. Es müssen aber die Vorschriften des Arbeitszeitgesetzes eingehalten werden. Sie dürfen z. B. nicht an einem Tag über zehn Stunden bei beiden Arbeitgebern arbeiten.

Wenn Sie geringfügig beschäftigt sind, müssen Sie Ihren Arbeitgeber über einen weiteren Job informieren. Denn wenn Sie mehr als 520 Euro verdienen, muss der Arbeitgeber die Sozialversicherungsbeiträge zahlen.

5. Ich bin Führungskraft und möchte meine Stunden reduzieren. Mir wurde gesagt, dass Führungspositionen generell nicht in Teilzeit ausgeübt werden können. Für eine Reduzierung der Arbeitszeit soll ich auf eine schlechter bezahlte Position ohne Führungsaufgaben wechseln.

Arbeitgeber sollen nach dem Teilzeit- und Befristungsgesetz die Teilzeitarbeit fördern. Das gilt auch für die Teilzeitarbeit in leitenden Positionen. Der Arbeitgeber darf deshalb nicht generell eine Reduzierung der Arbeitszeit bei Beschäftigten in Führungspositionen ablehnen. Er muss die betrieblichen Gründe für jede einzelne Position darlegen. Der/die Arbeitnehmer*in kann die Begründung gerichtlich überprüfen lassen.

Minijob und Midijob – geringfügige Beschäftigung

Mit einer geringfügigen Beschäftigung geht leider oft eine geringfügige Gewährung von Arbeitsrechten einher. Dabei haben Minijobber*innen die gleichen Rechte wie Beschäftigte, die mehr Stunden arbeiten – diese Rechte werden ihnen aber von vielen Arbeitgebern vorenthalten.

Verbreitung von Minijobs

Im Juni 2021 gab es in Deutschland über sieben Millionen Minijobs. Für drei Millionen Beschäftigte war der Minijob ein Nebenjob. Die anderen übten nur den Minijob aus. Die Gründe für einen Minijob sind unterschiedlich. Überwiegend Frauen wollen neben der unbezahlten Arbeit für die Familie noch etwas hinzuverdienen. Andere können von ihrem Hauptarbeitsverhältnis nicht leben und müssen einen Minijob annehmen. Immer mehr Rentner*innen bekommen eine so kleine Rente, dass sie diese durch einen Minijob aufbessern müssen.

Minijobs sind unsichere Jobs

Minijobs sind prekär, also besonders unsicher. In Krisen wie der Coronapandemie werden Minijobber*innen oft als Erste gekündigt.

Weil sie zuvor nicht in die Arbeitslosenversicherung eingezahlt haben, bekommen sie kein Kurzarbeitergeld. Auch in normalen Zeiten wird Minijobber*innen oft kein Mindestlohn gezahlt, sie bekommen keine Lohnfortzahlung im Krankheitsfall und keinen bezahlten Urlaub. Zudem sorgen Minijobs auf Dauer für Armut im Alter. Gerade in kleinen Betrieben werden sozialversicherungspflichtige Arbeitsplätze durch Minijobs verdrängt. Deshalb wird von vielen Seiten eine Abschaffung der Minijobs gefordert.

Was ist ein Minijob?

Bis zum Oktober 2022 wurden Minijobs auch 450-Euro-Jobs genannt. Denn wer bis zu 450 Euro verdiente, musste keine Sozialversicherungsbeiträge bezahlen und hatte das monatliche Brutto fast als Netto wieder raus. Im Oktober 2022 wurde diese Grenze auf 520 Euro erhöht.

Gleichzeitig wurde auch der Mindestlohn auf 12 Euro brutto in der Stunde angehoben. Ein Minijob, der nach dem Mindestlohn bezahlt wird, soll sich an einer Wochenarbeitszeit von circa zehn Stunden orientieren.

Wer weniger als 520 Euro im Monat verdient, muss keine Beiträge zur Kranken- und Pflegeversicherung und zur Renten- und Arbeitslosenversicherung zahlen. Der Minijob ist eine Beschäftigung in Teilzeit. Beschäftigte mit Minijob haben die gleichen Rechte wie andere Teilzeitbeschäftigte auch.

Kurzfristiger Minijob

Beim kurzfristigen Minijob darf der Arbeitseinsatz drei Monate oder insgesamt 70 Tage nicht überschreiten. Das monatliche Entgelt kann über 520 Euro hinausgehen.

Rechte im Minijob:

- Recht auf den gesetzlichen Mindestlohn von zurzeit 12 Euro brutto pro Stunde (Stand: Oktober 2022)
- Kündigungsschutz
- Urlaub

- Entgeltfortzahlung bei Krankheit
- Entgeltfortzahlung bei Krankheit des Kindes
- Vergütung an Sonn- und Feiertagen
- Mutterschaftsgeld
- Arbeitszeugnis
- Gesetzliche Unfallversicherung
- Schutz für Menschen mit Schwerbehinderung

Der Fall: Volle Bezahlung für die Minijobberin

Eine Arbeitnehmerin hatte für einen Monat als Nageldesignerin in einem Nagelstudio gearbeitet. Im Arbeitsvertrag war eine Arbeitszeit von zwölf Stunden in der Woche bei einem Stundenlohn von 10 Euro vereinbart. Mit dieser Bezahlung sollten laut Arbeitsvertrag auch bis zu vier Überstunden pro Woche ausgeglichen werden.

Die Arbeitnehmerin arbeitete jedoch auf Anweisung der Vorgesetzten wesentlich mehr als die vereinbarten zwölf Stunden in der Woche. Im Monat Februar kam sie auf 143,5 Stunden. Die Arbeitgeberin bezahlte jedoch nur 60 Stunden. Die Nageldesignerin klagte deshalb auf Bezahlung der restlichen 83,5 Stunden.

Vor Gericht stritt die Arbeitgeberin die weiteren Arbeitsstunden ab. Die Arbeitnehmerin hatte sich jedoch die Arbeitsstunden für jeden Tag in ihrem Kalender vermerkt. So konnte sie dem Gericht eine Aufstellung über die Arbeitszeiten für den gesamten Monat geben. Weiterhin konnte sie Arbeitsanweisungen in WhatsApp-Nachrichten vorweisen. Diese Nachrichten der Arbeitgeberin bestätigten die von ihr angegebenen Arbeitszeiten.

Das Landesarbeitsgericht gab der Arbeitnehmerin recht und verurteilte die Arbeitgeberin zur Bezahlung der 83,5 Arbeitsstunden. Es bestätigte, dass auch ein Minijob ein vollwertiges Arbeitsverhältnis mit allen Rechten und Pflichten sei. Die Regelung im Arbeitsvertrag, nach der bis zu vier Überstunden mit dem Grundlohn abgedeckt seien, stufte das Gericht als grob rechtswidrig ein. Auch weitere Regelungen im Arbeitsvertrag wurden von den Richter*innen als grob rechtswidrig und damit unwirksam beurteilt.

Landesarbeitsgericht Köln vom 09.09.2021 – Aktenzeichen 6 Sa 1245/20

Minijobs neben einer Hauptbeschäftigung

Wenn Beschäftigte neben einem Job, für den sie Steuern- und Sozialabgaben zahlen, einen Minijob ausüben möchten, brauchen sie das Einverständnis ihres Arbeitgebers. Für diesen Minijob müssen sie keine Abgaben zahlen. Sobald sie aber mehrere Minijobs neben einer Hauptbeschäftigung haben, werden die weiteren Minijobs zur Hauptbeschäftigung dazugerechnet und es müssen dafür Sozialabgaben gezahlt werden. Auch müssen alle Arbeitgeber über die Minijobs informiert werden und diesen zustimmen.

Mehrere Minijobs

Wenn Beschäftigte mehrere Minijobs haben, ist nur der erste frei von Sozialversicherungsbeiträgen. Wenn sie insgesamt mehr als 520 Euro verdienen, müssen sie Beiträge für die Krankenversicherung, Pflegeversicherung und Arbeitslosenversicherung zahlen.

Nachteile von Minijobs

Was für eine kurze Zeit vorteilhaft sein kann, ist langfristig ein Nachteil. Denn wer nicht in die Kassen einzahlt, ist in den meisten Fällen finanziell abhängig von anderen. Minijobber*innen haben keine eigene Krankenversicherung, bekommen bei Jobverlust kein Arbeitslosengeld, haben eine Aussicht auf eine sehr geringe Rente und bekommen im Fall von Kurzarbeit auch kein Kurzarbeitergeld.

Dazu kommen geringe Chancen auf eine berufliche Entwicklung und Aufstieg. Viele Minijobber*innen arbeiten unter ihrem Qualifikationsniveau. Wenn Beschäftigte langfristig so arbeiten, besteht die Gefahr, dass sie ihre beruflichen Fähigkeiten verlieren. Langfristig sollten

Minijobber*innen deshalb in einen sozialversicherungspflichtigen Job wechseln.

Vom Minijob in den sozialversicherungspflichtigen Job

Im Kapitel »Teilzeitarbeit« ab Seite 96 gibt es Informationen zu rechtlichen Möglichkeiten, die Arbeitszeiten beim gleichen Arbeitgeber zu erhöhen und so mehr zu verdienen. Die Agentur für Arbeit berät Beschäftigte, die von einem Minijob zu einem sozialversicherungspflichtigen Job wechseln wollen. Eventuell gibt es die Möglichkeit einer Umschulung.

Freiwillig in die Rentenversicherung einzahlen

Die Beschäftigten müssen bei der freiwilligen Einzahlung nur 3,6 Prozent ihres Lohns zahlen. Bei einem Verdienst von 520 Euro sind das 18,72 Euro. Der Arbeitgeber zahlt 15 Prozent.

Bei Minijobs ist es möglich, sich von der Rentenversicherungspflicht befreien zu lassen. Davon machen die meisten Minijobber*innen Gebrauch. Das ist verständlich, denn die Rente würde durch den Beitrag nur sehr gering steigen. Es gibt aber andere Vorteile.

Beitragsjahre sammeln

Die Jahre der Einzahlung in die Rentenkasse werden als Beitragsjahre gezählt. Die Minijobber*innen sammeln dadurch Pflichtbeitragszeiten in der Rentenversicherung. Wer später eine Rente bekommen will, muss mindestens fünf Jahre in die Rentenversicherung eingezahlt haben.

Vorteile für Eltern

Mütter und Väter, die während der Kindererziehungsjahre in die Rentenversicherung einzahlen, bekommen einen Bonus. Die Rentenversicherung wertet Zeiten zwischen dem dritten und dem zehnten Geburtstag des Kindes als Kinderberücksichtigungszeit. Für diesen Zeitraum bekommen Geringverdiener*innen eine Aufwertung ihrer Rentenberechnung um 50 Prozent. Wer freiwillig in die Rentenversicherung einzahlt, hat zudem Anspruch auf die staatliche Förderung der Riester-Rente. Das kann sich gerade bei mehreren Kindern lohnen.

Bessere Absicherung bei Krankheit

Wer wegen Krankheit nicht mehr arbeiten kann, hat schon nach sechs Monaten einen Anspruch auf Reha-Leistungen. Auch im Fall eines Arbeitsunfalls, bei Berufskrankheiten oder Invalidität gibt es Hilfen bis hin zu einer Erwerbsminderungsrente, wenn man freiwillig in die Rentenversicherung eingezahlt hat.

Lesetipp: www.minijob-zentrale.de

Auf dieser Internetseite der Deutschen Rentenversicherung findet man aktuelle Informationen zum Minijob und einen Urlaubsrechner für Minijobber*innen. Einige Informationsblätter gibt es auch auf Englisch, z. B. »What is a Minijob?«.

Der Midijob

Ein Midijob ist eine Zwischenform von Minijob und einem »normalen« sozialversicherungspflichtigen Arbeitsverhältnis. Auch hier wurden die Grenzen für den Verdienst im Oktober 2022 angehoben. Midijobber*innen haben einen Verdienst über 520 Euro, aber verdienen nicht mehr als 1.600 Euro. Sie sind über die Kranken- und Pflegeversicherung und auch die Renten- und Arbeitslosenversicherung abgesichert. Der Vorteil ist jedoch, dass sie einen geringeren Beitragssatz bezahlen.

Fragen und Antworten

1. Ich arbeite nur zwei Tage in der Woche als Aushilfe. Habe ich Anrecht auf bezahlten Urlaub?

▸▸ Ja, auch wenn Sie nur für zwei Tage in der Woche angestellt sind, haben Sie ein Recht auf bezahlten Mindesturlaub. Nach dem Bundesurlaubsgesetz haben alle Arbeitnehmer*innen ein Recht auf den Mindesturlaub von 24 Tagen bei einer 6-Tage-Woche. Denn sie sollen mindestens vier Wochen im Jahr Urlaub machen können.

Umgerechnet auf die 2-Tage-Woche haben Sie also mindestes einen Anspruch auf acht Tage bezahlten Urlaub im Jahr.

2. Ich arbeite an zwei Tagen in der Woche in einem Unternehmen zur Aushilfe. Als ich für zwei Wochen erkrankt bin, habe ich für diese Zeit kein Geld bekommen. Was kann ich tun?

▸▸ Auch als Minijobber*in haben Sie Anspruch auf Entgeltfortzahlung im Krankheitsfall. Wichtig ist, dass Sie für die Dauer der Erkrankung eine Arbeitsunfähigkeitsbescheinigung eines Arztes oder einer Ärztin vorlegen. Der Arbeitgeber muss Sie für die zwei Wochen so bezahlen, als wenn Sie gearbeitet hätten. Sie sollten das Geld schriftlich vom Arbeitgeber einfordern. Falls er nicht zahlt, können Sie sich bei einem Rechtsanwalt oder einer Rechtsanwältin über weitere Schritte beraten lassen. Geringverdiener*innen können vom zuständigen Amtsgericht einen Beratungshilfeschein für die Beratung bei Rechtsanwält*innen bekommen. Für Gewerkschaftsmitglieder ist die Rechtsberatung durch die Gewerkschaft kostenlos.

Homeoffice

Mit der Coronapandemie hat sich die Sichtweise auf das Homeoffice grundlegend verändert. Während Homeoffice vorher von vielen Arbeitgebern nicht erlaubt wurde, ist es mittlerweile in vielen Büros zum Standard geworden. Besprechungen finden in Telefon- oder Videokonferenzen statt. Und auch ganze Konferenzen und Tagungen, zu denen früher die Teilnehmenden angereist sind, werden selbstverständlich online durchgeführt.

Vor der Coronapandemie arbeiteten nur circa 4 Prozent der Beschäftigten von zu Hause. Im Jahr 2021 verrichteten circa 25 Prozent der Beschäftigten ihre Arbeit teilweise im Homeoffice. Die Arbeit im Homeoffice ist normal geworden und wir können damit rechnen, dass diese Möglichkeit auch nach der Pandemie häufiger genutzt wird.

Was ist Homeoffice?

Beim Homeoffice arbeiten die Beschäftigten von zu Hause aus. Sie richten ihren Arbeitsplatz zu Hause selbst ein. Teilweise benutzen sie ihren eigenen Computer und das Handy, teilweise werden die Arbeitsmittel durch den Arbeitgeber gestellt.

Anders ist es bei der sogenannten Telearbeit. Telearbeitsplätze sind in der Arbeitsstättenverordnung geregelt. Der Arbeitgeber muss in diesem Fall einen Bildschirmarbeitsplatz bei den Beschäftigten zu Hause einrichten. Die Telearbeit muss im Arbeitsvertrag geregelt werden.

Vorteile und Nachteile im Homeoffice

Laut einer Studie der Hans-Böckler-Stiftung sehen die Beschäftigten im Homeoffice sowohl Vorteile als auch Nachteile. Familie und Beruf lassen sich so besser vereinbaren. Jedoch sind es hier überwiegend die Mütter, die neben dem Homeoffice mehr Zeit für Kinderbetreuung aufwenden. Viele Beschäftigte können ihre Arbeit zu Hause besser organisieren. Jedoch ist es gerade bei flexiblen Arbeitszeiten schwierig, abends abzuschalten. Die Trennung von Arbeit und Freizeit ist eine Herausforderung.

Kein Recht auf Homeoffice

Bisher gibt es keinen gesetzlichen Anspruch der Beschäftigten auf Arbeit im Homeoffice. In der Politik wird darüber seit dem Vorschlag von Bundesarbeitsminister Hubertus Heil im Oktober 2020 immerhin ernsthafter diskutiert.

Während der Coronapandemie gab es von 2020 bis März 2022 gesetzliche Regelungen, die den Arbeitgeber verpflichteten, seinen Beschäftigten das Homeoffice anzubieten. Es durften nur keine zwingenden betriebsbedingten Gründe entgegenstehen. Diese Regelungen waren jedoch zeitlich befristet.

Homeoffice im Arbeitsvertrag regeln

Wenn sich Arbeitgeber und Beschäftigte einig sind, sollten sie das Recht auf Homeoffice im Arbeitsvertrag oder in einem Zusatz zum Arbeitsvertrag regeln. Viele Arbeitgeber sind mittlerweile bereit, den Mitarbeiter*innen einen oder mehrere Tage in der Woche im Homeoffice zu erlauben.

Mindestens folgende Punkte sollten geregelt werden:

- Arbeitszeiten
- Erreichbarkeiten für gemeinsame Besprechungen
- Arbeitsmittel, die der Arbeitgeber zur Verfügung stellt
- Nutzungspauschale, falls die Beschäftigten eigene Arbeitsmittel nutzen
- Festlegung der zu verwendenden Software und Hardware
- Datenschutz

Homeoffice in der Betriebsvereinbarung regeln

Wenn es einen Betriebsrat gibt, kann dieser eine Betriebsvereinbarung zu Homeoffice für den ganzen Betrieb abschließen. Eine einheitliche Regelung für alle Beschäftigten sorgt für mehr Gleichbehandlung. Denn ansonsten kommt es vor, dass ein Vorgesetzter das Homeoffice erlaubt, aber eine andere Vorgesetzte nicht. Oder es wird nur bestimmten Beschäftigten erlaubt.

Unfallversicherung im Homeoffice

Im Juni 2021 wurde der Versicherungsschutz im Homeoffice erweitert. Es besteht immer dann Versicherungsschutz, wenn die Tätigkeit auch im Betrieb durch die Unfallversicherung versichert wäre. Wenn Beschäftigte sich auf dem Weg zu Hause von ihrem Schreibtisch zur Toilette verletzen, ist das ein Arbeitsunfall. In diesen Fällen haben die Beschäftigten den besonderen Schutz der gesetzlichen Unfallversicherung (mehr dazu im Kapitel »Arbeit und Krankheit« auf Seite 173 f.).

Der Fall: Betriebsweg auch im Homeoffice versichert

Ein Arbeitnehmer arbeitete im Homeoffice. Am Morgen stieg er eine Wendeltreppe vom Schlafzimmer zu dem eine Etage tiefer gelegenen häuslichen Büro hinunter. Er stürzte und brach sich einen Brustwirbel. Die Berufsgenossenschaft sah darin zunächst keinen Arbeitsunfall, sodass der Fall vor die Sozialgerichte ging. Schließlich entschied das Bundessozialgericht, dass der erstmalige Weg vom Bett ins Homeoffice als Betriebsweg anzusehen sei. Diese Tätigkeit sei versichert, wie wenn Beschäftigte einen Unfall mit dem Auto oder Fahrrad auf dem Weg zur Arbeit haben. Wichtig war hier noch, dass der Arbeitnehmer üblicherweise morgens direkt ins häusliche Büro ging, ohne vorher zu frühstücken. Der Weg wurde also nur gemacht, um die Arbeit aufzunehmen. Denn nicht alle Wege zu Hause im Homeoffice sind als Betriebswege versichert.

Bundessozialgericht vom 08.12.2021 – Aktenzeichen B 2 U 4/21

Datenschutz im Homeoffice

Auch im Homeoffice gelten die betrieblichen Regeln zum Datenschutz. Zu Hause müssen jedoch zusätzliche Vorkehrungen getroffen werden. Verantwortlich dafür ist der Arbeitgeber. Der Datenschutz wird am besten in einer Homeoffice-Richtlinie zum Datenschutz festgelegt. Wegen der Details sollte sich der Arbeitgeber datenschutzrechtlich beraten lassen. Für die Beschäftigten ist es wichtig, dass sie einen Ansprechpartner für Fragen zum Datenschutz haben.

Fragen und Antworten

1. Kann das Homeoffice auch mündlich vereinbart werden?

Ja, das geht. Sogar wenn im Arbeitsvertrag eine schriftliche Regelung vorgesehen ist, kann eine solche Einzelabrede mündlich getroffen werden. Besser ist es aber, wenn die Regeln für das Homeoffice für beide Seiten schriftlich festgehalten werden. Das sorgt für mehr Akzeptanz und beugt Streitigkeiten vor.

2. Was bedeutet BYOD?

BYOD steht für »**B**ring **Y**our **O**wn **D**evice« – »bring dein eigenes Gerät mit«. Einige Arbeitgeber erwarten von ihren Beschäftigten, dass sie ihre privaten Computer und Smartphones für die Arbeit benutzen. Gerade in der Coronapandemie wurden viele Arbeitnehmende von einem auf den anderen Tag ins Homeoffice versetzt. Mangels betrieblicher PCs wurde vorausgesetzt, dass sie ihre eigenen Computer benutzen. Beschäftigte sind dazu jedoch nicht verpflichtet. Stimmen Sie zu, haben Sie gegenüber dem Arbeitgeber einen Anspruch auf eine Aufwendungspauschale. Von Datenschützer*innen wird von BYOD abgeraten, weil die Kontrollmöglichkeiten nicht ausreichen.

3. Darf der Arbeitgeber mich zum Homeoffice verpflichten?

Nein, der Arbeitgeber darf das Homeoffice nicht einseitig anordnen. Denn dadurch würden Beschäftigte den Kontakt zu den Kolleg*innen verlieren. Die Grenzen von Arbeit und Freizeit verschwimmen und das Homeoffice erschwert den Kontakt zwischen Betriebsrat, Gewerkschaft und Beschäftigten.

Pflegezeit und Familienpflegezeit

Nach dem Pflegezeitgesetz und Familienpflegezeitgesetz haben Beschäftigte einen Rechtsanspruch gegenüber dem Arbeitgeber auf Teilzeit oder Freistellung von der Arbeit. Das soll ihnen die Pflege von nahen Angehörigen ermöglichen.

Übersicht

Bei der Pflegezeit können die Beschäftigten für einen kurzen Zeitraum oder einen Zeitraum von bis zu einem halben Jahr eine Auszeit von der Arbeit nehmen. Der kurze Zeitraum von bis zu zehn Tagen ist für die Organisation der Pflege gedacht. Während der langen Auszeit können die Beschäftigten die Pflege selbst übernehmen.

Die Familienpflege ermöglicht dagegen eine Arbeit in Teilzeit, um sich nebenher um die Pflege von nahen Angehörigen zu kümmern.

Pflegezeit

Der Arbeitgeber ist verpflichtet, die Beschäftigten während der Pflegezeit von der Arbeit freizustellen. Dafür muss ein akuter Pflegefall eines nahen Angehörigen vorliegen, der eine Unterstützung nötig macht. Unter nahe Angehörige fallen die Eltern, Großeltern, Ehegatten, Lebenspartner*innen und Kinder und auch viele weitere Personen wie Partner*innen, die wie in einer Ehe oder Lebenspartnerschaft zusammenleben, oder die Schwiegereltern. Der Arbeitgeber kann eine ärztliche Bescheinigung zum Vorliegen des Pflegefalls verlangen.

Arbeitnehmer*innen können zwischen der Kurzzeitpflege bis zu zehn Tage und der Langzeitpflege bis zu sechs Monaten wählen.

Kurzzeitpflege

Beschäftigte haben ein Recht auf kurzzeitige Freistellung von bis zu zehn Arbeitstagen im Jahr, um die Pflege eines nahen Angehörigen zu organisieren. Sie müssen dem Arbeitgeber die Arbeitsverhinderung unverzüglich mitteilen.

Kein Einkommen während der Kurzzeitpflege?

Das Pflegezeitgesetz verpflichtet den Arbeitgeber nur zur Freistellung, nicht aber zur weiteren Bezahlung des Arbeitsentgelts. Es ist aber möglich, dass der Arbeitsvertrag oder ein Tarifvertrag vorsehen, dass Beschäftigte für die Pflege von Angehörigen weiterhin für einen kurzen Zeitraum Lohn bekommen. Auch das Bürgerlichen Gesetzbuch (§ 616 BGB) sieht vor, dass Beschäftigte weiterhin Geld bekommen sollen, wenn sie ohne ihr Verschulden nicht arbeiten können. Dieser Anspruch ist jedoch sehr vage und wird in vielen Arbeitsverträgen ausgeschlossen. Sie sollten dies mit Ihrem Arbeitgeber besprechen und sich rechtlich beraten lassen.

Pflegeunterstützungsgeld

Wenn der Arbeitgeber das Gehalt nicht weiterzahlt, können die Beschäftigten bei der Pflegekasse ihres Angehörigen ein Pflegeunterstützungsgeld beantragen. Dieses Geld soll den Verdienstausfall teilweise ausgleichen.

Langzeitpflege

Die Langzeitpflege kann von Beschäftigten bis zu sechs Monate pro Pflegebedürftigen genommen werden. Voraussetzung ist, dass sie die Angehörigen in häuslicher Umgebung pflegen. Bei pflegebedürftigen Kindern und Jugendlichen kann die Pflegezeit auch genommen werden, wenn die Pflege nicht in häuslicher Umgebung, sondern z. B. in einem Krankenhaus erfolgt.

Anspruch auf Langzeitpflege

Einen Anspruch auf die Langzeitpflege gibt es nur in Betrieben mit mehr als 15 Beschäftigten. Die Pflegebedürftigkeit ist dem Arbeitgeber durch eine Bescheinigung der Pflegekasse oder des Medizinischen Dienstes der Krankenkasse nachzuweisen. Die Beschäftigten können zwischen einer teilweisen und einer vollständigen Freistellung wählen. Die Pflegezeit muss dem Arbeitgeber schriftlich angekündigt werden.

Schriftliche Ankündigung beim Arbeitgeber

- Zehn Tage vor Beginn der Pflegezeit
- Ausgedrucktes Schreiben mit eigenhändiger Unterschrift, eine E-Mail reicht nicht aus
- Information, über welchen Zeitraum die Pflegezeit gehen soll
- Information über den Umfang der Pflegezeit – vollständige oder teilweise Freistellung

Beschäftigte sollten sich die Ankündigung der Pflegezeit vom Arbeitgeber schriftlich bestätigen lassen. Sie sollten den Nachweis aufbewahren. Denn mit der Ankündigung der Pflegezeit beginnt auch der besondere Kündigungsschutz.

Kein Einkommen während der Langzeitpflege

Während der Langzeitpflege zahlt der Arbeitgeber kein Arbeitsentgelt. Um den Verdienstausfall aufzufangen, haben Beschäftigte das Recht auf ein zinsloses Darlehen. Dieses Darlehen wird monatlich ausgezahlt und deckt 50 Prozent des ausgefallenen Nettoarbeitslohns ab. Es kann beim

Bundesamt für Familie und zivilgesellschaftliche Aufgaben beantragt werden. Nach Ablauf der Pflegezeit muss das Darlehen in Raten zurückgezahlt werden. Für Härtefälle gibt es Ausnahmen.

Tipp:
Informationen zur Pflegezeit bekommen Sie auch bei den Krankenkassen.

Besonderer Kündigungsschutz: Beschäftigte dürfen ab der Ankündigung bis zur Beendigung der Pflegezeit nicht ordentlich gekündigt werden. Nur in besonderen Fällen kann die zuständige Landesbehörde eine Ausnahme erlauben. Eine Kündigung ist dann nur bei Vorliegen eines wichtigen Grundes möglich.

Familienpflegezeit

Das Familienpflegezeitgesetz gibt den Beschäftigten einen Rechtsanspruch gegenüber dem Arbeitgeber auf Arbeit in Teilzeit. Die Familienpflegezeit kann bis zu 24 Monate genommen werden. Dabei ist aber nur eine teilweise Freistellung möglich. 15 Stunden in der Woche müssen weitergearbeitet werden. Voraussetzung für die Familienpflegezeit ist, dass der Arbeitgeber mehr als 25 Arbeitnehmer*innen beschäftigt. Die Familienpflegezeit muss dem Arbeitgeber spätestens acht Wochen vor Beginn schriftlich angekündigt werden. In der Ankündigung sollte der Zeitraum der Familienpflege und die gewünschte Verteilung der Arbeitszeit angegeben werden.

Für die schriftliche Ankündigung gelten die gleichen Vorgaben wie bei der Pflegezeit (siehe Seite 118).

Wichtig: Auch während der Familienpflegezeit können Beschäftigte ein zinsloses Darlehen bekommen.

Erst Pflegezeit und dann Familienpflegezeit

Beschäftigte können von der Pflegezeit in die Familienpflegezeit wechseln. Das müssen sie dem Arbeitgeber drei Monate vorher schriftlich mitteilen. Die Pflegezeit wird auf die Familienpflegezeit angerechnet, sodass insgesamt maximal eine Dauer von 24 Monaten möglich ist.

Beispiel: Von der Pflegezeit in die Familienpflegezeit

Ein Arbeitnehmer arbeitet in Vollzeit in einem Unternehmen mit mehr als 50 Beschäftigten. Seine Mutter erkrankt schwer und wird zum Pflegefall. Er lässt sich sechs Monate komplett von der Arbeit freistellen, um sie selbst zu pflegen. Drei Monate vor Ende der Pflegezeit kündigt er seinem Arbeitgeber schriftlich den Wechsel in die Familienpflegezeit an. Sie vereinbaren nach dem Ende der Pflegezeit eine Familienpflegezeit für weitere 18 Monate mit einer Teilzeitarbeit von 20 Stunden in der Woche. Der Arbeitnehmer kann arbeiten und sich weiter um seine Mutter kümmern.

Kündigungsschutz

Auch während der Familienpflege haben die Beschäftigten einen besonderen Kündigungsschutz wie in der Pflegezeit.

Altersteilzeit

Bis zum Ende des Jahrs 2009 wurde die Altersteilzeit von der Bundesagentur für Arbeit gefördert. Bis dahin war es für Arbeitgeber besonders attraktiv, mit älteren Beschäftigten Vereinbarungen zur Altersteilzeit abzuschließen und für diese neue Beschäftigte einzustellen.

Seit dem Ende der staatlichen Förderung ist der Anteil von Arbeitnehmer*innen in Altersteilzeit zurückgegangen. Es gibt aber immer noch Tarifverträge oder Betriebsvereinbarungen, die ein Recht auf Altersteilzeit vorsehen. Nach dem Altersteilzeitgesetz gibt es jedoch keinen Anspruch der Beschäftigten auf Altersteilzeit. Das Gesetz regelt nur die Voraussetzungen, wenn der Arbeitgeber einverstanden ist.

Die Idee der Altersteilzeit

Die Altersteilzeit soll den Beschäftigten den Übergang in die Rente erleichtern. Für die Arbeitgeberseite ist sie interessant, weil sie Stellen mit jüngeren Beschäftigten neu besetzen können.

Voraussetzungen für die Altersteilzeit:

- Beschäftigte sind älter als 55 Jahre.
- Sie waren innerhalb der letzten fünf Jahre mindestens 1.080 Kalendertage sozialversicherungspflichtig beschäftigt.
- Beschäftigte und Arbeitgeber schließen eine Vereinbarung über die Reduzierung der wöchentlichen Arbeitszeit auf die Hälfte der bisherigen wöchentlichen Arbeitszeit ab.
- Der Arbeitgeber stockt das Arbeitsentgelt um mindestens 20 Prozent auf.
- Er zahlt zusätzliche Beiträge zur Rentenversicherung.
- Die Vereinbarung umfasst die Zeit, bis zu der ein Bezug der Rente möglich ist.

Man kann den Arbeitgeber nicht zu einer Vereinbarung zur Altersteilzeit zwingen. Es gibt keinen Rechtsanspruch darauf. Aber viele Tarifverträge und Betriebsvereinbarungen sehen Modelle für die Altersteilzeit vor. Wenn es im Betrieb einen Betriebsrat gibt, können die Beschäftigten ihn bitten, mit dem Arbeitgeber über Möglichkeiten der Altersteilzeit zu sprechen.

Modelle für die Altersteilzeit

Für die Altersteilzeit gibt es zwei Modelle: das Gleichverteilungsmodell und das Blockmodell. Die Altersteilzeit kann auf einen Zeitraum von drei Jahren verteilt werden. Durch einen Tarifvertrag kann der Zeitraum verlängert werden.

Gleichverteilungsmodell

Bei dem Gleichverteilungsmodell wird die Arbeitszeit auf die Hälfte reduziert. Die Beschäftigten arbeiten über die gesamte Dauer der Altersteilzeit weiter in Teilzeit. Sie bekommen jedoch nicht nur die Hälfte des Lohns, sondern eine Aufstockung von 20 Prozent vom Arbeitgeber. Zusätzlich zahlt der Arbeitgeber erhöhte Rentenbeiträge.

Blockmodell

Bei dem Blockmodell gibt es eine Arbeitsphase und eine Freistellungsphase. In der Arbeitsphase arbeiten die Beschäftigten mit der gleichen Stundenanzahl wie zuvor. Sie bekommen jedoch ein reduziertes Gehalt. Dieses Gehalt stockt der Arbeitgeber mit 20 Prozent auf und zahlt zusätzliche Rentenbeiträge.

In der Freistellungsphase müssen die Beschäftigten nicht mehr arbeiten. Sie bekommen aber weiterhin das reduzierte Gehalt.

Alternative zu Altersteilzeit: Lebensarbeitszeitkonto

Der Betriebsrat kann mit dem Arbeitgeber eine Betriebsvereinbarung für ein Lebensarbeitszeitkonto der Beschäftigten abschließen. Sie können Arbeitszeiten und Teile des Gehalts einsparen und diese später für eine bezahlte Freistellung nutzen.

7. Arbeitszeiten

In den 1980er-Jahren war die Zahl 35 mit einer Sonne dahinter vielerorts zu sehen. Mit diesem Bild und dem Slogan »Mehr Zeit zum Leben, Lieben, Lachen« warb die Gewerkschaft IG Metall für die 35-Stunden-Woche. Nach einem langen Streik gab es einen Kompromiss mit der Arbeitgeberseite: Die 38,5-Stunden-Woche. Bis 1995 wurde in der Metallindustrie schrittweise die 35-Stunden-Woche eingeführt.

Es ist still geworden um gute Ideen wie die 35-Stunden-Woche. Zurzeit arbeiten Vollzeitkräfte in Deutschland im Durchschnitt 41 Stunden in der Woche. In vielen Start-ups wurde die Arbeit mit dem Privatleben gleichgesetzt und dadurch vollkommen entgrenzt. Wer braucht da eine Begrenzung der Wochenarbeitszeit? Aber der Slogan der IG Metall ist so einfach wie richtig. Unser Leben ist kurz und wir wollen es nicht hauptsächlich auf der Arbeit verbringen, sondern haben noch viele andere Bedürfnisse und Interessen. Dabei ist die Verringerung der Arbeitszeit auch im Interesse der Arbeitgeber. Denn Studien zufolge erhöht eine kürzere Arbeitszeit die Produktivität. In Schweden haben sich Modelle mit 6-Stunden-Tag bei vollem Lohnausgleich als Erfolg erwiesen.

Was versteht man unter Arbeitszeit?

Während der Arbeitszeit muss der/die Arbeitnehmer*in für den Arbeitgeber arbeiten und bekommt dafür Gehalt. Die Pausen werden nicht zur Arbeitszeit gezählt und normalerweise nicht bezahlt. Die Dauer der Arbeitszeit wird im Arbeitsvertrag festgelegt, die genaue Verteilung der Stunden auf die einzelnen Wochentage (Lage der Arbeitszeit) wird meistens durch das Direktionsrecht des Arbeitgebers bestimmt.

Beispiel 1: Im Arbeitsvertrag ist eine 40-Stunden-Woche vereinbart. Die genaue Arbeitszeit für die einzelnen Arbeitstage werden durch die betriebsüblichen Bürozeiten von Montag bis Freitag von 9 bis 18 Uhr festgelegt. In dieser Zeit nehmen die Beschäftigten insgesamt eine Stunde Pause, z. B. eine halbe Stunde mittags und dazu noch zwei Pausen von 15 Minuten.

Beispiel 2: Ein Geschäft im Einzelhandel hat von 7 bis 22 Uhr von Montag bis Samstag geöffnet. Eine Verkäuferin muss laut Arbeitsvertrag 30 Stunden in der Woche arbeiten. Ihre genauen Arbeitszeiten werden durch den Dienstplan festgelegt. Sie arbeitet sowohl in der Frühschicht als auch in der Spätschicht.

Bei Teilzeitkräften ist es sinnvoll; auch die Lage der Arbeitszeit im Arbeitsvertrag zu vereinbaren:

Beispiel:
Arbeitsvertrag: Arbeitszeit
Die Arbeitszeit beträgt 25 Stunden in der Woche und ist von Montag bis Freitag von 10 bis 15 Uhr zu erbringen.

Bereitschaftsdienst

Beim Bereitschaftsdienst sind die Beschäftigten im Unternehmen oder ganz in der Nähe und können jederzeit ihre Arbeit beginnen. Das ist z. B. bei Ärzt*innen im Nachtdienst der Fall. Diese Zeiten gelten als Arbeitszeit und müssen vergütet werden.

Rufbereitschaft

Bei der Rufbereitschaft können die Beschäftigten selbst entscheiden, wo sie sich aufhalten. Sie müssen bei Anruf innerhalb einer überschaubaren Zeit am Arbeitsort im Unternehmen oder bei Kund*innen sein. Diese Zeit gilt nur als Arbeitszeit, wenn während der Rufbereitschaft ein Einsatz erfolgt.

In einigen Fällen kann es auch unklar sein, was alles zur Arbeitszeit gerechnet wird. Das zeigt dieser Fall:

Der Fall: Fahrtzeiten zu Kund*innen als Arbeitszeit?

Ein Servicetechniker im Außendienst hat seinen Arbeitgeber für die Vergütung seiner Fahrtzeiten verklagt. Der Fall begann vor dem Arbeitsgericht in Düsseldorf und ging bis vor das Bundesarbeitsgericht in Erfurt.

Für seine Arbeit fährt der Kläger morgens von seinem Wohnsitz zu verschiedenen Kund*innen und nach der Arbeit wieder nach Hause. Das Bundesarbeitsgericht stellte fest, dass der Fahrtweg von der Wohnung zur Arbeitsstelle normalerweise keine Arbeitszeit ist, weil keine Arbeit für den Arbeitgeber erbracht wird. Anders ist es aber, wenn der Arbeitnehmer seine Tätigkeit außerhalb des Betriebs zu erbringen hat. In diesem Fall gehört das Fahren zur auswärtigen Arbeitsstelle zu den Hauptleistungspflichten. Wenn es darum geht, verschiedene Kund*innen aufzusuchen, gehöre dazu auch die Anreise. Die Richter*innen sahen die Fahrten zu den verschiedenen Einsatzorten als eine einheitliche Dienstleistung und damit als Arbeitszeit an. Sie verurteilten den Arbeitgeber dazu, diese Arbeitszeit zu bezahlen.

Bundesarbeitsgericht vom 18.03.2020 –
Aktenzeichen 5 AZR 36/19

Wegezeiten

Die Wegezeiten zwischen Wohnort und Arbeitsstelle sind keine vergütungspflichtige Arbeitszeit. Anders ist es aber, wenn die Beschäftigten von der Betriebsstelle zu einem anderen Arbeitsort fahren. Diese Zeit wird zur Arbeitszeit gerechnet und muss bezahlt werden.

Beispiel: Eine Gärtnerin fährt morgens von zu Hause in den Gartenbetrieb. Dort lädt sie Maschinen und Werkzeuge ein und fährt zu einem Kunden. Die Fahrt vom Gartenbetrieb zum Kunden ist Arbeitszeit und muss vergütet werden.

Arbeitszeiten und familiäre Verpflichtungen

Bei der Bestimmung der Lage der Arbeitszeit muss der Arbeitgeber Rücksicht auf die familiären Verpflichtungen der Beschäftigten nehmen. Das können z. B. Kinderbetreuung oder die Pflege von Angehörigen sein. Nur wenn betriebliche Gründe oder die Pflichten anderer Arbeitnehmer*innen es nicht erlauben, darf er eine Anfrage auf Veränderung der Arbeitszeiten ablehnen.

Tarifvertrag und Arbeitszeiten

Wenn ein Tarifvertrag gilt, wird die Höchstarbeitszeit einer Vollzeitstelle durch den Tarifvertrag bestimmt. Meistens sind es weniger als 40 Stunden. Nach dem Manteltarifvertrag für den Einzelhandel in Nordrhein-Westfalen beträgt die regelmäßige wöchentliche Arbeitszeit z. B. 37,5 Stunden.

Mitbestimmung des Betriebsrats

Wenn es im Betrieb einen Betriebsrat gibt, kann dieser mit dem Arbeitgeber eine Betriebsvereinbarung über die Lage der Arbeitszeiten und die Pausen abschließen. Darin wird die Verteilung der Arbeitszeit auf die einzelnen Wochentage und der Beginn und das Ende der regelmäßigen Arbeitszeit geregelt.

Beispiel: Arbeitszeit an fünf Wochentagen von Montag bis Freitag. Beginn der regelmäßigen Arbeitszeit um 8:00 Uhr. Ende der regelmäßigen Arbeitszeit um 16:30 Uhr.

Der Arbeitgeber kann die Arbeitszeiten der einzelnen Beschäftigten nur gemeinsam mit dem Betriebsrat festlegen. Auch die Anordnung von Überstunden ist nur in Absprache mit dem Betriebsrat erlaubt. Wenn Beschäftigte Probleme mit der Verteilung ihrer Arbeitszeit oder zu vielen Überstunden haben, können sie sich an den Betriebsrat wenden. Bei Ihnen im Betrieb gibt es noch keinen Betriebsrat? Wie Sie das ändern können, erfahren Sie im Kapitel »Der Betriebsrat« auf Seite 304.

Gleitzeitregelung

Arbeitgeber und Betriebsrat können auch eine Gleitzeit in einer Betriebsvereinbarung regeln. Die Beschäftigten können dann für einen bestimmten Zeitraum selbst bestimmen, wie sie ihre Arbeitszeit einteilen. Möglich ist z. B. eine freie Einteilung der eigenen Arbeitszeit zwischen 6 und 19 Uhr. In anderen Unternehmen können die Beschäftigten in einem Zeitrahmen von 8 bis 10 Uhr morgens selbst entscheiden, wann sie ihre Arbeit beginnen.

Das Arbeitszeitgesetz

Die möglichen Arbeitszeitregelungen des Arbeitsvertrages werden durch das Arbeitszeitgesetz (ArbZG) eingeschränkt. Dieses Gesetz soll die Sicherheit und den Gesundheitsschutz der Beschäftigten gewährleisten und Ruhetage wie den Sonntag und gesetzliche Feiertage schützen. Es regelt die maximalen Arbeitszeiten, die Ruhepausen und die Nacht- und Schichtarbeit. Das Gesetz lässt aber Ausnahmen durch einen Tarifvertrag zu.

Nach dem Gesetz darf die Arbeitszeit an einem Werktag nicht länger als acht Stunden dauern. Als Werktage gelten die Tage von Montag bis Samstag. Weil das Gesetz von einer 6-Tage-Woche ausgeht, ist eine maximale Arbeitszeit von 48 Stunden möglich (6 Tage × 8 Stunden = 48 Stunden). Wie bei fast allen Regeln gibt es aber auch Ausnahmen. Der Arbeitstag darf auf bis zu zehn Stunden verlängert werden, wenn der Arbeitgeber die Stunden in den nächsten Monaten wieder ausgleicht. Daher ist eine Arbeitswoche von bis zu 60 Stunden (6 Tage × 10 Stunden) möglich.

Beispiel: Im Arbeitsvertrag ist eine 40-Stunden-Woche vereinbart und es wird von Montag bis Freitag gearbeitet. Der Arbeitsanfall ist an den Tagen unterschiedlich. Ein/e Arbeitnehmer*in arbeitet deshalb zu Beginn der Woche oft länger als acht Stunden und geht dafür am Freitag eher nach Hause.

Arbeit am Sonntag und an Feiertagen

Die Arbeit am Sonntag und an gesetzlichen Feiertagen ist nach dem Arbeitszeitgesetz verboten. Da Menschen aber auch am Sonntag krank sind und es auch an Feiertagen brennen kann, gibt es auch von dieser Regel viele Ausnahmen für bestimmte Berufe. So können Beschäftigte in Krankenhäusern, Notdiensten und der Feuerwehr auch am Sonn- und Feiertag beschäftigt werden. Auch für Gaststätten, Kinos, Theater und viele weitere gibt es Ausnahmen. Mindestens 15 Sonntage im Jahr müssen aber arbeitsfrei bleiben. Und die Beschäftigten müssen für einen Arbeitssonntag einen Ersatzruhetag bekommen. Leider ist der Arbeitgeber gesetzlich nicht verpflichtet, einen Zuschlag für die Arbeit an Sonn- und Feiertagen zu zahlen. Gilt ein Tarifvertrag, so sieht dieser üblicherweise Zuschläge vor.

Pausen- und Ruhezeiten

Nach dem Arbeitszeitgesetz muss der Arbeitgeber den Beschäftigten die Pausen- und Ruhezeiten gewähren. Bei einer Arbeitszeit von mehr als sechs und bis zu neun Stunden muss mindestens eine Pause von 30 Minuten genommen werden. Bei mehr als neun Stunden Arbeit sind 45 Minuten Pause Pflicht. Diese Pausen können in Zeitabschnitte von 15 Minuten eingeteilt werden. Während der Pause sind die Beschäftigten von jeder Arbeitspflicht befreit. Sie müssen sich auch nicht für die Arbeit bereithalten.

In einigen Betrieben sind die Arbeitsabläufe so gestaltet, dass es nicht möglich ist, eine Pause zu nehmen, wenn z. B. in der Gastronomie sehr viel zu tun ist und wenig Personal eingestellt wird. Um die Kolleg*innen nicht zu überlasten, arbeiten dann viele einfach durch und verzichten auf ihre Pause, zulasten ihrer Gesundheit. In einigen Fällen benutzt der Arbeitgeber dann auch noch eine Software, die bei einem 8-Stunden-Tag automatisch eine unbezahlte Pause mit einrechnet. So wird die nicht genommene Pause nicht als Arbeitszeit bezahlt. Gegen solche Arbeitsbedingungen hilft die Gründung eines Betriebsrats.

Zwischen zwei Arbeitsschichten müssen nach dem Gesetz mindestens elf Stunden Ruhezeit liegen. Es gibt aber eine Reihe von Ausnahmen, z.B. für den Bereich Krankenhäuser, Pflege, Gaststätten und Rundfunk.

Nachtarbeit

Weil Nachtarbeit die Gesundheit belastet und die Teilhabe am gesellschaftlichen Leben erschwert, gibt es für Nachtarbeiter*innen besonderen Schutz. So muss eine Arbeitszeit von mehr als acht Stunden innerhalb von einem Monat ausgeglichen werden. Nachtarbeiter*innen können sich auf Kosten des Arbeitgebers regelmäßig arbeitsmedizinisch untersuchen lassen. Wenn die Nachtarbeit die Gesundheit gefährdet, können sie vom Arbeitgeber verlangen, auf einen anderen Arbeitsplatz umgesetzt zu werden. Als Ausgleich für die Nachtarbeit haben sie einen Anspruch auf freie Tage oder Zuschläge zum Lohn.

Eltern in Nachtarbeit

Wer ein Kind unter zwölf Jahren im Haushalt betreut, kann unter bestimmten Voraussetzungen vom Arbeitgeber verlangen, auf einen Tagesarbeitsplatz versetzt zu werden. Der Arbeitgeber kann jedoch dringende betriebliche Erfordernisse dagegen vorbringen.

Zeiterfassung – Dokumentation der Arbeitszeit

Nach dem Arbeitszeitgesetz müssen die Arbeitgeber lediglich die geleisteten Überstunden dokumentieren. Ein Urteil des Europäischen Gerichtshofs aus dem Jahr 2019 verpflichtet die Mitgliedstaaten jedoch, ein »objektives, verlässliches und zugängliches System« einzurichten, mit welchem jede geleistete Arbeitsstunde erfasst wird (Europäischer Gerichtshof vom 14.05.2019 – C-55/18). Inzwischen hat auch das deutsche Bundesarbeitsgericht geurteilt, dass der Arbeitgeber verpflichtet ist, die Arbeitszeiten der Beschäftigten zu dokumentieren. In Zukunft werden die Arbeitgeber deshalb nicht nur die Überstunden, sondern jede einzelne Arbeitsstunde der Beschäftigten erfassen müssen.

Viele Arbeitgeber haben schon jetzt ein Zeiterfassungssystem. In einigen Betrieben wird am Eingang noch gestempelt, in den meisten Unternehmen wird die Arbeitszeit digital erfasst. Es kommt aber auch vor, dass der Arbeitgeber keine Vorgaben zur Dokumentation der Arbeitszeit macht.

! Tipp: Dokumentieren Sie Ihre Arbeitszeiten

Unabhängig davon, ob und wie der Arbeitgeber die Arbeitszeiten erfasst, sollten Sie selbst Ihre Arbeitszeiten für jeden Tag genau aufschreiben. Bei Überstunden schreiben Sie sich auch auf, wer diese angeordnet hat oder warum Sie diese geleistet haben. Bei eventuellen Streitigkeiten über die Einhaltung der Arbeitszeit oder die Vergütung von Überstunden ist das sehr wichtig.

Vertrauensarbeitszeit

Bei der sogenannten Vertrauensarbeitszeit werden die Arbeitszeiten vom Arbeitgeber nicht kontrolliert. Die Beschäftigten bestimmen selbst, wann sie arbeiten, müssen aber die vorgegebenen Ziele erreichen. Vertrauensarbeitszeit bedeutet deshalb oft, dass der Arbeitgeber darauf vertraut, dass die Beschäftigten unbezahlte Überstunden machen. Kritiker*innen sehen bei der Vertrauensarbeitszeit deshalb die Gefahr der Selbstausbeutung. Die Beschäftigten würden wie Selbstständige handeln und für die Realisierung der geforderten Ergebnisse den Urlaub verschieben und keinen Freizeitausgleich fordern.

Überstunden

In Deutschland werden jedes Jahr bis zu einer Milliarde unbezahlte Überstunden geleistet. In einigen Unternehmen wird von den Beschäftigten erwartet, dass sie zum Teil kostenlos arbeiten. Rechtmäßig ist das in den meisten Fällen nicht.

Wenn Sie auf Anordnung des Arbeitgebers über Ihre vertraglich vereinbarte Arbeitszeit hinaus arbeiten, sind das Überstunden. Ob Sie verpflichtet sind, Überstunden zu machen, hängt von Ihrem Arbeitsvertrag ab. Steht dort nichts von Überstunden, so müssen Sie nach Feierabend nicht länger bleiben. Nur in Notfällen müssen Beschäftigte mit anpacken, wie z. B. im Fall eines Brandes oder im Fall von Naturkatastrophen wie einer Überschwemmung.

In vielen Arbeitsverträgen steht bei dem Abschnitt zur Arbeitszeit folgende Klausel:

Die Arbeitnehmerin ist verpflichtet, auf Anordnung des Arbeitgebers betriebsnotwendige Mehrarbeits- und Überstunden im gesetzlich zulässigen Umfang zu leisten.

Viele Arbeitnehmer*innen leisten Überstunden jedoch nicht erst auf Anordnung der Vorgesetzten, sondern aus eigenem Antrieb. Sie wollen ihre Arbeit zu Ende bringen und arbeiten dafür freiwillig länger. Dies sollte jedoch schon aus gesundheitlichen Gründen kein Dauerzustand sein. Eine weitere Frage ist die Vergütung oder der Freizeitausgleich dieser Überstunden. In dieser Frage kommt es oft zum Streit.

Beispiel: Nach Monaten mit unentgeltlichen Überstunden fragt die Arbeitnehmerin nach einer Bezahlung oder einem Freizeitausgleich. Der Arbeitgeber gibt sich dazu unwissend und schiebt die Verantwortung für die geleisteten Überstunden von sich. Diese seien nicht angewiesen worden. Er will nichts bezahlen oder für einen Ausgleich sorgen. Für die Arbeitnehmerin ist es schwer zu beweisen, dass diese Überstunden notwendig waren. Sie sollten das Thema deshalb frühzeitig ansprechen und nur Überstunden ableisten, wenn sie dafür entlohnt werden.

Ob alle Überstunden bezahlt werden müssen, hängt auch wieder von der Regelung im Arbeitsvertrag ab. Eine gewisse Anzahl von Überstunden kann mit dem monatlichen Gehalt abgegolten sein.

Beispiel: Monatlich sind bis zu zehn Überstunden mit dem Bruttomonatsgehalt abgegolten.

Wenn in Ihrem Vertrag eine solche Regelung steht, sollten Sie diese überprüfen lassen. Denn es kommt auf das Gehalt an, ob die Regelung gültig ist.

Steht in Ihrem Arbeitsvertrag nichts zur Abgeltung von Überstunden oder zum Freizeitausgleich, so können Sie die übliche Bezahlung verlangen. Wichtig ist, dass Sie die Überstunden und deren Anordnung genau dokumentiert haben. Ansonsten kann es mit der Durchsetzung der Forderung schwierig werden.

Entgrenzung der Arbeit

Zum Thema Überstunden gehört auch das Problem der Entgrenzung der Arbeit. In vielen Berufen gibt es keine räumliche und zeitliche Trennung zwischen Berufs- und Privatleben mehr. Die digitale Arbeit kann überall gemacht werden. Arbeitnehmer*innen checken auch nach Feierabend und am Wochenende ihre E-Mails und sind telefonisch oder per Chat jederzeit erreichbar. Das tut weder ihnen noch der Arbeit auf Dauer gut. Wer nie abschaltet, erholt sich nicht. Das hält niemand auf lange Sicht durch. Das haben auch einige Arbeitgeber erkannt und reagiert. Bei Volkswagen schalten sich die Diensthandys der Mitarbeiter nach Feierabend ab.

Fragen und Antworten

1. **Darf ich während der Arbeitszeit private Anrufe entgegennehmen?**
   Nein, das ist nur in Notfällen erlaubt. Ansonsten müssen Sie die Pausen für private Anrufe nutzen.

2. **Ich möchte meine Arbeitszeit gerne erhöhen. Wie kann ich das angehen?**
   Dazu finden Sie Informationen im Kapitel »Teilzeitarbeit« auf Seite 102 f.

3. **Welche Zeit zählt als Nachtarbeitszeit?**
   Die Zeit zwischen 23 Uhr und 6 Uhr zählt als Nachtzeit. In Bäckereien und Konditoreien ist es die Zeit zwischen 22 Uhr und 5 Uhr morgens. Es gilt jedoch nur als Nachtarbeit, wenn die Beschäftigten mehr als zwei Stunden während der Nachtzeit arbeiten.

   Beispiel: Eine Barkeeperin arbeitet in der Schicht von 18 bis 24 Uhr. Ihre Arbeitszeit wird nicht als Nachtarbeit angesehen.

8.
Lohn und Gehalt

Was ist ein gerechter Lohn, was ist eine angemessene Bezahlung? Sollten besonders langweilige Arbeiten, die auch nicht besonders angesehen sind, besser bezahlt werden als der kreative Job, mit dem man auf Partys glänzen kann? Sollte sich die Entlohnung nach der Verantwortung richten? Und warum bekommt eine Personalchefin dann mehr Gehalt als eine Erzieherin in der Kita, die eine große Verantwortung für kleine Menschenleben trägt? Sollte die Leistung ausschlaggebend sein? Aber wie bestimmt man Leistung? Ist es eine große Leistung, wenn ein Manager durch Personalabbau und Arbeitsverdichtung für hohe Gewinne der Aktionär*innen gesorgt hat? Oder sollte man ihn deshalb abberufen?

Über die Höhe der Vergütung von Arbeit kann man sich streiten. Wichtig ist, die Löhne und Gehälter immer wieder zu hinterfragen und auf ihre Richtigkeit zu überprüfen, denn von einer gerechten Entlohnung sind wir weit entfernt. Das monatliche Einkommen hängt auch immer noch vom Geschlecht ab. Das durchschnittliche Bruttomonatsgehalt von Frauen liegt 18 Prozent unter dem von Männern. Damit ist Deutschland trauriger Spitzenreiter in Europa.

Auch die soziale Herkunft und ob Arbeitnehmer*innen eine PoC – Person of Color – sind, bestimmen über den Zugang zu Bildung und gut bezahlten Jobs. Kinder von Akademiker*innen studieren häufiger an der Universität als Kinder von Arbeiter*innen. Und laut einer Studie des Instituts zur Zukunft der Arbeit wurden Bewerber*innen mit türkischem oder arabischem Namen bei gleich guten Zeugnissen wesentlich weniger zu Vorstellungsgesprächen eingeladen.

Arm trotz Arbeit

Seit 1995 driften die niedrigen und hohen Einkommen in Deutschland immer weiter auseinander. Mit anderen Worten: Die Reichen werden reicher und die Armen werden noch ärmer. Im Jahr 2019 waren über 8 Prozent der Menschen in Deutschland trotz Arbeit arm. Durch die Coronakrise sind es inzwischen wahrscheinlich noch viel mehr.

Arbeitsentgelt = Lohn und Gehalt

Früher haben Arbeiter*innen ihren »Lohn« bekommen und Angestellte ihr »Gehalt«. Als Arbeiter*innen galten Beschäftigte, die überwiegend körperliche Tätigkeiten ausführten, und als Angestellte, wer überwiegend geistige Aufgaben erledigte. Arbeiter*innen bekamen einen Stundenlohn und Angestellte ein monatlich gleichbleibendes Gehalt. Die Angestellten waren für ihre geistige Tätigkeit besser angesehen und haben in der Regel mehr verdient.

Heutzutage wird nicht mehr so scharf zwischen den Begriffen getrennt. Trotzdem wird die geistige Arbeit in der Regel höher vergütet und auch als »besser« oder »wichtiger« angesehen.

Aber auch innerhalb dieser Kategorien gibt es Unterschiede. Eine Friseurin oder Büroangestellte verdient in der Regel wesentlich weniger als ein Facharbeiter. Denn Berufe, in denen überwiegend Frauen arbeiten, sind meistens schlechter bezahlt.

Entgelt nach Leistung und nach Zeit

Man unterscheidet zwischen einem leistungsabhängigen und einem zeitabhängigen Entgelt. Verbreitet ist auch eine Kombination aus beidem: ein Fixgehalt plus Bonuszahlungen, Zulagen oder Prämien.

Beispiel: Im Arbeitsvertrag steht beim Gehalt: 2.500 Euro im Monat. Dazu werden, abhängig von der Leistung, Bonuszahlungen in Höhe von bis zu 500 Euro gezahlt.

Verschiedene Entlohnungsformen

Monatliches Bruttogehalt

Im Arbeitsvertrag kann ein monatliches Bruttogehalt vereinbart werden. Dann wird jeden Monat der gleiche Betrag überwiesen, unabhängig von der Leistung und der Länge des Monats oder der Anzahl der Feiertage.

Stundenlohn

Für jeden Monat werden die tatsächlich gearbeiteten Stunden gezählt und abgerechnet. Der Bruttolohn ist jeden Monat unterschiedlich. Urlaubsentgelt und Feiertagsentgelt werden stundenweise verrechnet.

Verstetigter Monatslohn

Es wird eine bestimmte Stundenanzahl pro Monat vereinbart und aufgrund dieser der gleiche Monatslohn ausbezahlt. Auf einem Arbeitszeitkonto werden die tatsächlich geleisteten Arbeitsstunden mit Plus- oder Minusstunden verrechnet.

Prämienlohn

Der Prämienlohn wird gezahlt, wenn die Beschäftigten besonders schnell arbeiten oder besonders gute Ergebnisse erzielt haben. Meistens werden ein Grundlohn und ein leistungsabhängiger Zusatzlohn gezahlt.

Bruttolohn und Nettolohn

Im Arbeitsvertrag wird das Bruttogehalt vereinbart. Der Arbeitgeber ist verpflichtet, davon die Steuern und Sozialversicherungsabgaben einzubehalten und an die staatlichen Stellen abzuführen. Bei Mitarbeiter*innen, die Mitglieder in einer Kirche sind, zieht der Arbeitgeber auch die Kirchensteuer vom Lohn ab und gibt sie an die Kirchen weiter. Den Beschäftigten wird das Nettogehalt ausgezahlt.

Der Arbeitgeber führt folgende Abgaben für die Beschäftigten an die staatlichen Stellen ab:

- Lohnsteuer

- Rentenversicherung
- Krankenversicherung
- Arbeitslosenversicherung
- Pflegeversicherung

▸▸ Diese Abgaben zahlen sowohl die Beschäftigten als auch der Arbeitgeber, zu gleichen oder unterschiedlichen Teilen. Man spricht von dem Arbeitgeberanteil und dem Arbeitnehmeranteil.

Beispiel: Bis zum Jahr 2005 zahlten der Arbeitgeber und die Beschäftigten jeweils die Hälfte der 14,2 Prozent des Bruttolohns für die Krankenversicherung. Ab 2005 wurde der Beitrag einseitig für die Beschäftigten erhöht. Sie zahlen nun mehr als die Hälfte des Krankenversicherungsbeitrags. Der Solidaritätszuschlag wird seit dem Jahr 2021 nur noch für Monatsgehälter von über 6.000 Euro brutto erhoben. Bei Beschäftigten mit Kindern gilt eine noch höhere Freigrenze.

Für die ordnungsgemäße Lohnabrechnung müssen die Beschäftigten dem Arbeitgeber die nötigen Informationen geben, also ob sie z. B. verpartnert oder verheiratet sind, Kinder haben und welche Lohnsteuerklasse sie wählen. Der Arbeitgeber muss den Beschäftigten eine Lohnabrechnung mit Informationen über die Zusammensetzung des Lohns und die Höhe der Abzüge erstellen. Dort steht dann z. B., welcher Betrag für Steuern und die Renten-, Arbeitslosen- und Krankenversicherung abgezogen wurde. Zu viel gezahlte Lohnsteuer bekommen die Beschäftigten vom Finanzamt nach der Steuererklärung ausgezahlt.

Höhe des Entgelts

Der Arbeitslohn wird im Arbeitsvertrag vereinbart oder dieser verweist auf einen Tarifvertrag. Wenn kein Tarifvertrag gilt, ist die Höhe des Lohns frei verhandelbar. Es gibt jedoch ein paar Grenzen:

- Gesetzlicher Mindestlohn von zurzeit 12 Euro brutto pro Stunde (Stand: Oktober 2022)

- Allgemeiner Gleichbehandlungsanspruch
- Keine Diskriminierung aufgrund des Geschlechts – Equal Pay

Tariflohn

Den Tariflohn gibt es für Beschäftigte nur, wenn eine Gewerkschaft stark genug war, mit dem Arbeitgeber einen Tarifvertrag auszuhandeln. Die Stärke einer Gewerkschaft hängt von der Anzahl ihrer Mitglieder ab. Wenn eine Gewerkschaft dem Arbeitgeber mit einem Streik von einem Großteil der Beschäftigten drohen kann, wird dieser über eine Lohnerhöhung verhandeln müssen. Gleichzeitig braucht die Gewerkschaft natürlich die Mitgliedsbeiträge, um z. B. Gewerkschaftssekretär*innen zu bezahlen, die Streiks organisieren und Tarifverträge aushandeln.

Wenn in einem Unternehmen noch kein Tariflohn gilt, gibt es die Möglichkeit, mit vielen Kolleg*innen in eine Gewerkschaft einzutreten, damit diese mit dem Arbeitgeber über einen Haustarifvertrag verhandeln kann (mehr dazu im Kapitel »Gewerkschaften« auf Seite 315).

Betriebsrat und Arbeitsentgelt

Der Betriebsrat ist nach dem Gesetz nicht zuständig für Lohnforderungen. Das ist den Gewerkschaften vorbehalten. Der Betriebsrat hat aber ein Recht auf Informationen über die Bruttolöhne der Beschäftigten und ist Ansprechpartner für Fragen nach Gleichbehandlung beim Lohn.

Gehaltsverhandlungen, Gehaltserhöhung

Wenn für das Arbeitsverhältnis ein Tarifvertrag gilt, gibt es mit der Zeit normalerweise automatisch eine Gehaltserhöhung. Die Beschäftigten steigen die Stufen ihrer Entgeltgruppe empor und bekommen alle paar Jahre mehr Gehalt. Gleichzeitig erreichen die Gewerkschaften in den

Tarifauseinandersetzungen mit der Arbeitgeberseite, dass die Gehälter insgesamt ansteigen (siehe auch »Bezahlung nach Tarifvertrag – Eingruppierung und Umgruppierung« auf Seite 153).

Beschäftigte ohne geltenden Tarifvertrag müssen ihr Gehalt selbst verhandeln und regelmäßig Gehaltserhöhungen einfordern. Arbeitgeber kommen hier selten auf die Beschäftigten zu. Neben der Gehaltserhöhung für das Bruttomonatsentgelt können Beschäftigte auch Anderes aushandeln: Einmalzahlungen, Erfolgsprämien, vermögenswirksame Leistungen, Tickets für öffentliche Verkehrsmittel, Übernahme einer Fortbildung, Urlaubsgeld und Weihnachtsgeld oder eine Gewinnbeteiligung.

Überstunden

Ob Beschäftigte Überstunden leisten müssen, hängt von ihrem Arbeitsvertrag ab. Eine weitere Frage ist die nach der Bezahlung der Überstunden. Auch hier kommt es wieder auf den Arbeitsvertrag an. Eine geringe Anzahl von Überstunden kann mit dem Gehalt abgegolten sein. Ist im Arbeitsvertrag dazu nichts geregelt, können Beschäftigte die übliche Vergütung verlangen (mehr zum Thema Überstunden im Kapitel »Arbeitszeiten« auf Seite 130 f.).

Das Gehalt wurde nicht gezahlt – Geltendmachung

Wenn der Arbeitgeber das Gehalt oder einen Teil davon nicht zahlt, müssen die Beschäftigten dieses innerhalb der Ausschlussfristen schriftlich einfordern. Das nennt man Geltendmachung. Die Ausschlussfristen laufen in vielen Fällen nur drei Monate. Danach verfällt der Anspruch auf das Geld. Wenn der Arbeitgeber auch nach der Geltendmachung nicht zahlt, gilt oft eine zweite Ausschlussfrist, innerhalb derer das Geld eingeklagt werden muss. Wenn der Arbeitgeber auch nach der schriftlichen Geltendmachung nicht zahlt, sollten Beschäftigte sich rechtlich beraten lassen. Bevor man eine Klage erhebt, kann z. B. ein Anwaltsschreiben oder ein Schreiben der Gewerkschaft zum Erfolg führen. Sie können die Geltendmachung per Post oder E-Mail schicken. Wichtig ist, dass Sie einen Nachweis darüber aufbewahren.

Beispiel für ein Geltendmachungsschreiben bei ausstehendem Lohn:

Berlin, den 16.03.2023

Guten Tag,

für die Monate Januar und Februar 2023 haben Sie mir keinen Zuschlag für die Vertretung meiner Kollegin XY gezahlt.
Hiermit mache ich den ausstehenden Betrag in Höhe von insgesamt 400 Euro brutto schriftlich geltend und bitte darum, diesen mit der nächsten Gehaltsabrechnung auszuzahlen.
Bitte geben Sie mir dazu innerhalb von zwei Wochen eine Rückmeldung.

Mit freundlichen Grüßen
*Arbeitnehmer*in*

Arbeitsentgelt oder Sonderzuwendung?

Im Arbeitsrecht wird bei der Entlohnung der Beschäftigten zwischen dem festen Arbeitsentgelt und Sonderzuwendungen unterschieden. Mit Sonderzuwendungen sollen Beschäftigte motiviert oder belohnt werden. Teilweise wird das englische Wort »incentive« = Anreiz verwendet. Sonderzuwendungen können folgende Zahlungen sein: Weihnachtsgeld, Urlaubsgeld, 13. Monatsgehalt, Jubiläumszuwendungen oder Bonuszahlungen.

Auch Sonderzahlungen müssen versteuert werden.

Der wichtige Unterschied: Das Gehalt oder die feste Stundenvergütung kann nicht einseitig wieder weggenommen werden. Der Arbeitgeber ist verpflichtet, mindestens dieses zu zahlen. Bonuszahlungen oder Prämien hängen von der Leistung ab und können unterschiedlich ausfallen. Zulagen, Prämien und auch Bonuszahlungen können unter bestimmten Voraussetzungen auch widerrufen werden.

Ob die Zahlung widerrufen werden kann, hängt davon ab, ob sie für die Arbeitsleistung gezahlt wurde oder für die Betriebstreue. Soll z. B. auch die zukünftige Betriebstreue belohnt werden, so kann ein Teil zurückgefordert werden, wenn der Beschäftigte kurz danach aus dem Betrieb ausscheidet.

Wichtig: Zulagen und andere Sonderzuwendungen dürfen in vielen Fällen nicht gestrichen werden. Falls Ihnen das passiert, sollten Sie sich beraten lassen, ob dies rechtmäßig war.

In jedem Fall kann der Arbeitgeber die Sonderzuwendungen nicht »einfach so« wieder streichen. Er muss zuvor einen verständlichen Widerrufsvorbehalt erklärt haben.

Der Vorbehalt oder Widerrufsvorbehalt des Arbeitgebers

Mit einem Widerrufsvorbehalt möchte der Arbeitgeber sich die Hintertür aufhalten, die zugesagte Zulage oder andere Sonderzuwendungen wieder zu streichen. Die Zulage soll also nicht für immer gezahlt werden, sondern kann auch wieder weggenommen werden. Das geht aber nur, wenn der Arbeitgeber diesen Vorbehalt auch wirksam erklärt hat.

Der Vorbehalt muss transparent sein, das heißt, dass die Beschäftigten erkennen sollen, »was auf sie zukommt«. Es müssen auch die Gründe genannt werden, weshalb eine Zulage gestrichen werden kann, z. B. wirtschaftliche Gründe oder Leistung und Verhalten der Beschäftigten.

Der Fall: Weihnachtsgeld trotz Freiwilligkeitsvorbehalt

In einem Arbeitsvertrag wurde die Zahlung eines Weihnachtsgelds vereinbart. Darunter stand dieser Satz:

Die Zahlung der betrieblichen Sondervergütungen (Weihnachtsgratifikation, Urlaubsgeld, vermögenswirksame Leistungen) erfolgt in jedem Einzelfall freiwillig und ohne Begründung eines Rechtsanspruchs für die Zukunft.

In den Jahren 2004 bis 2008 wurde das Weihnachtsgeld ausgezahlt. Im Jahr 2009 verweigerte der Arbeitgeber die Zahlung aus wirtschaftlichen Gründen. Ein Arbeitnehmer ging gerichtlich dagegen vor und forderte sein Weihnachtsgeld auch für dieses Jahr ein.

Das Bundesarbeitsgericht gab ihm recht. Es sah den »Freiwilligkeitsvorbehalt« im Arbeitsvertrag als unwirksam an. Denn daraus könne man nicht erkennen, dass die Zahlung wieder gestrichen werden könne. »Freiwillig« könne auch bedeuten, dass der Arbeitgeber dazu nicht per Tarifvertrag oder Betriebsvereinbarung verpflichtet sei. Auch die Formulierung *»ohne einen Rechtsanspruch für die Zukunft«* ließen die Richter*innen nicht gelten. Denn der Arbeitgeber dürfe nicht einerseits in den Arbeitsvertrag schreiben, dass er ein Weihnachtsgeld zahle, und sich gleichzeitig vorbehalten, dieses jederzeit wieder zu kürzen.

Bundesarbeitsgericht vom 20.02.2013 – Aktenzeichen 10 AZR 177/12

Dieser Fall zeigt auf, dass Regelungen aus dem Arbeitsvertrag unwirksam sein können. Dass Sie den Vertrag unterschrieben haben, bedeutet nicht, dass Sie sich damit einverstanden erklären. Es kann sich lohnen, die Regelung überprüfen zu lassen.

Gewinnbeteiligung, Umsatzbeteiligung oder Tantieme

Mit diesen Zahlungen sollen die Beschäftigten motiviert werden, zu einem wirtschaftlichen Erfolg des Unternehmens beizutragen. Sie gehören zu den Vergütungsbestandteilen und können nicht einseitig vom Arbeitgeber gestrichen werden. Ihre Höhe richtet sich nach dem Gewinn oder Umsatz des Unternehmens im Vorjahr.

Leistungszulage

Um eine besondere Leistung anzuerkennen, kann der Arbeitgeber eine Leistungszulage zum bisherigen Entgelt zahlen oder die Beschäftigten in eine höhere Vergütungsgruppe eingruppieren. Der Arbeitgeber kann diese Leistungszulage nicht einfach widerrufen, wenn er sie ohne Vorbehalt zugesichert hat. Auch nicht, wenn die Leistung nachlässt. Wenn er sich den Widerruf der Zulage vorbehalten hat, kann er sie nicht jederzeit widerrufen, sondern muss sich gerecht verhalten. Eine Leistungszulage darf z. B. nicht wegen krankheitsbedingter Fehlzeiten gestrichen werden.

Zahlungen aufgrund von Gesamtzusagen oder betriebliche Übung

Selbst wenn im Arbeitsvertrag nichts von einem Weihnachtsgeld oder anderen Sonderzuwendungen steht, können Beschäftigte darauf einen Anspruch haben. Wenn der Arbeitgeber z. B. an drei Jahren hintereinander ein Weihnachtsgeld an alle Beschäftigten auszahlt und dazu nicht erklärt, dass dies unter Vorbehalt geschieht, so muss er auch in den folgenden Jahren weiterzahlen. Denn die Beschäftigten durften sich auf diese Zusatzzahlung einstellen.

Das Gleiche passiert, wenn der Arbeitgeber z. B. auf einer Betriebsversammlung oder im Intranet erklärt, dass er ab jetzt jedes Jahr ein Urlaubsgeld von einem halben Monatsbruttolohn an alle Beschäftigten auszahlen möchte. Damit hat er sich zu dieser Leistung verpflichtet und kann diese nicht mehr einseitig streichen.

Zielvereinbarung mit Bonuszahlungen oder Prämien

Viele Unternehmen schließen mit ihren Mitarbeiter*innen Zielvereinbarungen ab. Für den Zeitraum von einem Jahr wird z. B. ein bestimmter Umsatz festgelegt, den die Beschäftigten erwirtschaften sollen. Wenn sie das Ziel erreichen, bekommen sie zusätzlich zu ihrem Gehalt eine Bonuszahlung. Es können auch Ziele für das Team oder das gesamte Unternehmen festgelegt werden. Der Arbeitgeber darf die Zielvereinbarung nicht einseitig wieder streichen und ist bei Erreichen der Ziele verpflichtet zu zahlen.

Wichtig: Es kommt vor, dass Ziele vorgegeben werden, die unmöglich zu erreichen sind. Das Problem sollten Beschäftigte bei der Verhandlung über die Zielvereinbarungen ansprechen und den Betriebsrat informieren.

In der Zielvereinbarung wird festgelegt, wann und wie die Ziele festgelegt werden. Versäumt der Arbeitgeber das, muss er womöglich Schadensersatz zahlen. Dies zeigt folgender Fall.

Der Fall: Schadensersatz wegen nicht abgeschlossener Zielvereinbarung

Der Kläger war als Head of Operations bei einem Luftfahrtunternehmen beschäftigt. In seinem Arbeitsvertrag war vereinbart, dass er bis zu einem Drittel seines Jahresgehalts als zusätzliche Bonuszahlung bekommen konnte. Diese Bonuszahlung war abhängig von einer Zielvereinbarung zwischen Arbeitgeber und Arbeitnehmer und der wirtschaftlichen Lage des Unternehmens. Der Arbeitgeber schloss jedoch keine Zielvereinbarung mit ihm ab, sodass er mangels vorgegebener Ziele diese auch nicht erreichen konnte.

Das Gericht sprach ihm deshalb einen Schadensersatz zu. Es ging davon aus, dass der Kläger die Ziele erreicht hätte. Denn der Arbeitgeber habe seine arbeitsvertragliche Pflicht verletzt, gemeinsam mit dem Arbeitnehmer die Ziele festzulegen. Die Richter*innen sahen aber auch den Arbeitnehmer in der Pflicht, das Gespräch über die Zielvereinbarung zu suchen. Weil auch er sich nicht um die Vereinbarung der Ziele gekümmert hatte, kürzten sie seinen Anspruch auf Schadensersatz.

Bundesarbeitsgericht vom 17.12.2020 – Aktenzeichen 8 AZR 149/20

Tatsächlich kommt es nicht selten vor, dass Arbeitgeber selbst Zielvereinbarungen mit damit verbundenen Bonuszahlungen in den Arbeitsvertrag aufnehmen und es dann versäumen, die konkreten Ziele zu vereinbaren. In diesem Fall sollten die Beschäftigten selbst auf die Vereinbarung hinwirken. Weigert sich der Arbeitgeber oder reagiert er nicht auf schriftliche Anfragen, sollten sie ihre Ansprüche rechtlich prüfen lassen. Dabei müssen sie kurze Ausschlussfristen, in vielen Fällen drei Monate, beachten.

Rückzahlungsklauseln

Der Arbeitgeber zahlt Weihnachtsgeld für die Betriebstreue der Beschäftigten. Er beteiligt sich an Weiterbildungskosten, weil er selbst von qualifizierten Mitarbeiter*innen profitieren möchte. Wenn die Beschäftigten kurz darauf kündigen, hat der Arbeitgeber unter Umständen ein Recht, dieses Geld zurückzufordern. Diese Vereinbarungen im Arbeitsvertrag oder in Zusatzvereinbarungen nennt man »Rückzahlungsklauseln«. Sie können rechtmäßig sein, müssen es aber nicht. Denn der Arbeitgeber darf nicht zu viel zurückfordern und die Beschäftigten nicht unverhältnismäßig lange zum Bleiben verpflichten. Auch hier gilt das Gleiche wie beim Arbeitsvertrag: Nur weil Sie etwas unterschrieben haben, ist es noch lange nicht gültig. Im Zweifel sollten Sie die Klausel rechtlich prüfen lassen.

Wichtig: Wenn ein Tarifvertrag gilt, können dort andere wirksame Regeln für die Rückzahlung stehen.

Rückzahlungsklauseln bei Weiterbildungen

Bei Kosten für die Weiterbildung haben sich diese Regeln in der Rechtsprechung der Arbeitsgerichte herausgebildet:

- Fortbildung für einen Monat unter Fortzahlung der Bezüge ▸▸ Bleibeverpflichtung für sechs Monate
- Fortbildung für zwei Monate ▸▸ Bleibeverpflichtung bis zu einem Jahr
- Fortbildungsdauer von sechs Monaten ▸▸ Bleibeverpflichtung bis zu drei Jahren möglich

Bleibeverpflichtung bedeutet nicht, dass die Arbeitnehmer*innen in diesem Zeitraum nicht kündigen dürfen. Sie müssen in diesem Fall jedoch gegebenenfalls die Kosten für die Weiterbildung zurückzahlen.

Wichtig: In den Klauseln dürfen die Beschäftigten nicht unangemessen benachteiligt werden. Der Arbeitgeber darf die Kosten z. B. nicht zurückfordern, wenn er selbst das Arbeitsverhältnis durch eine betriebsbedingte Kündigung beendet.

Rückzahlungsklauseln bei Sonderzahlungen

Auch bei Sonderzahlungen kann der Arbeitgeber das Geld in bestimmten Fällen aufgrund einer Rückzahlungsklausel zurückfordern. Zu den Sonderzahlungen gehören z. B. das Weihnachts- und Urlaubsgeld und das 13. Monatsgehalt. Ob die Rückzahlung rechtmäßig ist, hängt davon ab, aus welchem Grund das Geld gezahlt wurde. Sollte damit auch die zukünftige Betriebstreue belohnt werden, kann eine Rückzahlung wirksam vereinbart werden.

Beispiel: Für zukünftige Betriebstreue wird im November ein Weihnachtsgeld in Höhe eines halben Bruttomonatsgehalts gezahlt. Kündigt eine Beschäftigte vor dem 31.03. im Jahr darauf, kann der Arbeitgeber das Geld zurückverlangen.

Vergütungszuschläge

Neben den Sonderzuwendungen gibt es Vergütungszuschläge, die wegen Nachtschichten, Schichtarbeit oder aus sozialen Gründen wie z. B. der Unterhaltsverpflichtung für Kinder gezahlt werden. Oft werden diese Zuschläge in Tarifverträgen geregelt.

Zuschläge für Nachtarbeit

Wenn diese Zuschläge nicht in einem Tarifvertrag geregelt sind, muss der Arbeitgeber für die Nachtarbeit eine angemessene Anzahl freier Tage erteilen oder einen angemessenen Zuschlag auf das Bruttoeinkommen zahlen. Ein Zuschlag von 25 Prozent gilt als angemessen.

Schicht- und Wechselschichtzulagen

Die Schichtarbeit und Arbeit in der Wechselschicht sind besonders anstrengend. Deshalb gibt es in vielen Tarifverträgen dafür Zulagen. Teilzeitbeschäftigte haben ein Recht auf die anteilige Bezahlung der Zulagen, entsprechend den Arbeitsstunden. Auch im Arbeitsvertrag können diese Zulagen gewährt werden.

Beispiel: Nach dem Tarifvertrag für den öffentlichen Dienst der Pflegeberufe (TVöD-P Pflege) wurde im Jahr 2021 für Vollzeitbeschäftigte eine Wechselschichtzulage von 155 Euro gezahlt.

Zuschläge für Sonn- und Feiertagsarbeit

Es gibt keinen gesetzlichen Anspruch auf Zuschläge für die Arbeit an Sonntagen und Feiertagen. Die Beschäftigten haben nach dem Arbeitszeitgesetz aber einen Anspruch auf Ersatzruhetage. Tarifverträge und manche Arbeitsverträge sehen jedoch Zuschläge für die Arbeit an diesen besonderen Tagen vor.

Erschwerniszulagen

Hierzu gehören die Schmutzzulage, Hitze- oder Kältezulage, Lärmzulage oder die Zulage wegen der weiten Entfernung zum Arbeitsplatz.

Sozialzulagen

Sozialzulagen werden an Beschäftigte wegen einer besonderen sozialen Situation gezahlt, z. B. weil sie Kinder haben, verpartnert oder verheiratet sind oder ein bestimmtes Alter überschritten haben.

Coronazulage

Während der Coronapandemie haben viele Arbeitgeber ihren Beschäftigten wegen der zusätzlichen Belastungen eine Prämie gezahlt. Dies wurde vom Bundesfinanzministerium unterstützt, indem keine Steuern auf die Prämie erhoben wurden.

Anders als Entgelt: Aufwendungsersatz

Neben dem Entgelt können Beschäftigte einen Anspruch auf Aufwendungsersatz haben. Wenn jemand seine privaten Dinge wie Handy, Computer oder den Pkw für die Arbeit nutzt, muss er dafür vom Arbeitgeber entschädigt werden.

Beispiel: Während der Coronapandemie wurden viele Arbeitsplätze ins Homeoffice verlegt und die Beschäftigten haben oft ihren eigenen Computer für die Arbeit benutzt. In diesem Fall haben sie einen Anspruch auf Aufwendungsersatz.

Auch bei Dienstreisen haben Beschäftigte einen Anspruch auf Ersatz für die Kosten der Fahrt und der Unterkunft und Verpflegung.

Annahmeverzug – nicht arbeiten, aber trotzdem Geld bekommen

Beim Annahmeverzug bieten die Beschäftigten ihre Arbeitskraft an, aber der Arbeitgeber nimmt diese aus bestimmten Gründen nicht entgegen. Dadurch kommt der Arbeitgeber in Annahmeverzug. In diesem Fall muss er das Gehalt zahlen, obwohl er keine Arbeitsleistung bekommt.

Wenn man z. B. nicht arbeiten kann, weil es im Büro einen Stromausfall gibt oder das Wetter es nicht zulässt, muss der Arbeitgeber trotzdem das Gehalt weiterzahlen. Denn der Arbeitgeber trägt das sogenannte Betriebsrisiko. Was als Betriebsrisiko oder als sogenanntes allgemeines Lebensrisiko gilt, hängt vom Einzelfall ab.

Der Fall: Keine Bezahlung während des Lockdowns

Eine Arbeitnehmerin arbeitete als Minijobberin in einem Geschäft für Nähmaschinen. Wegen einer Allgemeinverfügung zur Eindämmung des Coronavirus musste das Geschäft schließen. Die Arbeitnehmerin klagte auf Vergütung, weil sie meinte, dass der Arbeitgeber im Annahmeverzug gewesen sei. Es sei das Risiko des Arbeitgebers, von einer solchen Schließung betroffen zu sein.

Das Bundesarbeitsgericht wies die Klage ab. Sie sahen in der Verfügung zur Schließung der Läden kein Betriebsrisiko des Arbeitgebers, sondern ein allgemeines Lebensrisiko, das von allen zu tragen sei. Die Arbeitnehmerin bekam deshalb kein Gehalt für die Zeit des Lockdowns.

Bundesarbeitsgericht vom 13.10.2021 – Aktenzeichen 5 AZR 211/21

Der Arbeitgeber kann auch im Annahmeverzug sein, wenn er Beschäftigte einseitig von der Arbeit freistellt, z. B. im Zusammenhang mit einer Kündigung für die Zeit der Kündigungsfrist. Dann müssen die Beschäftigten nicht zur Arbeit kommen, aber der Arbeitgeber muss trotzdem das Gehalt weiterzahlen.

Kündigungsrecht und Zurückbehaltungsrecht

Wenn der Arbeitgeber das Gehalt mehrfach nicht zahlt oder mit einem erheblichen Betrag in Verzug ist, haben Beschäftigte das Recht zur außerordentlichen Kündigung. Vorher müssen sie den Arbeitgeber jedoch abmahnen. Aus Beweisgründen sollte diese Abmahnung schriftlich erfolgen.

Wenn der Arbeitgeber den Lohn nicht zahlt, haben Beschäftigte unter bestimmten Voraussetzungen ein Zurückbehaltungsrecht. Sie müssen nicht zur Arbeit gehen, der Arbeitgeber wird aber trotzdem nicht frei davon, den Lohn zu zahlen bzw. nachzuzahlen. Die Beschäftigten können für diese Zeit Arbeitslosengeld beantragen.

Wichtig: Bevor Sie zu diesen Mitteln greifen, sollten Sie sich über die Folgen rechtlich beraten lassen. Dadurch können Sie Risiken wie eine Sperrzeit beim Arbeitsamt oder eine wirksame Kündigung durch den Arbeitgeber ausschließen.

Insolvenzgeld

Wenn der Arbeitgeber die Gehälter wegen einer Insolvenz nicht mehr gezahlt hat, können die Beschäftigten Insolvenzgeld von der Bundesagentur für Arbeit bekommen. Dies ist für die letzten drei Monate vor der Insolvenz möglich. Voraussetzung ist, dass die Insolvenz des Unternehmens festgestellt wurde. Das Insolvenzgeld wird in der Höhe des Nettoentgelts rückwirkend für die letzten drei Monate gezahlt. Es wird durch eine Umlage der Arbeitgeber finanziert.

Wichtig: Der Antrag auf Insolvenzgeld muss innerhalb von zwei Monaten nach der Insolvenz bei der Bundesagentur für Arbeit gestellt werden. Den Antrag finden Sie im Internet unter www.arbeitsagentur.de.

Fragen und Antworten

1. Kann der Arbeitgeber die Höhe meines Gehalts einfach so ändern?

Nein, einseitig darf der Arbeitgeber das Gehalt nicht ändern. Dafür müssten beide Seiten schriftlich zustimmen. Wenn die Beschäftigten nicht zustimmen, muss der Arbeitgeber eine sogenannte Änderungskündigung aussprechen. Dagegen kann man sich mit einer Klage vor dem Arbeitsgericht wehren.

2. Darf ich mit meinen Kolleg*innen über das Gehalt sprechen?

Ja. Regelungen in Arbeitsverträgen, die ein Gespräch über das Gehalt verbieten, sind unwirksam. Allein schon, um eine mögliche Diskriminierung festzustellen, muss es möglich sein, unter Kolleg*innen über die Höhe des Gehalts zu sprechen.

3. Nach einer Auseinandersetzung mit meinem Vorgesetzten wurde mir eine Bonuszahlung gestrichen. Was kann ich tun?

Eine Bonuszahlung darf nicht wegen einer Meinungsverschiedenheit gestrichen werden. Sie sollten die Bonuszahlung schriftlich einfordern (siehe auch »Geltendmachung« im Kapitel »Lohn und Gehalt« auf Seite 138 f.).Beachten Sie dafür die kurzen Ausschlussfristen. Wenn der Arbeitgeber nicht zahlt, sollten Sie sich über weitere Möglichkeiten rechtlich beraten lassen.

4. Was sind AT-Angestellte?

Das »AT« steht für »außertariflich«. Das Gehalt von AT-Angestellten liegt über dem Gehalt der höchsten Entgeltgruppe des Tarifvertrags. Deshalb sind sie sozusagen außerhalb des Tarifvertrags.

Der Mindestlohn

Im Jahr 2015 wurde in Deutschland der Mindestlohn eingeführt. Zu Beginn waren es 8,50 Euro brutto bis hin zu 10,45 Euro seit Juli 2022. Im Oktober 2022 wurde der Mindestlohn auf 12 Euro brutto pro Stunde erhöht. Er gilt bis auf wenige Ausnahmen für alle Arbeitnehmer*innen ab 18 Jahren und kann nicht vertraglich eingeschränkt werden oder verfallen.

Neben dem allgemeinen Mindestlohn gibt es Mindestlöhne für bestimmte Branchen. Diese wurden von den Gewerkschaften ausgehandelt.

Beispiele:

- Der Mindestlohn im Elektrohandwerk lag im Januar 2022 bei 12,90 Euro brutto in der Stunde.
- Für Pflegefachkräfte gibt es seit Juli 2021 pro Stunde 15 Euro brutto.

Auch der Bereitschaftsdienst gilt als Arbeitszeit und muss mindestens nach dem Mindestlohn bezahlt werden. Um zu prüfen, ob der Mindestlohn gezahlt wird, schaut man nicht auf die einzelne Stunde, sondern auf den Durchschnitt der Bezahlung von allen Stunden in einem Abrechnungsmonat. Feiertagszuschläge und die meisten anderen Zulagen oder Prämien werden mit eingerechnet. Wird der Mindestlohn z. B. für die Stunden der Bereitschaftszeiten unterschritten, kann dies durch eine höhere Bezahlung der Normalarbeitsstunden ausgeglichen werden. Trinkgelder werden nicht angerechnet.

Auszubildende sind vom allgemeinen Mindestlohn ausgenommen. Für sie gibt es eine Mindestausbildungsvergütung. Im Jahr 2022 waren es 585 Euro im ersten Ausbildungsjahr bis hin zu 819 Euro im vierten Ausbildungsjahr.

Gender-Pay-Gap – Gehaltsunterschied zwischen Männern und Frauen

Gender-Pay-Gap steht für die Lohnlücke zwischen den Geschlechtern, wobei nur in Männer und Frauen eingeteilt wird. Im Jahr 2020 lag der Gender-Pay-Gap bei 18 Prozent. Das bedeutet, dass Frauen im Durchschnitt für eine Stunde Lohnarbeit 18 Prozent weniger brutto als Männer verdienen.

Die Gründe für diese Lohnlücke sind vielfältig. Frauen arbeiten seltener in Führungspositionen und typische Frauenberufe werden schlechter bezahlt als typische Männerberufe. Weil überwiegend Frauen die unbezahlten Sorgearbeiten wie Kinderbetreuung, Kochen, Putzen und Pflege übernehmen, haben sie weniger Zeit für Erwerbsarbeit.

Aber auch wenn sie gleich qualifiziert sind und die gleiche Arbeit machen, verdienen Frauen auch heute noch 6 Prozent weniger als Männer. Der Gender-Pay-Gap sorgt zudem für die Altersarmut von vielen Frauen. Im Jahr 2019 bekamen Frauen 49 Prozent weniger Rente als Männer.

Entgelttransparenzgesetz

Unter bestimmten Voraussetzungen können Arbeitnehmer*innen vom Arbeitgeber die Auskunft über das Durchschnittsgehalt des anderen Geschlechts verlangen.

Voraussetzungen für den Auskunftsanspruch:

- Im Betrieb arbeiten mehr als 200 Beschäftigte
- Sechs Kolleg*innen des anderen Geschlechts können zum Vergleich herangezogen werden.

Die Anfrage richtet sich je nach Regelung im Betrieb an den Arbeitgeber oder den Betriebsrat. Dazu kann man sich beim Betriebsrat oder bei der Personalabteilung erkundigen. Die Anfrage soll innerhalb von drei Monaten beantwortet werden.

Wenn die Voraussetzungen vorliegen, bekommen die Beschäftigten eine Auskunft über das Durchschnittsgehalt der vergleichbaren Beschäftigten, aber nicht über das Gehalt von einzelnen Personen. Falls eine Ungleichheit vorliegt, ist der Arbeitgeber jedoch nicht verpflichtet, das Gehalt anzupassen. Dazu müssten die Betroffenen das Gespräch suchen und zur Not klagen. Dazu sollten sich Beschäftigte rechtlich beraten lassen.

Das Entgelttransparenzgesetz ist leider ein zahnloser Tiger. Schon die Voraussetzungen für das Auskunftsrecht sind zu hoch. Nur ein Drittel der Beschäftigten arbeitet in einem Betrieb mit mehr als 200 Beschäftigten. Ein weiteres Problem ist, dass einzelne Arbeitnehmer*innen allein für ihr Recht streiten müssen. Wenn der Arbeitgeber nicht von allein die nötigen Informationen herausgibt und den Lohn gegebenenfalls anpasst, müssen sie ihr Recht vor Gericht durchsetzen. Dadurch wird das Arbeitsverhältnis belastet. Sie riskieren womöglich ihren Job oder zumindest ihre Karrierechancen. Außerdem müssen Beschäftigte die Kosten für ihren Rechtsanwalt oder ihre Rechtsanwältin vor dem Arbeitsgericht selbst tragen.

Mit den Kollegen über das Gehalt sprechen

Unabhängig vom Auskunftsanspruch gegen den Arbeitgeber ist es unter Kolleg*innen nicht verboten, über das Gehalt zu sprechen. Männliche Beschäftigte können durch ihre Auskunft die Kolleg*innen unterstützen und auch selbst fordern, dass es eine gerechte Bezahlung gibt.

Was der Betriebsrat machen kann

Die Durchsetzung der Gleichstellung von Frauen und Männern im Betrieb gehört zu den Aufgaben des Betriebsrats. Er ist also Ansprechpartner bei Fragen zur Lohngleichheit. Um zu kontrollieren, ob es Ungerechtigkeiten beim Gehalt gibt, hat der Betriebsrat das Recht, die Bruttogehaltslisten der Beschäftigten einzusehen.

Bezahlung nach Tarifvertrag – Eingruppierung und Umgruppierung

Wenn es in einem Betrieb eine Entgeltordnung gibt, werden die Tätigkeiten von neuen Beschäftigten in diese Ordnung einsortiert. Dabei spielt auch die Berufserfahrung eine Rolle. Entgeltordnungen sind in den meisten Fällen Tarifverträge.

Im Tarifvertrag werden die Beschäftigten in sogenannte Entgeltgruppen eingeteilt. Die Eingruppierung in die richtige Entgeltgruppe richtet sich nach ihrer Tätigkeit. Innerhalb dieser Entgeltgruppen gibt es Stufen, nach denen das Gehalt mit Zeitablauf automatisch höher wird. Meistens sind es eine bis fünf oder sechs Stufen, die man aufsteigen kann. Danach erhöht sich das Gehalt nicht weiter.

Die Eingruppierung verläuft in zwei Schritten:

1. Richtige Entgeltgruppe
2. Richtige Stufe

Wenn sich die Tätigkeit ändert, muss geprüft werden, ob nicht nach einer anderen Entgeltgruppe bezahlt werden muss. Das ist dann eine Umgruppierung.

Beispiel

Eine Sozialarbeiterin fängt in Berlin bei einem neuen Träger an. Sie hat soziale Arbeit an der Fachhochschule studiert und mit einem Bachelor abgeschlossen. Laut Arbeitsvertrag wird sie nach dem Tarifvertrag der Länder (TV-L) in der Entgeltgruppe S 15 in der Stufe 1 bezahlt. Der TV-L hat für die Beschäftigten im Sozial- und Erziehungsdienst eine eigene Tabelle – die S-Tabelle. Berufsanfänger*innen mit einem Fachhochschulstudium steigen in der Regel in der Entgeltgruppe S 15 in der Stufe 1 ein. Bei einer Vollzeitstelle waren das im Jahr 2022 brutto 3.481 Euro monatlich. Nach einem Jahr in Stufe 1 bekommen sie das Gehalt der Stufe 2 in Höhe von 3.733 Euro brutto. Nach drei Jahren in Stufe 2 steigt die Bezahlung automatisch auf die Stufe 3 in Höhe von 4.000 Euro. Die Stufen enden mit der Stufe 6 mit einem Bruttoentgelt in Höhe von 5.013 Euro.

Ein Vorteil der Bezahlung nach einem Tarifvertrag ist die automatische Gehaltserhöhung durch die Stufen. Beschäftigte müssen nicht selbst Gehaltsverhandlungen führen, sondern steigen mit der Zeit automatisch auf. Gleichzeitig ist die Bezahlung aber nach oben hin nicht offen, sondern endet mit der letzten Stufe.

Die richtige Entgeltgruppe

Für die Eingruppierung in die richtige Entgeltgruppe schaut man sich alle Aufgaben an, die von dem/der Arbeitnehmer*in tatsächlich ausgeführt werden. Das sind z. B. die Aufgaben, die im Arbeitsvertrag festgehalten sind. Dazu kommen die Aufgaben, die der Arbeitgeber durch das Direktionsrecht überträgt, also die Anweisungen, die er den Beschäftigten gibt. Wenn es für die Tätigkeit eine Stellenbeschreibung gibt, kann man die darin beschriebenen Aufgaben für die Eingruppierung verwenden.

Stellenbeschreibung

In der Stellenbeschreibung stehen die Aufgaben und Kompetenzen einer Arbeitsstelle. Sie legt den Inhalt der Tätigkeiten fest.

Es kann sein, dass Beschäftigte verschiedene Aufgaben haben, die auf die Beschreibung von mehreren Entgeltgruppen zutreffen. In einem solchen Fall muss man den zeitlichen Anteil der Aufgaben einschätzen. Denn in vielen Vergütungsordnungen gibt es Regeln, nach denen die Tätigkeit für die Eingruppierung zählt, die eine Person überwiegend oder mindestens zur Hälfte ausübt.

Beispiel: Eine Arbeitnehmerin programmiert zu 70 Prozent ihrer Arbeitszeit Software für ihren Arbeitgeber. Während der anderen 30 Prozent ihrer Arbeitszeit ist sie mit organisatorischen Aufgaben beschäftigt. Sie wird als Programmiererin eingruppiert.

Bei der Eingruppierung von Beschäftigten kommt es häufig zu Streitigkeiten. Das liegt auch daran, dass die Beschreibungen der Entgeltgruppen in den Tarifverträgen oft sehr allgemein sind. Die Beschreibung der Entgeltgruppe muss dann noch mit den tatsächlich ausgeführten Tätigkeiten abgeglichen werden. Das führt oftmals zu unterschiedlichen Ergebnissen.

Eingruppierungstagebuch

Um die richtige Entgeltgruppe herauszufinden, sollten Beschäftigte ein sogenanntes Eingruppierungstagebuch führen. Sie schreiben für drei Monate an jedem Tag die von ihnen ausgeführten Tätigkeiten auf. Auch Angaben über die zeitliche Dauer sind wichtig.

Mithilfe der Notizen aus dem Eingruppierungstagebuch kann man versuchen, den Arbeitgeber von einer höheren Entgeltgruppe zu überzeugen. Wenn der Erfolg ausbleibt, kann man den Weg einer Eingruppierungsklage vor dem Arbeitsgericht gehen. Zuvor sollte man sich über die Erfolgsaussichten und Kosten beraten lassen.

Die richtige Stufe

Bei der Einstellung werden Beschäftigte ohne Berufserfahrung der Stufe 1 zugeordnet. Wenn sie schon eine einschlägige Berufserfahrung haben, muss man prüfen, ob die Bezahlung nach einer höheren Stufe möglich ist. Man geht von einer Berufserfahrung aus, wenn die Beschäftigten die neue Stelle ohne nennenswerte Einarbeitungszeit aufnehmen können.

Umgruppierung

Wenn die Tätigkeiten sich ändern, kann dies auch eine Änderung der Entgeltgruppe zur Folge haben. Das ist dann eine Umgruppierung. Eine Umgruppierung kann sich z. B. durch eine Versetzung ergeben, wenn sich dadurch auch die Tätigkeiten ändern. Es kommt auch vor, dass sich die Aufgaben von Beschäftigten in ihrem Verhältnis zueinander ändern und dadurch die Eingruppierung in eine höhere Vergütungsgruppe nötig wird.

Wenn Beschäftigte für einen längeren Zeitraum Kolleg*innen oder Vorgesetzte vertreten, kann es sein, dass sie für diese Zeit nach einer höheren Stufe bezahlt werden müssen.

Es gibt auch Fälle, in denen der Arbeitgeber eine Umgruppierung in eine niedrigere Entgeltgruppe verlangt. Ob das möglich ist, hängt vom Arbeitsvertrag und vom Tarifvertrag ab. Die Beschäftigten sollten das unbedingt rechtlich prüfen lassen.

Wichtig: Verfallsfristen oder Ausschlussfristen!

In Tarifverträgen und Arbeitsverträgen stehen sogenannte Ausschlussfristen für die Geltendmachung von Ansprüchen aus dem Arbeitsverhältnis, wie z. B. das Gehalt. Diese Fristen verkürzen die normale Verjährung von drei Jahren. In vielen Fällen sind die Fristen nur drei oder sechs Monate lang. Es gibt aber auch Tarifverträge mit kürzeren Fristen. Wenn die Frist abgelaufen ist, kann man den Anspruch nicht mehr geltend machen.

Wenn Sie meinen, dass Ihnen ein Gehalt nach einer höheren Entgeltgruppe zusteht, müssen Sie dem Arbeitgeber das schriftlich mitteilen – die sogenannte Geltendmachung (siehe auch »Ausschlussfrist« im Kapitel »Der Arbeitsvertrag« auf Seite 45 f. und »Geltendmachung« im Kapitel »Lohn und Gehalt« auf Seite 138 f.).Ansonsten verfallen Ihre Ansprüche.

Die Rolle des Betriebsrats oder Personalrats

Betriebs- und Personalräte können bei der Eingruppierung und Umgruppierung mitbestimmen. Außerdem kennen sie sich mit dem Tarifvertrag oder anderen Entgeltsystemen meistens gut aus. Bei Fragen zur richtigen Eingruppierung sollten Beschäftigte sich deshalb an Mitglieder aus dem Betriebsrat oder Personalrat wenden.

9.
Urlaub

Beschäftigte haben das Recht, sich von ihrer Arbeit zu erholen. Deshalb schreibt das Bundesurlaubsgesetz einen bezahlten Mindesturlaub von 20 Tagen im Jahr bei einer 5-Tage-Woche vor. Im Durchschnitt haben die Beschäftigten in Deutschland aber 28 Urlaubstage. Für die Urlaubstage bekommen sie ihr übliches Gehalt weiter. Das nennt man Urlaubsentgelt. Damit nicht zu verwechseln ist das zusätzliche Urlaubsgeld. Das Urlaubsgeld bekommen Beschäftigte in der Regel, wenn für ihr Arbeitsverhältnis ein Tarifvertrag gilt.

Anspruch auf Urlaub

Wer bei einem neuen Arbeitgeber anfängt, hat nach dem Bundesurlaubsgesetz erst nach sechs Monaten Anspruch auf Urlaubstage. Viele Arbeitgeber erteilen den Urlaub jedoch schon vor Ablauf der sechs Monate.

Zusatzurlaub für Schwerbehinderte

Beschäftigte mit einem Grad der Behinderung (GdB) von mindestens 50 haben nach dem Sozialgesetzbuch 9 (IX) einen Anspruch auf Zusatzurlaub. Bei einer 5-Tage-Woche sind es fünf zusätzliche Tage im Jahr.

Keine Erreichbarkeit im Urlaub

Während der Urlaubszeit müssen Beschäftigte nicht erreichbar sein, denn sonst leidet die Erholung. Sie sollten keine E-Mails für die Arbeit lesen oder Telefonate entgegennehmen. Niemand ist für ein paar Wochen unabkömmlich. Der Urlaub darf vom Arbeitgeber nicht in Geld ausgezahlt werden, die Erholung ist eine Pflicht.

Keine Selbstbeurlaubung

Sie dürfen sich nicht selbst beurlauben, sondern brauchen die Genehmigung des Arbeitgebers. Für Planungssicherheit auf beiden Seiten ist es sinnvoll, den Urlaub vorausschauend zu planen. Spontane Urlaubswünsche lassen sich nicht immer umsetzen.

Der Fall: Fristlose Kündigung nach Selbstbeurlaubung

Arbeitnehmerin A. möchte in der kommenden Woche Montag und Dienstag freinehmen und spricht ihren Vorgesetzten darauf an. Dieser lehnt ab, weil auch schon ein Kollege im Urlaub ist. Frau A. geht am Montagmorgen zum Arzt und lässt sich für zwei Tage krankschreiben. Danach macht sie einen Ausflug. Unterwegs wird sie zufällig von einem Kollegen gesehen. Als sie am Mittwochmorgen zur Arbeit kommt, erhält sie die fristlose Kündigung.

▸▸ Das Verhalten von Frau A. hat das Vertrauensverhältnis zum Arbeitgeber erheblich gestört. Die fristlose Kündigung wird vor Gericht sehr wahrscheinlich Bestand haben.

Urlaubswünsche

Bei der Urlaubsgewährung hat der Arbeitgeber die Wünsche der Beschäftigten zu berücksichtigen. Er darf nicht den Urlaub erteilen, wie es ihm beliebt. Gleichzeitig können in vielen Betrieben nicht alle gleichzeitig Urlaub machen. Der Arbeitgeber muss alle Wünsche möglichst vereinbaren. Dabei muss er soziale Belange der Beschäftigten besonders beachten. Arbeitnehmer*innen mit schulpflichtigen Kindern haben deshalb den Vorrang.

! Tipp:

Lassen Sie sich die Genehmigung Ihres Urlaubs schriftlich geben. Das vermeidet Missverständnisse und bietet Ihnen Sicherheit für die Urlaubsplanung.

Urlaubsabgeltungsanspruch

Wenn das Arbeitsverhältnis beendet wird, wandeln sich die verbleibenden Urlaubstage in den sogenannten »Urlaubsabgeltungsanspruch«. Der Arbeitgeber muss die restlichen Urlaubstage in Geld auszahlen.

Erkrankung während des Urlaubs

Bei einer Erkrankung im Urlaub gehen die Urlaubstage nicht verloren. Der Arbeitgeber muss sie wieder gutschreiben. Dafür müssen die Beschäftigten ab dem ersten Tag der Krankheit eine Arbeitsunfähigkeitsbescheinigung vorlegen.

Beispiel: Eine Arbeitnehmerin hat zwei Wochen Urlaub. In der ersten Woche bekommt sie eine starke Erkältung und liegt im Bett. Sie geht gleich am ersten Tag zu einem Arzt, der sie für eine Woche krankschreibt. Diese Arbeitsunfähigkeitsbescheinigung schickt sie sofort an den Arbeitgeber. In der zweiten Woche kann sie ihren Urlaub genießen. Die Tage der ersten Woche werden auf ihrem Urlaubskonto gutgeschrieben. Sie kann den Urlaub zu einem anderen Zeitpunkt nehmen.

Wichtig: Sie dürfen die Urlaubstage mit Erkrankung nicht einfach hinten an den Urlaub dranhängen. Nur wenn der Arbeitgeber zustimmt, darf der Urlaub verlängert werden. Für die Tage, an denen Sie erkrankt waren, müssen Sie erneut Urlaub beantragen.

Auch wenn Beschäftigte im Ausland sind, müssen sie ab dem ersten Tag eine Arbeitsunfähigkeitsbescheinigung vorlegen. Viele Krankenkassen beraten über Info-Telefone zu Krankschreibung im Ausland und helfen bei der Arztsuche.

Verfall und Übertragung von Urlaub

Der Urlaub soll im laufenden Kalenderjahr genommen werden. Mit Ablauf des Jahres verfällt der Urlaubsanspruch. Von dieser Regel gibt es jedoch Ausnahmen.

Eine Übertragung der restlichen Urlaubstage auf das nächste Jahr ist möglich, wenn dringende betriebliche Gründe vorliegen. Bei hohem Arbeitsanfall kann der Arbeitgeber die Beschäftigten bitten, einen Teil ihres Urlaubs auf das nächste Jahr zu verschieben. Das geht jedoch nur mit Einverständnis der Beschäftigten. Wenn sich beide Seiten darüber einig sind, sollte die Anzahl der zu übertragenden Urlaubstage schriftlich festgehalten werden. Dieser Resturlaub muss bis zum 31. März des Folgejahres gewährt und genommen werden, ansonsten erlischt der Urlaubsanspruch.

Auch wenn die Beschäftigten den Urlaub wegen einer Erkrankung nicht nehmen können, verfällt der Urlaub nicht. Nach dem Ende des Urlaubsjahrs kann der Urlaubsanspruch bis zu 15 Monate übertragen werden.

Recht auf Bildungsurlaub oder Bildungszeit

Sie wollen eine neue Sprache lernen oder sich anderweitig fortbilden? Dafür können Sie Ihr Recht auf Bildungsurlaub nutzen. Der Anspruch auf diesen Urlaub für die politische und berufliche Weiterbildung wird von den einzelnen Bundesländern unterschiedlich geregelt. In Berlin heißt der Bildungsurlaub mittlerweile Bildungszeit und wird durch das Berliner Bildungszeitgesetz (BiZeitG) geregelt. In den meisten Bundesländern haben Beschäftigte einen Anspruch auf fünf Tage im Jahr. Sie müssen die Kosten für die Weiterbildung selbst tragen, aber bekommen in der Zeit Ihren Lohn weitergezahlt. In einigen Bundesländern bekommt der Arbeitgeber für den Arbeitsausfall einen Zuschuss vom Staat. Gewerkschaften, aber auch andere Träger bieten anerkannte Seminare für den Bildungsurlaub an.

Fragen und Antworten

1. Mein Arbeitgeber hat mir den Urlaub erst mündlich zugesagt, will aber jetzt nichts mehr davon wissen. In drei Wochen geht die gebuchte Reise los. Was kann ich tun?

Sie dürfen sich auf keinen Fall selbst beurlauben. Denn dafür könnten Sie eine Kündigung bekommen. In begründeten Fällen können

Sie Ihren Urlaubswunsch in einem Eilverfahren durchsetzen. Dazu sollten Sie sich rechtlich beraten lassen.

2. Ich habe einen Jahresurlaub von 30 Tagen. Statt an fünf Tagen die Woche arbeite ich ab nächstem Jahr nur noch an vier Tagen in der Woche. Wie wirkt sich das auf meinen Urlaubsanspruch aus?

Die 30 Tage beziehen sich auf eine 5-Tage Woche, damit haben Sie insgesamt sechs Wochen Urlaub. Wenn Sie die Arbeitszeit auf vier Tage die Woche reduzieren, haben Sie nur noch 24 Urlaubstage. Denn dann reichen 24 Tage, um insgesamt sechs Wochen freizunehmen.

3. Ich war zu Beginn des Jahres über vier Monate erkrankt. Habe ich trotzdem Anspruch auf Urlaub?

Ja, auch während der Arbeitsunfähigkeit sammeln Sie Urlaubsansprüche an.

4. Laut Bundesurlaubsgesetz habe ich Anspruch auf 20 Tage Urlaub. In meinem Arbeitsvertrag stehen aber 25 Urlaubstage. Welche Regel gilt?

Sie haben Anspruch auf 25 Tage Urlaub. Es gilt die Regelung, die für die Beschäftigten günstiger ist.

10. Arbeit und Krankheit

Laut einer Umfrage des Deutschen Gewerkschaftsbundes gehen zwei Drittel der Beschäftigten krank zur Arbeit. Die Gründe dafür sind vielfältig. Viele wollen ihre Arbeit einfach erledigen und ihre Kolleg*innen nicht hängen lassen. Andere haben Angst, ihren Job zu verlieren, oder davor, dass der befristete Vertrag nicht verlängert wird.

Wer häufig krank zur Arbeit geht, setzt seine Gesundheit aufs Spiel. Deshalb sind Beschäftigte im Krankheitsfall abgesichert. In den ersten sechs Wochen muss der Arbeitgeber das Entgelt weiterzahlen. Danach gibt es Krankengeld von der Krankenkasse.

Einige Beschäftigte werden auch durch die Arbeit selbst krank. Das kann durch einen Arbeitsunfall passieren oder durch dauerhafte körperliche oder psychische Belastungen.

Es ist wichtig, nicht zu denken, man sei damit allein. Das Ausbrennen durch die Arbeit ist kein persönliches Problem. Viele sind davon betroffen. Die Lösung liegt daher nicht in der Selbstoptimierung der einzelnen Beschäftigten, sondern in guten Arbeitsbedingungen.

Wenn Ihre Arbeit belastend ist, können Veränderungen am Arbeitsplatz helfen. Ansprechpartner sind der Arbeitgeber und der Betriebsrat und auch Betriebsärzt*innen und Fachkräfte für Arbeitssicherheit.

Die Krankmeldung

Wer krank ist und nicht arbeiten kann, muss dies dem Arbeitgeber sofort mitteilen. Wenn Sie z. B. morgens um 7 Uhr schon merken, dass es Ihnen nicht gut geht und Sie nicht arbeiten können, müssen Sie den Arbeitgeber vor Ihrem Arbeitsbeginn darüber informieren. In den meisten Fällen wird erwartet, dass die Beschäftigten anrufen. Sie sollten auch mitteilen, wie lange Sie voraussichtlich krank sein werden. Fragen Sie nach, bei wem Sie die Krankheit melden sollen und auf welchem Wege. Sie sollten im besten Fall nachweisen können, dass Sie sich krankgemeldet haben. Notieren Sie sich Datum und Uhrzeit und mit wem Sie gesprochen haben. Unentschuldigtes Fernbleiben von der Arbeit kann ein Grund für eine Abmahnung oder sogar eine Kündigung sein.

Die Krankschreibung oder Arbeitsunfähigkeitsbescheinigung

Die Arbeitsunfähigkeitsbescheinigung muss von einer Ärztin oder einem Arzt ausgestellt werden. Nach dem Entgeltfortzahlungsgesetz müssen Arbeitnehmer*innen diese Bescheinigung spätestens nach drei Kalendertagen Krankheit beim Arbeitgeber vorlegen.

Beispiel: Eine Arbeitnehmerin wird am Freitag krank. Als Krankheitstage zählen auch der Samstag und Sonntag. Wenn sie sich weiterhin schlecht fühlt, muss sie am Montag zum Arzt oder zur Ärztin gehen, sich eine Arbeitsunfähigkeitsbescheinigung ausstellen lassen und diese an den Arbeitgeber schicken. Damit die Bescheinigung noch am Montag ankommt, sollte sie einen Scan oder ein Foto davon an den Arbeitgeber mailen.

Das Gesetz erlaubt es dem Arbeitgeber auch, die Arbeitsunfähigkeitsbescheinigung schon ab dem ersten Krankheitstag zu verlangen. Meistens finden sich dazu Regelungen in Ihrem Arbeitsvertrag.

Beschäftigte bekommen die Bescheinigung in drei Ausführungen: eine für die Krankenkasse, eine für den Arbeitgeber und eine für sich selbst. In der Bescheinigung für den Arbeitgeber steht keine Diagnose.

Wichtig: Wenn Sie länger krankgeschrieben sind, müssen Sie auch die Folgebescheinigung vorlegen. Informieren Sie den Arbeitgeber sofort nach der weiteren Krankschreibung und schicken Sie diese dann per Post oder E-Mail zu.

Neben dem Arbeitgeber müssen Sie die Arbeitsunfähigkeitsbescheinigung auch an die Krankenkasse schicken. Damit Sie im Fall einer Krankschreibung von mehr als sechs Wochen Krankengeld bekommen, muss der Krankenkasse eine lückenlose Bescheinigung für diesen Zeitraum vorliegen. Falls Ihr Arzt bereits eine digitale Arbeitsunfähigkeitsbescheinigung ausstellt, geht diese automatisch an die Krankenkasse.

Digitale Arbeitsunfähigkeitsbescheinigung

Seit dem 01.07.2022 gibt es die digitale Arbeitsunfähigkeitsbescheinigung. Die meisten Arztpraxen leiten die Bescheinigung digital an die Krankenkassen weiter.

Seit Januar 2023 sind die Arbeitgeber verpflichtet, die Arbeitsunfähigkeitsbescheinigungen elektronisch von den Krankenkassen abzurufen. Es gibt aber Ärzte und Ärztinnen, die technisch noch nicht auf das neue Verfahren eingestellt sind oder die eine elektronische Patientenakte ablehnen. In diesen Fällen müssen Beschäftigte sich selbst um die Weiterleitung an den Arbeitgeber kümmern.

Entgeltfortzahlung vom Arbeitgeber

Sie bekommen sechs Wochen lang Entgeltfortzahlung vom Arbeitgeber. Das heißt, Sie müssen in dieser Zeit genauso viel verdienen, wie wenn Sie arbeiten würden. Dieses Recht besteht erst ab vier Wochen ununterbrochener Beschäftigung.

Wichtig: Auch Minijobber*innen haben bei Krankheit Anspruch auf Entgeltfortzahlung.

Die Entgeltfortzahlung bekommen Beschäftigte nur, wenn sie unverschuldet krank geworden sind. Wenn sich Beschäftigte z. B. verletzen, weil sie betrunken Auto fahren, kann die Gehaltsfortzahlung ausgeschlossen werden.

Als nicht verschuldet gilt die Arbeitsunfähigkeit, wenn eine Arbeitnehmerin wegen eines nicht rechtswidrigen Schwangerschaftsabbruchs arbeitsunfähig ist.

Auch wenn Arbeitnehmer*innen nach einer Organspende arbeitsunfähig sind, gilt dies als nicht verschuldet und sie haben Anspruch auf Entgeltfortzahlung.

Krankengeld von der Krankenkasse

Nach den sechs Wochen Entgeltfortzahlung durch den Arbeitgeber bekommen Beschäftigte Krankengeld von der Krankenkasse für längstens 72 Wochen. Als Krankengeld bekommen Sie ungefähr 70 Prozent des Bruttoentgelts.

Wichtig ist, dass die Krankschreibung ununterbrochen für sechs Wochen bestand und der Krankenkasse alle Arbeitsunfähigkeitsbescheinigungen vorliegen. Üblicherweise schreibt die Krankenkasse die Beschäftigten gegen Ende der sechs Wochen Entgeltfortzahlung an und veranlasst dann die Zahlung von Krankengeld.

Krankheit ist Privatsache

Bei einer Krankmeldung am Telefon fragen Vorgesetzte oder Kolleg*innen manchmal nach dem Grund der Erkrankung. Sie müssen es nicht sagen und sollten es auch nicht tun. Das ist eine sehr private Information. Bleiben Sie einfach dabei, dass Sie krank sind. Es gibt keine arbeitsrechtliche Verpflichtung, den Arbeitgeber über die Art der Krankheit zu informieren. Aus gutem Grund steht die Diagnose nicht in der Ausführung der Arbeitsunfähigkeitsbescheinigung für den Arbeitgeber.

In einigen Betrieben werden Rundmails an alle Kolleg*innen verschickt, die darüber informieren, dass eine Kollegin wegen Erkältung, Rückenschmerzen oder aus anderen Gründen ausfällt. Bei einer Erkältung mag es Ihnen egal sein, ob jemand davon erfährt. Es gibt aber andere Erkrankungen, die Sie lieber für sich behalten möchten.

Krankheit und Kündigung

Das Gerücht, dass ein Arbeitgeber nicht während oder wegen der Krankheit kündigen darf, stimmt so nicht und Arbeitgeber machen auch Gebrauch von dieser Möglichkeit. Ein Arbeitgeber darf aus personenbedingten Gründen kündigen und ein häufiger Grund ist die lange oder häufige Krankheit von Beschäftigten. Die Kündigung ist nur gerechtfertigt, wenn auch in Zukunft zu erwarten ist, dass die Arbeitnehmer*innen krankheitsbedingt ausfallen. Es ist nicht einfach für einen Arbeitgeber, eine Kündigung wegen Krankheit vor Gericht zu rechtfertigen. Die Richter*innen erwarten in der Regel, dass er zuvor ein sogenanntes betriebliches Eingliederungsmanagement (BEM) durchführt..

Wenn eine Kündigung ausgesprochen wurde, sollte man vom Arbeitsgericht überprüfen lassen, ob diese gerechtfertigt ist. Dazu müssen die Beschäftigten innerhalb von drei Wochen nach Zugang der Kündigung eine Kündigungsschutzklage erheben.

Für die Erfolgsaussichten ist entscheidend, ob das Kündigungsschutzgesetz auf das Arbeitsverhältnis anwendbar ist. Dafür muss das Arbeitsverhältnis seit mehr als sechs Monaten bestehen und im Betrieb müssen mehr als zehn Arbeitnehmer*innen in Vollzeit beschäftigt werden (siehe dazu auch im Kapitel »Kündigungsschutzprozess – Klage vor dem Arbeitsgericht« ab Seite 252).

Verboten ist jedoch eine Kündigung als unmittelbare Reaktion auf eine Krankmeldung. Denn das ist ein Verstoß gegen das Maßregelungsverbot.

Der Fall: Kündigung sofort nach der Krankmeldung

Ein Arbeitnehmer war als Büffetkraft eingesetzt. An einem Samstag musste er sich während der Arbeit zweimal erbrechen. Trotzdem wurde ihm von seinem Vorgesetzten untersagt, den Arbeitsplatz zu verlassen. Weil der Arbeitnehmer sich auch am Sonntag schlecht fühlte, meldete er sich vor Schichtbeginn telefonisch krank. Der Arbeitgeber kündigte das Arbeitsverhältnis mit einem Schreiben vom gleichen Tag.

In diesem Fall war das Kündigungsschutzgesetz nicht auf das Arbeitsverhältnis anwendbar. Denn es handelte sich um einen sogenannten Kleinbetrieb mit weniger als zehn Beschäftigten. Trotzdem sah das Arbeitsgericht die Kündigung als unwirksam an. Die Richter*innen sahen es als erwiesen an, dass der Arbeitgeber allein wegen der Krankmeldung gekündigt hatte. Weil eine Krankmeldung im Krankheitsfall aber das gute Recht von Beschäftigten ist, verstößt diese Kündigung gegen das Maßregelungsverbot. Dieses Maßregelungsverbot gilt auch, wenn das Kündigungsschutzgesetz nicht anwendbar ist.

Arbeitsgericht Trier vom 08.12.2011 –
Aktenzeichen 3 Ca 936/11

Keine Kündigung trotz langer Krankheit

Wenn sie lange Zeit erkrankt sind, erwarten viele Beschäftigte eine Kündigung. Der Arbeitgeber hat jedoch nicht unbedingt einen Grund zu kündigen. Denn nach den sechs Wochen Entgeltfortzahlungen muss er nicht mehr zahlen. Einige Arbeitgeber warten einfach ab.

Medizinischer Dienst

Sowohl der Arbeitgeber als auch die Krankenkassen können bei Zweifeln die Arbeitsunfähigkeit durch den Medizinischen Dienst überprüfen lassen. Ärzt*innen des Medizinischen Dienstes geben dann eine Stellungnahme zu der Arbeitsunfähigkeit ab. Auch Reha-Maßnahmen können sie beurteilen. Die Krankenkassen entscheiden danach, wie sie weiter verfahren.

Es kann passieren, dass der Medizinische Dienst Beschäftigte als arbeitsfähig einstuft, obwohl diese sich noch krank fühlen und auch der eigene Arzt oder die eigene Ärztin eine Arbeitsunfähigkeit attestiert hat. Als Folge kann die Krankenkasse die Zahlung des Krankengelds einstellen. Dagegen sollten Beschäftigte unbedingt Widerspruch einlegen und sich mit ihrem behandelnden Arzt bzw. ihrer behandelnden Ärztin beraten.

Falls der Arbeitgeber die Stellungnahme veranlasst hat, teilt die Krankenkasse ihm mit, wie der Medizinische Dienst die Arbeitsunfähigkeit beurteilt. Er bekommt keine Informationen über die Diagnose oder therapeutische Maßnahmen.

Das betriebliche Eingliederungsmanagement (BEM)

Der Arbeitgeber muss ein betriebliches Eingliederungsmanagement durchführen, wenn Beschäftigte länger als sechs Wochen innerhalb eines Jahres arbeitsunfähig sind. Es spielt keine Rolle, ob die Krankheit sechs Wochen am Stück andauert oder es insgesamt sechs Wochen im Jahr sind. In diesem Verfahren sollen Arbeitgeber und Beschäftigte klären, was man gegen die Arbeitsunfähigkeit jetzt und in Zukunft tun und wie der Arbeitsplatz erhalten werden kann.

Der Arbeitgeber ist gesetzlich verpflichtet, ein BEM anzubieten. Die Teilnahme am BEM ist für die Beschäftigten freiwillig. Wenn es einen Betriebsrat gibt, kann dieser mitbestimmen, wie das BEM abläuft. Viele Betriebsräte schließen mit ihren Arbeitgebern Betriebsvereinbarungen zum BEM ab.

Beispiele: Maßnahmen des BEM

- Einsatz von technischen Hilfsmitteln, z.B. nach einem Arbeitsunfall oder bei Rückenleiden
- Veränderung des Arbeitsplatzes in Bezug auf Licht und Geräusche
- Mediation, wenn es Konflikte gab
- Wechsel der Tätigkeiten

Post vom Arbeitgeber

Wenn Beschäftigte seit längerer Zeit krank zu Hause sind, erhalten sie oft Post vom Arbeitgeber mit der Anfrage für ein betriebliches Eingliederungsmanagement oder sogar mit der Einladung zu einem bestimmten Termin.

Was in der Regel in dem Brief steht

- Sie sind seit mehr als sechs Wochen krank innerhalb eines Jahres
- Angebot für ein betriebliches Eingliederungsmanagement
- Teilnahme ist freiwillig
- Bitte um Rückmeldung für ein Gespräch
- Hinweise zum Datenschutz
- Eventuell Datenschutzerklärung zum Unterschreiben

Das Problem mit dem BEM

Ein vorbildlicher Arbeitgeber möchte auch häufig oder lang erkrankte Beschäftigte halten und will gemeinsam überlegen, wie man die Krankheitstage reduzieren kann. Es gibt aber auch Arbeitgeber, die erkrankte Mitarbeiter*innen einfach nur schnell loswerden wollen. Das BEM wird dann aus formalen Gründen durchgeführt, um eine Kündigung vorzubereiten. Denn wenn ein BEM keinen Erfolg hatte oder von den Beschäftigten abgelehnt wurde, ist es für den Arbeitgeber leichter, mit einer Kündigung vor Gericht durchzukommen.

In vielen Fällen ist es für die betroffenen Beschäftigten nicht klar, welche Motivation der Arbeitgeber hat. Wenn Sie krank zu Hause sind und einen Brief vom Arbeitgeber mit dem Vorschlag eines BEMs bekommen, sollten Sie sich umgehend rechtlich beraten lassen und dann das weitere Vorgehen planen. Auch der Betriebsrat ist Ansprechpartner in Sachen BEM.

Das BEM-Verfahren erfordert in vielen Fällen, dass die Beschäftigten offenlegen, welche gesundheitlichen Probleme sie haben. Denn nur so kann man über mögliche Hilfen am Arbeitsplatz sprechen. Es besteht aber das Risiko, dass der Arbeitgeber diese Informationen nutzt, um eine Kündigung vorzubereiten. Bei einer schwerwiegenden Krankheit kann der Arbeitgeber davon ausgehen, dass die Person längerfristig krank ist. Wenn der Arbeitgeber die Stelle dauerhaft neu besetzen möchte, kann ihn das zu einer Kündigung veranlassen. Beschäftigte sollten daher nicht ohne vorherige Beratung ihre Krankheitsdaten an den Arbeitgeber weitergeben.

Der Fall: Kein ordnungsgemäßes BEM = Kündigung unwirksam

Eine Arbeitnehmerin wurde wegen häufiger Kurzerkrankungen gekündigt. Bevor der Arbeitgeber die Kündigung aussprach, schrieb er die Arbeitnehmerin an und lud sie zum Gespräch über ein betriebliches Eingliederungsmanagement ein. Die Einladung enthielt eine Datenschutzerklärung. Die Arbeitnehmerin sollte sich mit der Bekanntmachung ihrer Gesundheitsdaten gegenüber dem Vorgesetzten und der Standortleitung einverstanden erklären. Die Arbeitnehmerin reagierte nicht auf das Schreiben und erhielt daraufhin die Kündigung. Sie klagte vor dem Arbeitsgericht und bekam recht. Ein paar Monate vor der Kündigung hatte der Werksarzt Änderungen am Arbeitsplatz der Arbeitnehmerin vorgeschlagen. Diese wurden durch ihren Vorgesetzten umgesetzt und die Fehlzeiten gingen deutlich zurück. Wegen der langen Betriebszugehörigkeit der Arbeitnehmerin hätte der Arbeitgeber nach Ansicht der Richter*innen weiter beobachten müssen, ob die Fehlzeiten sich dauerhaft bessern.

Der Arbeitgeber legte gegen das Urteil Berufung vor dem Landesarbeitsgericht ein. Dieses Gericht sah sich die Datenschutzerklärung genauer an und beurteilte sie als unzureichend. Die Bekanntmachung der Gesundheitsdaten gegenüber dem Vorgesetzten sei nur gerechtfertigt, wenn dieser Teilnehmer im Team des betrieblichen Eingliederungsmanagements sei. Für die Bekanntmachung insbesondere der Diagnosen gegenüber der Standortleitung bestehe jedoch kein nachvollziehbarer Grund. Es reiche hier aus, dass der Arbeitgeber wisse, auf welche Einschränkungen er bei der Umgestaltung von Arbeitsplätzen zu achten habe. Er müsse nicht wissen, auf welchen Diagnosen diese Einschränkungen der Beschäftigten beruhen. Der Arbeitgeber hätte in der Datenschutzerklärung deutlich machen müssen, dass die Bekanntmachung der Gesundheitsdaten gegenüber der Standortleitung freiwillig erfolge.

Landesarbeitsgericht Baden-Württemberg vom 28.07.2021 – Aktenzeichen 4 Sa 68/20

Mehr zum Thema Datenschutz und BEM finden Sie in den Abschnitten zum Datenschutz, z. B. S. 62 ff oder S. 115).

Eigenkündigung nach langer Krankheit

Beschäftigte, die lange krank sind, haben oft Zweifel, ob sie wieder an den alten Arbeitsplatz zurückgehen sollten oder lieber einen Neuanfang bei einem anderen Arbeitgeber starten. Gerade in Fällen, in denen auch die Arbeitsbelastung zur Krankheit geführt hat, besteht Unsicherheit. Um mit der Situation am alten Arbeitsplatz abzuschließen, wird eine Beendigung gewünscht.

Durch eine Eigenkündigung gehen Beschäftigte jedoch das Risiko einer Sperrzeit beim Arbeitsamt ein. Ein ärztliches Attest kann dieses Risiko verringern. Wenn bescheinigt wird, dass die Arbeitsleistung aus gesundheitlichen Gründen nicht möglich ist, haben Beschäftigte einen wichtigen Grund für die Kündigung.

Wichtig: Lassen Sie sich vor einer Eigenkündigung unbedingt rechtlich beraten!

Statt selbst zu kündigen, kann es bei andauernder Krankheit ratsamer sein abzuwarten und das Krankengeld zu beziehen. Sollte der Arbeitgeber kündigen, ist es unter Umständen möglich, das Arbeitsverhältnis zu beenden und noch eine Abfindung zu bekommen.

Auch für Bewerbungen bei neuen Arbeitgebern ist es vorteilhaft, wenn das alte Arbeitsverhältnis noch besteht. Die Bewerbung erfolgt dann nicht aus der Arbeitslosigkeit, sondern aus einem bestehenden Arbeitsverhältnis.

Stufenweise Wiedereingliederung nach dem Hamburger Modell

Das Hamburger Modell ist eine Form der stufenweisen Wiedereingliederung am Arbeitsplatz nach einer langen oder schweren Krankheit. Die Beschäftigten steigen dabei nicht von null auf hundert ins Arbeitsleben ein, sondern fangen mit wenigen Stunden an, die dann gesteigert werden. Während der Wiedereingliederung bekommen sie weiterhin das Krankengeld von der Krankenkasse.

Beispiel: Hamburger Modell

Eine Arbeitnehmerin hatte eine Vollzeitstelle und war fast ein Jahr arbeitsunfähig wegen Burn-out. Damit sie sich langsam wieder an die Anforderungen des Berufslebens gewöhnen kann, fängt sie für die ersten vier Wochen mit vier Stunden am Tag an ihrem Arbeitsplatz an. Danach wird die Arbeitszeit für weitere vier Wochen auf sechs Stunden am Tag erhöht. Während dieser Zeit bekommt sie das Krankengeld von der Krankenkasse. Nach Ablauf der Wiedereingliederung arbeitet sie acht Stunden täglich in Vollzeit und bekommt das Gehalt vom Arbeitgeber.

Das Hamburger Modell kann von einem Hausarzt oder einer Hausärztin, einem Facharzt oder einer Fachärztin oder einer Reha-Einrichtung vorgeschlagen werden. Es wird ein Wiedereingliederungsplan für die einzelnen Stufen erstellt. Der Plan kann auch festlegen, welche Tätigkeiten und Belastungen vermieden werden sollen, um die vollständige Genesung nicht zu gefährden. Wenn die Beschäftigten diesem Plan zustimmen, wird der Arbeitgeber dazu gefragt und auch die Krankenkasse.

Mit dem Hamburger Modell müssen alle einverstanden sein: die betroffenen Arbeitnehmer*innen, der Arbeitgeber und die Krankenkasse.

Der Arbeitgeber kann die Zustimmung zum Hamburger Modell verweigern. Das passiert oft, wenn er kein Interesse an der Rückkehr der Beschäftigten hat und diese stattdessen lieber »loswerden« möchte. In vielen Fällen wird dann ein Aufhebungsvertrag angeboten (mehr dazu im Kapitel »Aufhebungsvertrag« ab Seite 272).

Die Beschäftigten müssen sich dann entscheiden, ob sie nach Ende der Arbeitsunfähigkeit ohne stufenweise Wiedereingliederung zurück an den Arbeitsplatz gehen oder über einen Aufhebungsvertrag verhandeln.

Lange Krankheit und Urlaub

Wenn Beschäftigte lange Zeit krankgeschrieben sind, können sie ihren Urlaub nicht nehmen. Normalerweise muss der Urlaub im gleichen Jahr genommen werden und verfällt bis zum 31. März des Folgejahres. Für die Krankheitszeiten gibt es aber eine Ausnahme. Dieser Urlaub verfällt nicht. Die Beschäftigten sammeln während ihrer Arbeitsunfähigkeit Urlaubstage an und können diesen nach ihrer Genesung nehmen – natürlich in Absprache mit dem Arbeitgeber.

Falls das Arbeitsverhältnis nach oder während der Erkrankung beendet wird, wandelt sich der Urlaubsanspruch in einen Anspruch auf das Geld für diese Urlaubstage um – in den sogenannten Urlaubsabgeltungsanspruch.

Der Arbeitsunfall

Wenn sich Beschäftigte bei der Ausübung ihrer Arbeit verletzen, ist das ein Arbeitsunfall.

Beispiele:

- Eine Mechatronikerin verletzt sich an einer Maschine.
- Ein Busfahrer wird bei einem Verkehrsunfall verletzt.
- Eine Försterin wird im Wald von einer Zecke gebissen.
- Ein Sekretär fällt im Büro über ein Kabel und verletzt sich beim Sturz.

Wenn Arbeitnehmer*innen den Arbeitsplatz zum Rauchen, Trinken oder für ein privates Telefonat verlassen und sich dabei oder auf dem Weg verletzen, wird das nicht als Arbeitsunfall angesehen.

Eine Infektion mit Corona am Arbeitsplatz kann als Arbeitsunfall anerkannt werden. Falls sich Beschäftigte am Arbeitsplatz mit Covid-19 angesteckt haben, sollten sie dies der Unfallversicherung melden. Falls später Langzeitschäden auftreten, können sie die Leistungen der Unfallversicherung in Anspruch nehmen.

Die Unfallversicherung

Der Arbeitgeber zahlt in die Unfallversicherung ein. Bei einem Arbeitsunfall bekommen Beschäftigte Leistungen der Unfallversicherung. Im Vergleich zu den Leistungen der gesetzlichen Krankenversicherung sind diese Leistungen teilweise besser und schneller verfügbar. Von der Unfallversicherung gibt es 80 Prozent des Bruttoeinkommens als Verletztengeld. Die Krankenkasse zahlt dagegen 70 Prozent des Bruttoeinkommens. Wenn Beschäftigte durch einen Arbeitsunfall dauerhaft gar nicht mehr oder nur gemindert arbeiten können, erhalten sie eine Berufsunfallrente.

Arbeitswege

Versichert sind auch die direkten Wege zur Arbeit und wieder nach Hause. Bei Eltern ist auch der Weg mit den Kindern in den Kindergarten oder zur Schule als Umweg zur Arbeit mitversichert. Ebenso ist versichert, wer die Kinder in den Kindergarten bringt und dann zurück nach Hause ins Homeoffice geht. Wer unterwegs noch einkauft, verliert den Versicherungsschutz.

Unfallversicherung im Homeoffice und bei mobiler Arbeit

Seit Mitte Juni 2021 gilt ein erweiterter Versicherungsschutz für Beschäftigte, die unterwegs oder im Homeoffice arbeiten. Es besteht immer dann Versicherungsschutz, wenn die Tätigkeit auch im Betrieb durch die Unfallversicherung versichert wäre.

Gesundheitsschutz am Arbeitsplatz

Nach dem Arbeitsschutzgesetz ist der Arbeitgeber verpflichtet, die Beschäftigten am Arbeitsplatz vor Gefahren für die Gesundheit zu schützen. Er muss Maßnahmen treffen, um eine Gefährdung des Lebens oder der Gesundheit möglichst zu vermeiden. Um zu erkennen, welche Gefahren bestehen, soll er für die einzelnen Arbeitsplätze eine sogenannte Gefährdungsbeurteilung durchführen. Zu den möglichen Belastungen zählen sowohl körperliche als auch psychische Belastungen.

Neben dem Arbeitsschutzgesetz gibt es eine Reihe von Verordnungen, die den Schutz am Arbeitsplatz genauer regeln. In der Arbeitsstättenverordnung finden sich z. B. Vorgaben zur Raumtemperatur, zur

Beleuchtung, zum Brandschutz, zur Raumgröße und zu den Sanitäranlagen. Durch diese Regeln soll die Gesundheit der Beschäftigten geschützt und Unfälle sollen vermieden werden.

Beispiele:

- Für Arbeitsplätze an Bildschirmen bestimmt die Verordnung, dass die Bildschirmarbeit regelmäßig durch andere Arbeiten oder Pausen unterbrochen werden muss. Die Bildschirme müssen so aufgestellt werden, dass die Oberflächen frei von Blendungen sind.
- Die Raumtemperatur am Arbeitsplatz soll nicht mehr als 26 Grad Celsius betragen. Wenn die Temperatur durch Sonneneinstrahlung 26 Grad Celsius übersteigt, muss der Arbeitgeber Sonnenschutzsysteme anbringen.

Der Betriebsrat hat Mitbestimmungsrechte beim Arbeits- und Gesundheitsschutz. Er ist deshalb bei Fragen und Problemen neben dem Arbeitgeber der richtige Ansprechpartner.

Psychische Belastungen am Arbeitsplatz

Psychische Belastungen am Arbeitsplatz nehmen in der modernen Arbeitswelt immer mehr zu. Durch Leistungsdruck und ständige Erreichbarkeit werden Beschäftigte gestresst. Die Folgen sind Schlafstörungen und Erschöpfung bis hin zum Burn-out. Auch in diesen Fällen muss der Arbeitgeber vorbeugen und reagieren.

Zu den möglichen psychischen Belastungen gehört auch das soziale Miteinander am Arbeitsplatz. Gehen die Beschäftigten und Vorgesetzten nicht respektvoll miteinander um oder kommt es sogar zu Mobbing, ist das eine psychische Belastung für die Betroffenen.

Fragen und Antworten

1. Was ist, wenn ich in der Probezeit krank werde?

Nach vier Wochen Dauer des Arbeitsverhältnisses haben Sie Anspruch auf Entgeltfortzahlung im Krankheitsfall. Also auch nach vier Wochen in der Probezeit. Beschäftigte befürchten manchmal, dass eine Erkrankung in der Probezeit zur Kündigung führt. Vor Ablauf von sechs Monaten ist es tatsächlich leichter für den Arbeitgeber zu kündigen, weil das Kündigungsschutzgesetz nicht anwendbar ist. Wenn Sie sich zu krank zum Arbeiten fühlen, sollten Sie trotzdem zu Hause bleiben. Die Gesundheit geht vor.

2. Darf ich einkaufen gehen, wenn ich krankgemeldet bin?

Wenn Sie krank sind, dürfen Sie nichts tun, was Ihre Genesung verzögert. Es hängt also von der Krankheit ab und wie Sie sich fühlen. Mit Fieber ist es sicherlich besser, im Bett zu bleiben. Wenn Sie nur eine Erkältung haben und sich körperlich dazu in der Lage sehen, spricht nichts gegen einen kleinen Einkauf. Falls Sie unsicher sind, fragen Sie am besten Ihren Arzt bzw. Ihre Ärztin.

3. Brauche ich eine »Gesundschreibung«?

Wenn Sie sich vor Ablauf der Krankschreibung schon wieder richtig gut fühlen, dürfen Sie wieder arbeiten gehen. Sie sollten sicher sein, dass Sie nicht mehr ansteckend sind. Eine »Gesundschreibung« gibt es nicht. Wenn Sie auf Nummer sicher gehen möchten, können Sie Ihren Arzt bzw. Ihre Ärztin fragen, wie er/sie die Wiederaufnahme der Arbeit einschätzt.

11.
Diskriminierung am Arbeitsplatz

Seit 2006 sollen Arbeitnehmerinnen durch das Allgemeine Gleichbehandlungsgesetz am Arbeitsplatz vor Diskriminierungen geschützt werden. Eine Diskriminierung durch Vorgesetzte, Kolleg*innen und auch Dritte wie z. B. Kund*innen ist verboten. Gleichzeitig soll der Arbeitgeber präventiv, also vorbeugend, etwas gegen Diskriminierungen tun.

Kein/e Arbeitnehmer*in soll wegen folgender Merkmale schlechter behandelt werden als die Kolleg*innen:

- Sogenannte Rasse oder ethnische Herkunft
- Geschlecht
- Religion oder Weltanschauung
- Behinderung
- Alter
- Sexuelle Identität

Arbeitgeber dürfen selbst nicht diskriminieren und müssen sofort einschreiten, wenn Menschen aufgrund dieser Merkmale am Arbeitsplatz beleidigt, ausgegrenzt, bei der Beförderung ausgenommen oder anders benachteiligt werden. Der Arbeitgeber ist für einen diskriminierungsfreien Arbeitsplatz verantwortlich. Dieser Schutz beginnt schon im Bewerbungsverfahren.

Diskriminierung am Arbeitsplatz ist weitverbreitet

Im Arbeitsleben sind Diskriminierungen weitverbreitet, obwohl sie per Gesetz verboten sind. Die Beratungsanfragen bei der Antidiskriminierungsstelle des Bundes beziehen sich zum großen Teil auf Diskriminierungen am Arbeitsplatz. Benachteiligungen aus rassistischen Gründen und wegen des Geschlechts sind besonders häufig. Nur circa 30 Prozent der schwul-lesbisch und bisexuellen Arbeitnehmer*innen treffen auf ein Arbeitsklima, in dem sie ihre sexuelle Orientierung offenlegen können. 25 Prozent der Trans*Personen haben schon Diskriminierungen am Arbeitsplatz erlebt.[1]

Diskriminierungen kommen überall vor. Es gibt sie bei Behörden, in weltweit agierenden Unternehmen und auch im kleinen Kiezladen um die Ecke. Es gibt sie in sozialen Vereinen, die sich für eine bessere und sozialere Gesellschaft einsetzen, und sogar an Arbeitsplätzen, die zu Diskriminierungen arbeiten oder diese kritisieren, sind Diskriminierungen nicht ausgeschlossen.

Was ist eine Diskriminierung?

Es handelt sich um eine Diskriminierung, wenn eine Person im Vergleich zu anderen schlechter oder anders behandelt wird. Das Allgemeine Gleichbehandlungsgesetz schützt, wenn diese schlechtere Behandlung wegen eines der oben genannten Merkmale passiert.

Das Gesetz unterscheidet zwischen vier Formen der Diskriminierung

1. Unmittelbare Diskriminierung

Die unmittelbare Diskriminierung liegt vor, wenn eine Einzelperson wegen eines der oben genannten Merkmale weniger günstig behan-

1 Ergebnisse der Studie »Out im Office« von 2017 u. a. der Antidiskriminierungsstelle des Bundes

delt wird als Vergleichspersonen. Auch wenn eine Person wegen ihrer Schwangerschaft oder Mutterschaft benachteiligt wird, ist es eine unmittelbare Diskriminierung.

Beispiel: Alle Sachbearbeiterinnen bekommen nach einem Jahr Beschäftigung einen unbefristeten Arbeitsvertrag. Nur die Kollegin, die gerade ihre Schwangerschaft mitgeteilt hat, wird davon ausgenommen.

Hier wird eine Arbeitnehmerin aufgrund ihrer Schwangerschaft schlechter behandelt und damit aufgrund ihres Geschlechts diskriminiert. Wenn es in einem Fall keine reale Vergleichsperson gibt, so kann man sich vorstellen, wie eine Person ohne dieses Merkmal behandelt worden wäre. Man spricht auch von einer hypothetischen Vergleichsperson.

Beispiel: Die Bewerbung einer Muslima wird abgelehnt, weil sie ein Kopftuch trägt. Der Arbeitgeber bietet ihr die Stelle an, falls sie bereit wäre, auf das Kopftuch während der Arbeitszeit zu verzichten. Sie lehnt ab und bekommt die Stelle nicht.

Ohne das Kopftuch hätte die Bewerberin die Stelle bekommen. Die Ablehnung der Bewerbung ist eine Diskriminierung wegen der Merkmale Religion und Geschlecht.

2. Mittelbare Diskriminierung

Hier geht es um eine indirekte Diskriminierung durch scheinbar neutrale Regelungen. Diese Vorschriften können auf den ersten Blick für alle gleich erscheinen, letztendlich benachteiligen sie aber eine bestimmte Gruppe von Arbeitnehmer*innen.

Beispiel: Alle Arbeitnehmer*innen in Vollzeit bekommen Weihnachtsgeld. Teilzeitbeschäftigte sind davon ausgenommen.

Weil der Großteil der Teilzeitbeschäftigten weiblich ist, werden sie durch diese scheinbar neutrale Vorschrift diskriminiert. Es wäre keine Diskriminierung, wenn auch die Teilzeitbeschäftigten Weihnachtsgeld bekämen, anteilig zu ihren Stunden.

3. Belästigung

Eine Belästigung wird als Diskriminierung angesehen, wenn jemand aufgrund eines der oben genannten Merkmale in seiner Würde verletzt wird und der Arbeitsplatz zu einem feindlichen Umfeld wird. Das Gesetz spricht von Einschüchterungen, Anfeindungen, Erniedrigungen, Entwürdigungen und Beleidigungen. Es ist eine Situation, die mit dem Mobbing am Arbeitsplatz vergleichbar ist. Die Belästigung kann auch außerhalb des Arbeitsplatzes passieren, wenn sie sich auf das Arbeitsverhältnis auswirkt.

Beispiel: Einem Mitarbeiter mit arabischem Namen wird von Kolleg*innen unterstellt, dass er mit dem Islamischen Staat sympathisiert. Ständig wird er gefragt, ob er Bomben dabeihabe oder seine Frau Burka tragen muss. Dass der Mitarbeiter und seine Frau atheistisch sind, ändert nichts an der Einordnung als Diskriminierung. Diese liegt auch vor, wenn die Merkmale nur angenommen werden.

4. Sexuelle Belästigung

Zum Thema sexuelle Belästigung am Arbeitsplatz gibt es ein eigenes Kapitel ab Seite 199.

Wer wird durch das Gesetz geschützt?

Das Allgemeine Gleichbehandlungsgesetz schützt alle Arbeitnehmer*innen, Auszubildende, Praktikant*innen und auch Bewerber*innen. Auch Geschäftsführende werden geschützt, wenn es um den Zugang zur Erwerbstätigkeit und den beruflichen Aufstieg geht. Der Schutz besteht nach Beendigung des Arbeitsverhältnisses fort.

Beschäftigte von anderen Firmen werden durch das Gesetz indirekt geschützt, denn der Arbeitgeber muss dafür sorgen, dass seine Mitarbeiter*innen nicht andere diskriminieren. Werden in einem Unternehmen Leiharbeiter*innen eingesetzt, so muss das Unternehmen auch diese Beschäftigten vor Diskriminierung am Arbeitsplatz schützen.

Die einzelnen Merkmale des Gesetzes

1. Sogenannte »Rasse« oder ethnische Herkunft

Die Expertin und Autorin Noah Sow beschreibt Rassismus so:

Heutzutage ist »Rassismus« der Glaube, dass Menschen aufgrund ihrer genetisch bedingten ethnischen Merkmale bestimmte Prädispositionen (Veranlagungen) jedweder Art haben.

Noah Sow in *Deutschland Schwarz Weiß. Der alltägliche Rassismus.*

Sie macht damit deutlich, dass Rassismus schon anfängt, wenn man Menschen in verschiedene Gruppen einteilt. Auch wenn den Menschen dieser Gruppen keine negativen Eigenschaften unterstellt werden, wird so getan, als seien sie anders als andere.

Obwohl das Gesetz vor Rassismus schützen soll, wird im Gesetzestext der problematische Ausdruck »Rasse« benutzt. Weil es keine verschiedenen Menschenrassen gibt, ist es besser, von der Diskriminierung aus rassistischen Gründen zu sprechen.

Eine Diskriminierung aus rassistischen Gründen geht oft mit der Diskriminierung aufgrund der Herkunft zusammen. Mit der ethnischen Herkunft ist die vermeintliche oder wirkliche Zugehörigkeit zu einer Gruppe von Menschen gemeint, die durch eine gemeinsame Herkunft, Geschichte oder Kultur miteinander verbunden sind.

Bei der Diskriminierung aus rassistischen Gründen oder wegen der ethnischen Herkunft werden Menschen durch Zuschreibungen in bestimmte vermeintliche Gruppen eingeordnet. Diesen Gruppen werden bestimmte, oft negative Eigenschaften unterstellt. Es wird so getan, als seien die Menschen in diesen Gruppen, angeblich wegen ihrer Gene, ihrer Kultur oder der Religion, alle gleich und anders als die eigene Gruppe. Ziel ist die Abgrenzung und die Besserstellung der vermeintlichen eigenen Gruppe.

Am Arbeitsplatz werden Beschäftigte aufgrund ihres Aussehens, ihres Namens, ihrer Sprache, ihrer Kultur, ihrer Religion oder ihrer vermeintlichen Herkunft diskriminiert.

Beispiele für die Diskriminierung aus rassistischen Gründen und der ethnischen Herkunft:

- Ein Vorgesetzter herrscht einen Mitarbeiter an, er solle ordentlich arbeiten, man sei hier nicht in Afrika. Der Mitarbeiter ist aus Nigeria und hat eine dunkle Hautfarbe.
- Bewerber*innen mit arabischem oder türkischem Namen werden nicht zum Bewerbungsgespräch eingeladen, obwohl sie genauso gut qualifiziert sind wie Bewerber*innen mit deutschem Namen.

Der Fall: Gleichwertigkeitsprüfung bei Zeugnissen aus dem Ausland

Eine Wissenschaftlerin bewarb sich mit ihren rumänischen Hochschulzeugnissen auf eine Stelle in einer Behörde in Deutschland. Sie hatte zuvor sowohl in ihrem Heimatland Rumänien als auch in Deutschland Studienabschlüsse erworben. An einer Universität in Berlin erwarb sie ihren Doktortitel in Agrarwissenschaften. Die Ablehnung ihrer Bewerbung wurde damit begründet, dass sie kein ausreichendes Gleichwertigkeitszeugnis für ihre Bildungsabschlüsse aus Rumänien vorgelegt hatte. Das Landesarbeitsgericht sah darin eine mittelbare Diskriminierung, weil eine solche Vorschrift ganz überwiegend Personen betrifft, die rumänischer Herkunft sind. Es berief sich auf die Rechtsprechung des Europäischen Gerichtshofes, der wegen der Grundfreiheit der Freizügigkeit in Europa davon ausgeht, dass die Behörde selbst eine Gleichwertigkeitsprüfung vornehmen muss. Es sprach der Bewerberin eine Entschädigung von einem Bruttomonatsgehalt zu.

Landesarbeitsgericht Berlin-Brandenburg vom 22.01.2020 – Aktenzeichen 15 Sa 1163/19

2. Geschlecht

Mit Geschlecht ist die Zuordnung zu einem der vielen Geschlechter gemeint. Dazu gehören männliche, weibliche, nicht binäre, diverse und zwischengeschlechtliche Menschen. Wird eine Person wegen ihrer Schwangerschaft oder Mutterschaft diskriminiert, ist das auch eine Diskriminierung aufgrund des Geschlechts.

Von der Diskriminierung aufgrund des Geschlechts sind im Arbeitsleben wie auch sonst im Leben vor allem Frauen betroffen. Laut einer Studie der Antidiskriminierungsstelle des Bundes haben auch Trans*Personen ein hohes Risiko für Diskriminierungen am Arbeitsplatz.

Beispiele für die Diskriminierung aufgrund des Geschlechts:

- Ablehnung der Bewerbung, weil die Bewerberin ein siebenjähriges Kind hat
- Kündigung, weil eine Person geschlechtsangleichende Maßnahmen wie eine Hormontherapie oder eine Operation in Anspruch nimmt
- Eine Arbeitnehmerin bekommt für die gleiche Arbeit weniger Gehalt als ihre männlichen Kollegen
- Einer Mitarbeiterin, die Trans*Frau ist, wird die Benutzung der Damentoilette verweigert

3. Religion oder Weltanschauung

Das Merkmal Religion steht für den Schutz eines einzelnen Menschen, einen bestimmten Glauben zu haben und diesen zu praktizieren. Dazu gehört der Besuch von Gottesdiensten und die Beachtung von Kleidungsvorschriften. Die Gläubigen müssen sich einer religiösen Gemeinschaft zugehörig fühlen und sich zu deren Verhaltensregeln bekennen.

Gleichzeitig soll durch das Merkmal Religion auch die Freiheit geschützt werden, keine religiöse Überzeugung zu haben und keine Religion zu praktizieren.

Unter Weltanschauung wird eine nicht religiöse Deutung der Welt als Ganzes verstanden. Darunter fällt z. B. die politische Idee des Marxismus-Leninismus oder die Anthroposophie Rudolf Steiners. Ob auch die politische Gesinnung für eine Partei darunterfällt, ist umstritten.

Beispiele für die Diskriminierung aufgrund der Religion:

- In einer privaten Firma wird Mitarbeiterinnen das Tragen eines Kopftuchs verboten.
- Ein Mitarbeiter desinfiziert vor aller Augen seinen Arbeitsplatz, wenn er diesen von einem muslimischen Kollegen übernimmt.

4. Behinderung

Es ist eine Behinderung, wenn die Gesundheit eines Menschen langfristig eingeschränkt ist und dadurch seine Teilhabe am Berufsleben beeinträchtigt wird. Es kann die körperliche Funktion, die geistige Fähigkeit oder die seelische Gesundheit betroffen sein. Mit »langfristig« ist gemeint, dass der Mensch länger als sechs Monate beeinträchtigt wird. Wegen der Stigmatisierung von Menschen mit einer HIV-Infektion fällt auch eine symptomlose Erkrankung an Aids unter das Merkmal Behinderung.

Anders als bei der Schwerbehinderung, die durch das Versorgungsamt festgestellt wird, kommt es bei diesem Merkmal nicht auf den Grad der Behinderung an.

Der Arbeitgeber ist verpflichtet, sogenannte angemessene Vorkehrungen für die Teilhabe von Menschen mit Behinderungen am Arbeitsleben zu treffen. Dazu gehört die Anpassung von Arbeitsräumen, der Arbeitsgeräte und der Aufgabenverteilung. Auch eine Arbeitszeitverkürzung kann dazu führen, dass die Beschäftigten trotz der Behinderung arbeiten können. Nur wenn es den Arbeitgeber unverhältnismäßig belastet, darf er diese Vorkehrungen verweigern. Die Verweigerung der Unterstützung kann eine Diskriminierung der Beschäftigten sein.

Beispiele für die Diskriminierung aufgrund der Behinderung:

- Kündigung eines Arbeitnehmers mit einer symptomlosen HIV-Infizierung aufgrund seiner Erkrankung
- Der Arbeitgeber schafft keine einfach erhältlichen Hilfsmittel an, damit ein Beschäftigter mit Schwerbehinderung arbeiten kann, wie z.B. ein Stehpult für die Arbeit am Computer.

Beschäftigte mit Schwerbehinderung – Einladungsverpflichtung öffentlicher Arbeitgeber

Das Versorgungsamt kann bei Beschäftigten eine Schwerbehinderung feststellen. Dadurch haben sie zusätzliche Rechte, unter anderem bei der Bewerbung. Öffentliche Arbeitgeber sind nach dem Sozialgesetzbuch 9 (IX) verpflichtet, Bewerber*innen mit Schwerbehinderung zum Vorstellungsgespräch einzuladen. Nur wenn die fachliche Eignung offensichtlich fehlt, sind sie davon frei. Werden geeignete Bewerber*innen nicht eingeladen, ist das ein Hinweis auf eine Diskriminierung. Denn der Arbeitgeber missachtet damit Vorschriften, die zur Förderung der Chancen schwerbehinderter Menschen geschaffen wurden. Wenn Bewerber*innen eine Entschädigung und Schadensersatz geltend machen, muss der Arbeitgeber beweisen, dass er nicht diskriminiert hat. Ist das nicht möglich, so muss er zahlen. Weil die Arbeitgeber meistens nicht freiwillig zahlen, muss man für diese Ansprüche eine Klage beim Arbeitsgericht erheben. Das Bundesarbeitsgericht sieht in der Regel eine Entschädigung von 1,5 Bruttomonatsentgelten als angemessen an.

5. Alter

Durch das Merkmal Alter sollen sowohl ältere als auch jüngere Beschäftigte vor einer Benachteiligung wegen ihres Alters geschützt werden. Maßnahmen des Arbeitgebers, die Jugendliche und ältere Arbeitnehmer*innen fördern, sind aber unter Umständen erlaubt.

Beispiele für die Diskriminierung aufgrund des Alters:

- In einer Stellenanzeige wird ein/e Fahrer*in mit dem Mindestalter 25 Jahre gesucht.
- Eine Bewerberin über 50 Jahre wird mit der Begründung abgelehnt, man wolle das Team verjüngen.

Der Fall: Altersdiskriminierung im Tarifvertrag

Nach einem Manteltarifvertrag erhielten die Beschäftigten zusätzliche Freizeittage nach einer Altersstaffelung. Bis zur Vollendung des 30. Lebensjahres gab es zwei Tage, bis zur Vollendung des 50. Lebensjahres schließlich acht Tage und nach dem 50. Geburtstag bis zu zwölf zusätzliche Freizeittage. Ein 49-jähriger Mitarbeiter klagte gegen diese Regelung, weil er darin eine Diskriminierung wegen des Alters sah. Er forderte auch für sich zwölf zusätzliche Freizeittage.

Das Bundesarbeitsgericht gab ihm recht. Zwar darf der Arbeitgeber zum Schutz älterer Beschäftigter auch zusätzliche Urlaubstage gewähren. Er muss dieses zusätzliche Erholungsbedürfnis aber genau belegen. In diesem Fall hatte der Arbeitgeber nur pauschal angegeben, dass ältere Arbeitnehmer*innen mehr Urlaub bräuchten. Um die Benachteiligung auszugleichen, musste der Arbeitgeber die zusätzlichen Freizeittage des Klägers auf die höchste Stufe von zwölf Tagen anpassen.

Bundesarbeitsgericht vom 27.04.2017 – Aktenzeichen 6 AZR 119/16

6. Sexuelle Identität

Dieses Merkmal soll Beschäftigte davor schützen, wegen ihrer sexuellen Orientierung schlechter behandelt zu werden. Keine Person darf benachteiligt werden, weil sie homosexuell, bisexuell, heterosexuell oder asexuell ist.

Beispiele für die Diskriminierung aufgrund der sexuellen Identität:

- Eine heterosexuelle Mitarbeiterin verbietet einer lesbischen Kollegin die Nutzung der Duschen für Frauen.
- Ein Mitarbeiter wird vor Kund*innen als schwul geoutet. Von Kollegen wird er mit »Frau« anstatt mit »Herr« angesprochen.

Diskriminierung durch Außenstehende

Auch wenn die Diskriminierung von externen Dritten wie z. B. Kund*innen oder Vertragspartner*innen ausgeht, muss der Arbeitgeber seine

Beschäftigten schützen. Kund*innen kann z. B. ein Hausverbot erteilt werden. Der Vertrag mit den Vertragspartner*innen kann gekündigt werden.

Diskriminierung bei der Bewerbung

Zu Unrecht abgelehnte Bewerber*innen können Schadensersatz und eine Entschädigung geltend machen. Sie haben aber kein Recht auf Einstellung bei diesem Arbeitgeber. Wenn die Person auch bei benachteiligungsfreier Auswahl nicht eingestellt worden wäre, ist die Entschädigung auf drei Monatsgehälter gedeckelt.

Mehrfachdiskriminierung

Es gibt auch Fälle, in denen auf Beschäftigte mehrere Merkmale zutreffen. So kann eine Frau wegen ihres Geschlechts und ihrer Behinderung diskriminiert werden. Oder jungen muslimischen Männern wird Terrorismus unterstellt. Diese Personen sind besonders schutzwürdig, weil die Wahrscheinlichkeit für eine Diskriminierung am Arbeitsplatz erhöht ist. Falls eine schlechtere Behandlung wegen des einen Merkmals gerechtfertigt ist, kann trotzdem eine Diskriminierung wegen des weiteren Merkmals vorliegen.

Rechtfertigung der Ungleichbehandlung

In seltenen Fällen kann eine Ungleichbehandlung gerechtfertigt sein. Das ist der Fall, wenn die geforderte Eigenschaft für die Ausübung der Tätigkeit wesentlich und fast unerlässlich ist.

Beispiel: Die katholische Kirche kann von ihren Seelsorger*innen verlangen, dass diese Mitglied der katholischen Kirche sind.

Ein bestimmtes Geschlecht kann eine wesentliche und entscheidende berufliche Anforderung sein.

Beispiel: Ein Internat für Mädchen darf einen männlichen Sozialarbeiter für die ausgeschriebene Stelle ablehnen. Weil auch Nachtdienste zu den Aufgaben gehörten, sah der Arbeitgeber das weibliche Geschlecht als unverzichtbare Voraussetzung an.

Positive Maßnahmen

Es ist erlaubt, bestimmte Gruppen zu bevorzugen, um damit bestehende Nachteile auszugleichen.

Beispiel: Weil es für Menschen mit einer Schwerbehinderung schwierig ist, einen Job zu finden, dürfen öffentliche Arbeitgeber verpflichtet werden, sie zum Bewerbungsgespräch einzuladen.

Die Rechte der Betroffenen – Überblick

Beschäftigte haben das Recht auf einen diskriminierungsfreien Arbeitsplatz. Wenn sie dennoch diskriminiert werden, haben sie das Recht, sich beim Arbeitgeber darüber zu beschweren. Falls der Arbeitgeber die Diskriminierung nicht unterbindet, können sie unter Umständen sogar der Arbeit fernbleiben. Wegen einer erlittenen Diskriminierung können Beschäftigte Ansprüche auf Schadensersatz und Entschädigung haben.

Alles genau dokumentieren

Für eine Beschwerde beim Arbeitgeber und eine Klage vor dem Arbeitsgericht ist es wichtig, sehr genau zu beschreiben, was passiert ist. Betroffene sollten die Diskriminierungen am Arbeitsplatz genau aufschreiben und Beweise sichern, wie z. B. E-Mails oder Messenger-Nachrichten. Sie sollten ein Tagebuch über die Vorkommnisse am Arbeitsplatz schreiben. Diese Notizen können besonders in einem späteren Gerichtsprozess sehr wichtig sein.

Tagebuch über Diskriminierungen

Notieren Sie sich möglichst noch am selben Tag Folgendes:

- Datum und Uhrzeit

  Falls Sie sich an Datum oder Uhrzeit nicht mehr genau erinnern, schreiben Sie es so genau wie möglich auf, z. B.: »»im Sommer 2022«, »ein paar Tage nach den Weihnachtsferien«, »um die Mittagszeit«.

- Ort
  Beschreiben Sie auch, wer sich wo aufgehalten hat, z. B. »im Büro von XY« oder »vor dem Haupteingang«.
- Vorname, Nachname und Position der Person, die etwas gesagt oder getan hat
- Was genau wurde gesagt? Was wurde getan?
  Wichtig: Es hilft nicht, wenn Sie sich notieren: »Dann wurde ich diskriminiert« oder »Er hat mich beleidigt«. Das ist schon eine Wertung. Sie müssen so genau wie möglich aufschreiben, was zu Ihnen gesagt wurde oder was getan wurde.
- Wer war noch dabei? Name und Vorname, Position im Unternehmen
- Was haben Sie in diesem Moment gefühlt? Welche Auswirkungen hat die Diskriminierung (z. B. Angst oder Schlaflosigkeit)?

Beschwerderecht

Nach dem Allgemeinen Gleichbehandlungsgesetz muss der Arbeitgeber eine Beschwerdestelle einrichten, an die sich alle Beschäftigten im Fall einer Diskriminierung wenden können. Leider gibt es diese trotz der gesetzlichen Verpflichtung in den wenigsten Unternehmen. Wenn es auch bei Ihnen keine Beschwerdestelle gibt, können Sie sich an Ihre Vorgesetzte oder die Führungsebene darüber wenden. Der Arbeitgeber muss die Beschwerde prüfen und im Fall einer Diskriminierung eingreifen und Maßnahmen treffen, damit diese aufhört.

Wichtig zu wissen: Sie haben ein Beschwerderecht, wenn Sie sich benachteiligt fühlen. Es reicht also aus, wenn Sie eine bestimmte Verhaltensweise stört. Wenn der Arbeitgeber die Beschwerde als unberechtigt ansieht, dürfen Sie deshalb nicht belangt werden. Das wäre ein Verstoß gegen das Maßregelungsverbot.

Risiko einer Beschwerde

Arbeitgeber reagieren auf eine Beschwerde unterschiedlich. Sie können die Beschwerde ernst nehmen, selbst Ermittlungen anstellen und dann handeln. Es gibt aber auch Arbeitgeber, die einer Beschwerde keinen Glauben schenken oder diese als unwichtig abtun. Im schlimmsten Fall hilft der Arbeitgeber nicht, sondern geht gegen die Person vor, die sich beschwert hat. Auch eine Kündigung als Reaktion auf eine Beschwerde ist nicht ausgeschlossen. Aber auch dagegen können Sie sich wehren. Das Risiko, nichts zu tun und sich über Jahre einer Diskriminierung auszusetzen, ist höher. Diskriminierungen am Arbeitsplatz können krank machen und dem Selbstwertgefühl schaden.

Beschwerde hat keinen Erfolg

Wenn der Arbeitgeber auf die Beschwerde nicht antwortet oder eine Diskriminierung verneint, sollten Beschäftigte sich bei einem Anwalt bzw. einer Anwältin oder ihrer Gewerkschaft über weitere Schritte rechtlich beraten lassen.

Eigenkündigung

In vielen Fällen von Diskriminierung am Arbeitsplatz kündigen die Beschäftigten selbst. Das ist verständlich, weil sie sich so dieser belastenden Situation entziehen. Nach einer Eigenkündigung ist es jedoch viel schwieriger, eine Entschädigung, Schadensersatz oder auch ein gutes Arbeitszeugnis zu bekommen. Sogar eine Sperrzeit beim Arbeitsamt kann die Folge sein. Bevor Sie selbst kündigen, sollten Sie sich über die rechtlichen Folgen beraten lassen! (Weitere Informationen finden Sie im Kapitel »Kündigungen« auf Seite 247 f.).

Leistungsverweigerungsrecht gemäß § 14 AGG

Nur bei der Belästigung oder sexuellen Belästigung gibt es ein Leistungsverweigerungsrecht. Wenn der Arbeitgeber keine ausreichenden Maßnahmen ergreift, um Beschäftigte zu schützen, können diese ihre Arbeitsleistung verweigern. Der Arbeitgeber muss aber trotzdem weiterhin den Lohn zahlen. Bevor man dieses Leistungsverweigerungsrecht ausübt, sollte man sich unbedingt rechtlich beraten lassen. Denn der Arbeitgeber kann darauf mit einer Abmahnung oder Kündigung reagieren und die Gehaltszahlungen einstellen.

Erst das Arbeitsgericht würde bei einer Klage gegen den Arbeitgeber entscheiden, ob die Gründe für eine Leistungsverweigerung ausreichen. Falls die Gründe nicht anerkannt werden, ist eine eventuelle Kündigung durch den Arbeitgeber wirksam.

Schadensersatz und Entschädigung nach § 15 AGG

Wenn Beschäftigte am Arbeitsplatz diskriminiert werden, haben sie möglicherweise einen Anspruch auf Schadensersatz oder Entschädigung. Dieser Anspruch muss beim Arbeitgeber fristgemäß und schriftlich geltend gemacht werden. Bei dieser schriftlichen Geltendmachung können Beschäftigte sich von einer Beratungsstelle, ihrer Gewerkschaft oder einem Anwalt bzw. einer Anwältin unterstützen lassen.

Achtung, Fristen!

Der Anspruch auf Schadensersatz und Entschädigung muss innerhalb von zwei Monaten schriftlich beim Arbeitgeber geltend gemacht werden. Wenn ein Tarifvertrag gilt, kann diese Frist länger sein. Die Frist beginnt mit der letzten Diskriminierungshandlung zu laufen. Im Fall einer Bewerbung beginnt die Frist mit der Ablehnung. Wenn diese Frist versäumt wird, kann man den Arbeitgeber nicht mehr auf Zahlung verklagen.

Wenn der Arbeitgeber die Zahlung ablehnt, muss man für eine Entschädigung innerhalb von weiteren drei Monaten eine Klage gegen den Arbeitgeber erheben. Die Frist beginnt mit dem Tag der schriftlichen Geltendmachung zu laufen und nicht erst mit der möglichen Ablehnung des Arbeitgebers. Wenn diese Frist zur Klage nicht eingehalten wird, kann man keine Entschädigung mehr verlangen.

Wichtig: Da es später Streit darüber geben kann, ob bestimmte Handlungen diskriminierend waren, sollten Sie sich bei Problemen am Arbeitsplatz sofort rechtlich beraten lassen. So stellen Sie sicher, dass Sie Ihre Rechte nicht wegen abgelaufener Fristen verlieren.

Schadensersatz

Wenn Beschäftigte aufgrund einer Diskriminierung einen materiellen Schaden erlitten haben, können sie vom Arbeitgeber einen Ersatz in Geld dafür verlangen.

Beispiel: Schadensersatz wegen versagter Beförderung

Eine Arbeitnehmerin hat eine bereits zugesagte Beförderung nicht bekommen, nachdem sie ihre Schwangerschaft mitgeteilt hat. Das ist eine Diskriminierung wegen des Geschlechts. Der Schaden besteht für sie in der Differenz der vorherigen Vergütung und dem Gehalt auf der höheren Stelle.

Für welchen Zeitraum sie die Differenz zukünftig bekommen muss, ist noch nicht abschließend geklärt.

Entschädigung

Wenn der Arbeitgeber gegen das Diskriminierungsverbot verstoßen hat, können Beschäftigte eine Entschädigung bekommen. Damit werden sie auch für die Verletzung ihres Persönlichkeitsrechts entschädigt.

Beispiel: Eine Bewerberin wird wegen ihrer Religion im Bewerbungsverfahren nicht berücksichtigt. Das Arbeitsgericht verurteilt den Arbeitgeber zur Zahlung einer Entschädigung von zwei Bruttomonatsgehältern.

Höhe der Entschädigung

Die Höhe der Entschädigung richtet sich unter anderem nach der Schwere der Persönlichkeitsrechtsverletzung. Gleichzeitig soll die Zahlung einer Entschädigung auf den Arbeitgeber abschreckend wirken. Er soll davon abgehalten werden, in Zukunft Diskriminierungen am Arbeitsplatz zuzulassen.

Klage auf Schadensersatz und Entschädigung

Es kommt selten vor, dass ein Arbeitgeber nach der schriftlichen Geltendmachung freiwillig eine Entschädigung oder Schadensersatz zahlt. Beschäftigte sollten sich darauf einstellen, dass eine Zahlung nur im Wege der Klage vor dem Arbeitsgericht durchzusetzen ist.

Gerichtsprozess

Auch wenn es das Allgemeine Gleichbehandlungsgesetz schon seit 2006 gibt, ist es schwierig, die Rechte bei Diskriminierung am Arbeitsplatz einzuklagen. In einigen Fällen ist es nicht leicht, die Diskriminierung zu beweisen. In anderen Fällen stößt man bei den vorsitzenden Richter*innen auf Unverständnis.

Für die Betroffenen kann der Prozess eine hohe emotionale Belastung sein. Es ist daher gut, wenn der Gerichtsprozess nicht nur juristisch, sondern auch empowernd durch Antidiskriminierungsverbände oder Freund*innen unterstützt wird.

Falls die Betroffenen in der ersten Instanz vor dem Arbeitsgericht gewinnen, kann es sein, dass der Arbeitgeber Berufung einlegt. Dann geht das Verfahren vor dem Landesarbeitsgericht weiter. Danach kann die Partei, die verloren hat, Revision beim Bundesarbeitsgericht einlegen.

Antidiskriminierungsverbände als Beistand im Prozess gemäß § 23 AGG

Mit Einverständnis der Betroffenen können Antidiskriminierungsverbände im Gerichtsprozess als Unterstützung dazukommen. Sie können schriftlich und mündlich ihre Expertise zu Diskriminierungen und den damit zusammenhängenden Rechtsfragen beisteuern.

Kosten für die Klage

Im Prozess vor dem Arbeitsgericht muss man den eigenen Rechtsanwalt bzw. die eigene Rechtsanwältin selbst bezahlen, egal ob man gewinnt oder verliert. Dazu könnten Gerichtskosten kommen. Eine Versicherung für Arbeitsrechtsschutz übernimmt in der Regel die Kosten. Gewerkschaftsmitglieder können bei ihrer Gewerkschaft den Rechtsschutz anfragen.

Geringverdiener*innen können Prozesskostenhilfe vom Staat beantragen.

(Weitere Informationen über den Prozess vor dem Arbeitsgericht finden Sie im Kapitel »Kündigungsschutzprozess« ab Seite 251).

Maßregelungsverbot nach § 16 AGG

Das sogenannte Maßregelungsverbot schützt Beschäftigte, die sich über eine Diskriminierung beschweren. Sie dürfen durch die Beschwerde keine Nachteile erleiden. Geschützt werden auch Kolleg*innen, die eine Person unterstützen, und Zeug*innen. In der Praxis kommt es aber trotzdem vor, dass nach einer Beschwerde gegen die Person vorgegangen wird, die sich beschwert hat. Deshalb kann es vor einer Beschwerde sinnvoll sein, sich zu den eigenen Rechten und auch zum Thema Kündigungsschutz und Rechtsschutz beraten zu lassen.

Beispiel: Eine Mitarbeiterin beschwert sich bei der Vorgesetzten über rassistisches Verhalten von Kolleg*innen. Ein paar Tage später erhält sie die Kündigung.

Wenn die Kündigung wegen der Beschwerde ausgesprochen wurde, ist sie unwirksam. Um die Unwirksamkeit feststellen zu lassen, muss die Mitarbeiterin innerhalb von drei Wochen eine Kündigungsschutzklage erheben. Vor Gericht muss man den Zusammenhang zwischen der Beschwerde und der Kündigung darlegen.

Die Pflichten des Arbeitgebers nach § 12 AGG

Wenn Kolleg*innen oder Vorgesetzte diskriminieren, muss der Arbeitgeber die Betroffenen schützen. Die Maßnahmen gehen von einer einfachen Ermahnung bis hin zur fristlosen Kündigung. Sie sollen je nach Schwere der Diskriminierung ausgewählt werden.

Diese Maßnahmen sind möglich:

Ermahnung: Bei einer Ermahnung wird den Beschäftigten aufgezeigt, was sie falsch gemacht haben. Gleichzeitig werden sie darauf hingewiesen, diesen Fehler nicht zu wiederholen.

Abmahnung: Die Abmahnung ist eine Vorstufe zur Kündigung. Mit einer Abmahnung zeigt der Arbeitgeber auf, dass jemand gegen seine arbeitsrechtlichen Pflichten verstoßen hat und dass er dies nicht weiter dulden werde. Er droht mit »arbeitsrechtlichen Konsequenzen« bis hin zu einer Kündigung. In den meisten Fällen wird schriftlich abgemahnt.

Umsetzung: Der Arbeitgeber weist den Beschäftigten einen neuen Arbeitsplatz zu, z.B. einen anderen Raum, eine andere Etage oder ein anderes Gebäude. Sie bleiben aber innerhalb desselben Betriebs und behalten die gleichen Aufgaben.

Versetzung: Bei der Versetzung bekommt die störende Person einen Arbeitsplatz außerhalb des Betriebs oder der Ortschaft. Im Normalfall sollte die Person versetzt werden, die eine andere Person diskriminiert hat. Wenn das Arbeitsumfeld sehr toxisch ist, kann es jedoch sinnvoll sein, nach der Versetzung der betroffenen Person zu fragen.

Kündigung: Der Arbeitgeber kann eine verhaltensbedingte ordentliche Kündigung unter Einhaltung der Kündigungsfrist aussprechen. In schweren Fällen kann auch eine fristlose Kündigung angemessen sein.

Prävention – der Arbeitgeber muss vorbeugende Maßnahmen treffen

Der Arbeitgeber soll nicht erst eingreifen, wenn schon etwas passiert ist. Das Allgemeine Gleichbehandlungsgesetz verpflichtet ihn, auch vorbeugend etwas gegen Diskriminierung am Arbeitsplatz zu tun. Er soll alle Beschäftigten auf die Unzulässigkeit von Benachteiligungen hinweisen. Mitarbeiter*innen und Vorgesetzte sollen zu dem Thema geschult werden. Die Schulungen sollen zu den verschiedenen Benachteiligungen informieren und sensibilisieren. Denn Diskriminierungen finden teils mit voller Absicht, teils aus Unwissenheit oder sogar unbewusst statt.

Besonders Vorgesetzte haben eine Vorbildfunktion und sollten solche Schulungen besuchen. Wenn sie deutlich machen, dass Diskriminierungen am Arbeitsplatz nicht geduldet werden, hat das eine Signalwirkung.

Damit die Beschäftigten eine Anlaufstelle für ihre Beschwerden haben, muss der Arbeitgeber eine Beschwerdestelle einrichten. Diese soll mit Personen besetzt werden, die sich mit den verschiedenen Diskriminierungsmerkmalen auskennen und sensibel auf Anfragen reagieren. Für Betroffene ist es wichtig, dass sie wissen, was sie in einem Beschwerdeverfahren erwartet. Der Ablauf des Beschwerdeverfahrens sollte daher allen Mitarbeitenden bekannt gemacht werden.

Gemeinsam mit dem Betriebsrat kann der Arbeitgeber eine Betriebsvereinbarung zum Schutz vor Diskriminierungen am Arbeitsplatz abschließen. Wenn alle Beschäftigten über diese Vereinbarung informiert werden und das Thema regelmäßig Inhalt der Betriebsversammlungen ist, trägt das zu einer Enttabuisierung bei.

Das Thema Diskriminierung kann auch bei Teamsitzungen und Dienstbesprechungen besprochen werden. Im Rahmen der Prävention muss der Arbeitgeber auch das Allgemeine Gleichbehandlungsgesetz im Betrieb oder in der Dienststelle z. B. durch Aushang bekannt machen. Zusätzlich kann er Broschüren und Informationen zu Beratungsstellen auslegen oder Plakate aufhängen.

Ansprechpartner*innen bei Diskriminierung am Arbeitsplatz

Wenn Beschäftigte am Arbeitsplatz diskriminiert werden, brauchen sie neben dem rechtlichen Rat oft auch empowernde Unterstützung. Ansprechpartner*innen können sie innerhalb und außerhalb des Betriebs finden.

Mögliche Ansprechpartner*innen im Betrieb

Kolleg*innen, Vorgesetzte, Betriebsrat, Personalrat, AGG-Beschwerdestelle, Vertrauensleute der Gewerkschaft, Schwerbehindertenvertretung, Frauenvertreter*in oder Gleichstellungsbeauftragte*r

Ansprechpartner*innen außerhalb des Betriebs

Antidiskriminierungsverbände, Selbsthilfegruppen, Beratungsstellen vor Ort, Antidiskriminierungsstelle des Bundes, Rechtsanwält*innen, Gewerkschaft

Für den ersten Schritt kann es einfacher sein, sich an Menschen außerhalb der Arbeitsstelle zu wenden. Viele Beratungsstellen bieten eine kostenlose Beratung bei Diskriminierungserfahrungen an. Die Antidiskriminierungsstelle des Bundes berät bundesweit kostenlos per Telefon oder E-Mail.

Die Rolle des Betriebsrats

Neben dem Arbeitgeber ist auch der Betriebsrat für den Schutz vor Diskriminierung am Arbeitsplatz verantwortlich. Der Betriebsrat ist deshalb ein Ansprechpartner, wenn Sie Probleme am Arbeitsplatz haben. Sie können mit einem Mitglied des Betriebsrats darüber sprechen und bitten, dass der Betriebsrat etwas unternimmt. Der Betriebsrat kann sich um Ihren einzelnen Fall kümmern, aber auch Regelungen für den ganzen Betrieb gemeinsam mit dem Arbeitgeber vereinbaren. So kann er z. B. eine Betriebsvereinbarung für den Schutz vor Diskriminierungen abschließen.

Fragen und Antworten

1. Ich habe Probleme am Arbeitsplatz, aber weiß nicht, ob es eine Diskriminierung ist. Was kann ich tun?

Die Antidiskriminierungsstelle des Bundes bietet kostenlose Beratung an. Rufen Sie an oder beschreiben Sie Ihr Problem in einer E-Mail.

Antidiskriminierungsstelle des Bundes – Beratungstelefon:
0800 – 546 546 5

Website der Antidiskriminierungsstelle des Bundes:
www.antidiskriminierungsstelle.de

Dazu gibt es viele lokale Beratungsstellen. Der Antidiskriminierungsverband Deutschland informiert Sie über Beratungsstellen in Ihrer Nähe: www.antidiskriminierung.org

2. Kann die Diskriminierung auch eine Straftat sein? Sollte ich eine Anzeige bei der Polizei machen?

Diskriminierungen am Arbeitsplatz können auch Straftaten sein. Sie sind dann nicht nur nach dem Allgemeinen Gleichbehandlungsgesetz verboten, sondern auch strafbewehrt nach dem Strafgesetzbuch. Beleidigungen, die körperliche sexuelle Belästigung und Körperverletzung sind strafbar. In solchen Fällen können Sie neben dem Verfahren im Arbeitsrecht auch eine Strafanzeige gegen den Täter erstatten. Davor sollten Sie sich rechtlich beraten lassen.

12.
Sexuelle Belästigung am Arbeitsplatz

Jede dritte Frau in Deutschland hat bereits sexuelle Belästigung am Arbeitsplatz erlebt. Die MeToo-Debatte hat wichtige Anstöße gegeben, aber das Problem besteht fort.

Was genau ist eine sexuelle Belästigung?

Sexuelle Belästigungen sind unerwünschte Bemerkungen, Berührungen oder Aufforderungen mit sexuellem Inhalt. Dazu gehören Kommentare über die Brüste einer Kollegin, das Erzählen von Witzen mit sexuellem Inhalt, Fragen nach dem Sexualleben, Berührungen am Po oder an der Brust oder die Aufforderung zum Geschlechtsverkehr. Auch das Anbringen von pornografischen Bildern im Büro ist eine sexuelle Belästigung.

Beispiele:

- Auf der Weihnachtsfeier umarmt der Chef eine Mitarbeiterin von hinten und fasst ihr an die Brust
- Der Geschäftsführer fragt seine Mitarbeiterin: »Mit wem schläfst du gerade?«
- Ein Vorgesetzter schickt seiner Mitarbeiterin Messenger-Nachrichten mit Fotos von einem Doppelbett im Hotel und schlägt ein privates Treffen vor.
- Ein Kollege schickt einer Kollegin via Messenger Links zu Pornoseiten.
- In einer Werkstatt hängen pornografische Fotos.

Auch wenn die Belästigungen einen sexuellen Charakter haben, geht es den Tätern meistens darum, ihre Macht zu zeigen. Der Vorgesetzte oder Kollege will Frauen einschüchtern, um sie besser kontrollieren und sich selbst aufspielen zu können.

Der Fall: Der Einfluss der MeToo-Debatte auf die Rechtsprechung

Ein Arbeitnehmer arbeitete als Küchenhilfe in einer Privatklinik. Im Jahr 2018 forderten neun Kolleg*innen von der Geschäftsführung seine Kündigung, weil er sie wiederholt beleidigt hatte. Der Kläger wurde gekündigt. Er konnte jedoch im Kündigungsschutzprozess die Fortsetzung seines Arbeitsverhältnisses erreichen. Im Jahr 2019 gab es einen weiteren Vorfall. In der Spülküche traf er auf eine Mitarbeiterin und nannte sie »Du Nutte«. Daraufhin sprach der Arbeitgeber eine fristlose und hilfsweise eine verhaltensgemäße fristgemäße Kündigung aus. Auch gegen diese Kündigungen klagte der Arbeitnehmer.

Dieses Mal sah das Gericht die Kündigung als wirksam an. Es bejahte eine sexuelle Belästigung in Form einer sexualisierten Beleidigung. Die Bezeichnung als »Nutte« sei grob beleidigend und stelle eine erhebliche Ehrverletzung gegenüber der Mitarbeiterin dar. Das Gericht sah auch die einmalige Verwendung eines solchen Begriffs im Betrieb bereits als unzumutbar an. Denn nach der MeToo-Diskussion in der Alltagskultur müssten alle Bürger*innen wissen, dass eine sexuelle Belästigung im beruflichen Umfeld nicht toleriert wird.

Arbeitsgericht Köln vom 11.12.2019 –
Aktenzeichen 7 Ca 2478/19

Grenzen setzen

In vielen Situationen sind die Betroffenen unsicher, ob es sich bereits um eine sexuelle Belästigung handelt. Sie fragen sich, ob sie sich dagegen schon wehren dürfen oder sollten oder ob es »normal« oder ein Missverständnis war. Es geht z. B. um eine Bemerkung oder Blicke, die ihnen nicht gefallen haben, oder auch um Berührungen, die zufällig oder gewollt sein können.

Es kommt erst mal nicht darauf an, ob es eine sexuelle Belästigung im juristischen Sinne ist oder nicht. Wenn sich jemand in einer Situation nicht wohlgefühlt hat, stimmt etwas nicht. Man sollte die andere Person darauf ansprechen oder anders deutlich machen, dass solche Bemerkungen oder Berührungen nicht erwünscht sind.

Beispiel: Ein Kollege legt einer Kollegin bei einem Gespräch die Hand auf die Schulter.

▸▸ Allein diese Berührung würde nicht als sexuelle Belästigung gewertet werden. Vielleicht gibt es sogar Kolleg*innen, die das als schöne vertraute Geste wahrnehmen. Aber darauf kommt es nicht an. Wenn es dieser Kollegin unangenehm ist, dann muss der Kollege damit aufhören.

Was Sie tun können

Jede Situation ist anders und es gibt mehrere Möglichkeiten, zu reagieren. Deshalb gibt es natürlich nicht die eine richtige Reaktion. Aber machen Sie keine gute Miene zum bösen Spiel. Lassen Sie Ihr Gegenüber merken, dass Sie nicht einverstanden sind.

Hier ein paar Vorschläge:

- Sprechen Sie aus, was Sie denken: »Das ist ja eklig/ätzend/widerlich!«
- Werden Sie laut: »Fassen Sie mich nicht an!« Oder: »Solche Sprüche will ich nicht hören!«
- Schieben Sie den Täter beiseite, nehmen Sie seine Hände von Ihrem Körper.
- Entziehen Sie sich der Situation, verlassen Sie den Raum. Das ist zwar ein Rückzug. Aber vielleicht machen es Ihnen andere nach. Wenn z. B.

bei einem sexistischen Witz immer alle rausgehen, ist das ein starkes Signal.

In so einer Situation fällt es schwer, schlagfertig zu sein. Meistens wird man überrumpelt und merkt nur noch, wie die Wut die Gedanken lähmt. Seien Sie also nicht streng mit sich selbst, wenn Sie nichts gesagt oder getan haben. Sie können sich später jederzeit über den Vorfall beschweren oder die Person selbst zur Rede stellen.

Holen Sie sich Unterstützung

Sprechen Sie mit Freunden und Freundinnen oder Ihrer Familie darüber, was passiert ist. Lassen Sie sich Rückhalt geben und überlegen Sie zusammen mit den vertrauten Menschen, wie Sie reagieren können. Das Wichtigste ist, dass Sie etwas tun. Wenn es keine Gegenwehr gibt, passiert es in den meisten Fällen wieder. Ihr Schweigen wird vom Täter als Einladung aufgefasst, weiterzumachen. Wenn Sie diese Zustände auf Dauer ertragen, können Sie davon krank werden und es besteht die Gefahr, dass Ihr Selbstwertgefühl Schaden nimmt.

! Tipp: Schreiben Sie ein Gedächtnisprotokoll

Die Erinnerung an Einzelheiten verschwindet schneller, als man denkt, deshalb sollten Sie noch am gleichen Tag ein Gedächtnisprotokoll schreiben. Notieren Sie das Datum und die Uhrzeit. Was genau wurde gesagt oder gemacht? Wo war das? Wer war noch dabei? Wenn es schriftliche Nachrichten gibt, etwa WhatsApp-Nachrichten oder E-Mails, speichern Sie diese ab, um Beweise zu sichern.

Das Recht auf Beschwerde

Das Allgemeine Gleichbehandlungsgesetz schützt Beschäftigte vor sexueller Belästigung am Arbeitsplatz. Sie haben ein Recht, sich über die Belästigung zu beschweren, wenn Sie sich belästigt fühlen. Für eine Beschwerde kommt es also auf das Empfinden einer Person an.

Der Arbeitgeber muss sogar eine Beschwerdestelle einrichten und diese im Betrieb bekannt machen. Gibt es eine solche Beschwerdestelle bei Ihnen nicht, können Sie sich an Vorgesetzte oder die Personalabteilung wenden. Der Arbeitgeber muss die Beschwerde prüfen und Ihnen das Ergebnis mitteilen. Er trägt die Verantwortung dafür, dass die sexuelle Belästigung aufhört.

Beratung durch Außenstehende

In manchen Fällen fällt es leichter, sich erst mal an Menschen außerhalb des Betriebes zu wenden. Die Antidiskriminierungsstelle des Bundes bietet eine kostenlose Beratung per Telefon oder E-Mail an. Auf dieser Internetseite finden Sie die Kontaktdaten: www.antidiskriminierungsstelle.de.

Dazu gibt es in vielen Städten Beratungsstellen, die eine kostenlose Beratung in Fällen von sexueller Belästigung und Gewalt gegen Frauen anbieten.

Sie können sich auch von Anwält*innen beraten lassen und so eine Einschätzung zu den arbeitsrechtlichen Möglichkeiten bekommen. Wenn Sie Mitglied einer Gewerkschaft sind, können Sie dort Rechtsrat bekommen. Die Gewerkschaft ver.di informiert auf einer Internetseite über das Thema sexuelle Belästigung: https://macht-immer-sinn.de/stark-gegen-sexuelle-belaestigung/.

Die Pflichten des Arbeitgebers

Der Arbeitgeber muss sich schützend vor seine Beschäftigten stellen und dafür sorgen, dass die sexuelle Belästigung sofort aufhört. Je nach Schwere des Falls muss er den Belästiger ermahnen, abmahnen, versetzen oder sogar kündigen. Bei einer Ermahnung wird dem Täter gesagt, dass er sich falsch verhalten hat. Eine Abmahnung enthält dazu die Androhung einer Kündigung, falls das Verhalten noch einmal vorkommt. Durch eine Versetzung des Täters an einen Arbeitsplatz fern von der betroffenen Person kann die Situation erst einmal entschärft werden. Der Arbeitgeber muss natürlich sicherstellen, dass die Belästigungen an dem neuen Arbeitsplatz nicht gegenüber anderen Mitarbeiter*innen weitergehen. In schweren Fällen kann der Arbeitgeber auch eine ordentliche oder eine fristlose Kündigung aussprechen.

Der Fall: Sexuelle Belästigung eines Leiharbeitnehmers

In einem Stahlwerk arbeiteten Beschäftigte des Stahlwerks zusammen mit Leiharbeitnehmern. Ein Mitarbeiter des Stahlwerkes griff einem Leiharbeitnehmer von hinten schmerzhaft in die Genitalien. Danach sagte er zu dem Leiharbeitnehmer: »Du hast aber dicke Eier.« Der Mitarbeiter wurde von dem Stahlwerk dafür fristlos gekündigt.

Das Bundesarbeitsgericht sah darin eine sexuelle Belästigung und ein schweres Fehlverhalten, das eine fristlose Kündigung rechtfertige. Es sei auch unwichtig, ob der Mitarbeiter eine sexuelle Motivation hatte. Denn sexuelle Belästigung am Arbeitsplatz sei häufig Ausdruck von Hierarchien und Machtausübung und weniger von sexuell bestimmter Lust. Der Mitarbeiter habe den Leiharbeitnehmer demütigen wollen.

**Bundesarbeitsgericht vom 29.06.2017 –
Aktenzeichen 2 AZR 302/16**

Nach dem Allgemeinen Gleichbehandlungsgesetz muss der Arbeitgeber auch vorbeugend etwas gegen sexuelle Belästigung tun. Es fängt damit an, dass er das Gesetz im Betrieb zur Information aushängen muss. Er soll alle Beschäftigten auf das Verbot von Diskriminierungen am Arbeitsplatz hinweisen. Der Arbeitgeber ist außerdem dazu verpflichtet, eine Beschwerdestelle einzurichten, die mögliche Beschwerden über sexuelle Belästigungen entgegennimmt. Diese muss bei allen Mitarbeiterinnen und Mitarbeitern bekannt gemacht werden. Alle sollen wissen, an wen sie sich im Fall einer Diskriminierung wenden können.

Leistungsverweigerungsrecht

Wenn der Arbeitgeber Sie nach der Beschwerde nicht vor sexuellen Belästigungen schützt, haben Sie ein Leistungsverweigerungsrecht. Das bedeutet, dass Sie nicht zur Arbeit gehen müssen, aber der Arbeitgeber trotzdem verpflichtet ist, den Lohn weiterzuzahlen. Bevor Sie dieses Recht in Anspruch nehmen, sollten Sie sich unbedingt rechtlich beraten lassen. Denn falls ein Gericht später entscheidet, dass keine sexuelle Belästigung vorlag, kann das Fernbleiben vom Arbeitsplatz ein Kündigungsgrund sein.

Recht auf Entschädigung und Schadensersatz

Betroffene von sexueller Belästigung haben in vielen Fällen einen Anspruch auf Entschädigung und Schadensersatz. Dafür müssen sie dem Arbeitgeber innerhalb von zwei Monaten nach dem letzten Vorfall eine schriftliche Geltendmachung schicken. Wenn ein Tarifvertrag gilt, kann die Frist auch länger sein. Wenn der Arbeitgeber nicht zahlt, muss man die Entschädigung innerhalb von drei Monaten nach der Geltendmachung vor Gericht einklagen.

Die Höhe der Entschädigung hängt von mehreren Faktoren ab:

- Von der Schwere des Verstoßes
- Vom Ausmaß des Verschuldens
- Von der Art der Beeinträchtigung
- Davon, ob es ein einmaliger Vorfall oder ein Wiederholungsfall war

Für einen Schadensersatz muss man genau darlegen, welche Schäden entstanden sind. Wenn der Arbeitgeber auf eine Beschwerde über sexuelle Belästigung unberechtigt kündigt, haftet er für die sozialversicherungsrechtlichen Schäden.

Der Fall: Entschädigung wegen sexueller Belästigung durch den Geschäftsführer

Eine Frau arbeitete als Bürokraft im Rahmen eines Minijobs. Im Büro war sie mit dem einzigen Geschäftsführer meistens allein. Zu Beginn des Arbeitsverhältnisses suchte er immer wieder ihre Nähe und streichelte ihr über längere Zeit über den Rücken. Bei einer gemeinsamen Fahrt im Auto zu einem Außendiensttermin berührte er sie mit der rechten Hand am Oberschenkel. Zuvor hatte er ihr eine im Auto verstaute Pistole gezeigt. Eine Woche später im Büro umfasste er sie von hinten und drückte auf ihre Brüste. Sie konnte sich mit erheblicher Kraftanstrengung befreien. Nach diesem Vorfall erstattete sie Strafanzeige bei der Polizei und ging nicht mehr zur Arbeit. Der Arbeitgeber sprach darauf die Kündigung aus. Sie wehrte sich gegen die Kündigung und klagte auf eine Entschädigung. Die Richter*innen sahen die Kündigung als unwirksam an, weil der Arbeitgeber die Mitarbeiterin damit zu Unrecht gemaßregelt habe. Sie verurteilten den Arbeitgeber zur Zahlung von 5.000 Euro Entschädigung für die schwerwiegende sexuelle Belästigung.

Arbeitsgericht Weiden vom 16.09.2015 – Aktenzeichen 3 Ca 1739/14

Betroffene brauchen Unterstützung

Für die Betroffenen wird die Situation noch schlimmer, wenn sie sich damit alleingelassen fühlen. Sexuelle Belästigungen in Form von anzüglichen Bemerkungen oder sogenannten Witzen gegenüber einer Mitarbeiterin finden auch im Beisein von Kolleg*innen statt. Das ist für die betroffene Person besonders demütigend. Wenn Sie so etwas mitbekommen, mischen Sie sich ein und sagen Sie, dass solche Kommentare unangebracht sind. Falls das Einmischen in der Situation nicht möglich war, bieten Sie der Kollegin später Ihre Hilfe bei einer Beschwerde an. Sie könnten auch gemeinsam zu dem Kollegen oder Vorgesetzten gehen und ihm sagen, dass er dieses Verhalten in Zukunft unterlassen soll.

Wenn Ihnen eine Kollegin, Freundin oder Bekannte von einem Übergriff erzählt, hören Sie bitte zu und versuchen Sie die Situation zu verstehen und ernst zu nehmen. Sie werden angesprochen, weil die Kollegin oder Freundin Ihnen vertraut und sich Rückhalt erhofft. Überlegen Sie gemeinsam, wie die Betroffene gegen den Belästiger vorgehen kann. Wenn sie eine Kollegin ist, könnten Sie anbieten, gemeinsam zu einem Gespräch mit dem Vorgesetzten zu gehen. Eine Freundin können Sie zu einer Rechtsberatung begleiten.

In einigen Fällen, die ich beraten habe, wurden die Frauen von ihrem Umfeld stark verunsichert. Eine Mandantin vertraute sich nach unangemessenen Berührungen durch einen Vorgesetzten einem Kollegen an und wurde von diesem als »blöde« dargestellt, weil sie so etwas mitmachen würde. Er gab ihr damit eine Mitschuld an der Situation und entmutigte sie, sich zur Wehr zu setzen. Solche Menschen sollte man als Betroffene unbedingt ignorieren.

Die Rolle des Betriebsrats

Auch der Betriebsrat ist Ansprechpartner bei sexueller Belästigung am Arbeitsplatz. Wenn sie sich nicht an den Arbeitgeber wenden möchten, können Beschäftigte ein Betriebsratsmitglied ihres Vertrauens ansprechen. Denn der Betriebsrat muss Beschwerden von Arbeitnehmer*innen entgegennehmen, diese prüfen und gegebenenfalls beim Arbeitgeber um Abhilfe fragen.

Nach dem Betriebsverfassungsgesetz und dem Allgemeinen Gleichbehandlungsgesetz gehört es zu den Aufgaben des Betriebsrats, gegen Diskriminierungen am Arbeitsplatz vorzugehen. Er kann mit dem Arbeitgeber eine Betriebsvereinbarung zum Schutz vor sexueller Belästigung abschließen. Der Betriebsrat kann das Thema auch bei einer Betriebsversammlung auf die Tagesordnung setzen und so die Belegschaft darüber informieren.

Falls der Arbeitgeber gegen seine Verpflichtungen aus dem Allgemeinen Gleichbehandlungsgesetz in grober Weise verstößt, kann der Betriebsrat dagegen auch unabhängig von einer Beschwerde vorgehen.

Fragen und Antworten

1. Muss ich nach einer sexuellen Belästigung weiter zur Arbeit gehen?

Eine sexuelle Belästigung ist psychisch sehr belastend. Wenn es Ihnen nicht gut geht, melden Sie sich morgens krank und gehen zu Ihrer Ärztin bzw. Ihrem Arzt. Diese/r muss entscheiden, ob Sie arbeitsfähig sind oder nicht. Überlegen Sie in Ruhe, wie Sie weiter vorgehen wollen. War der Vorfall so schlimm, dass Sie dort nicht wieder hingehen möchten? Könnten Sie hingehen, wenn der Kollege z. B. nach einer Abmahnung durch den Arbeitgeber die Belästigungen in Zukunft unterlässt? Möglicherweise haben Sie ein Leistungsverweigerungsrecht. Lassen Sie sich rechtlich beraten und entscheiden Sie dann, wie Sie weiter vorgehen.

2. Gibt es Personen, die häufiger von sexueller Belästigung betroffen sind?

In den meisten Fällen gibt es zwischen dem Belästiger und der Betroffenen ein Machtgefälle. Frauen, die neu im Betrieb sind, noch in der Probezeit oder Beschäftigte mit befristetem Arbeitsvertrag haben ein größeres Risiko. Auch wird oft das Machtgefälle zwischen Ausbilder und Azubi oder Vorgesetztem und Mitarbeiter*in ausgenutzt. Auch bei zwei Gerichtsentscheidungen über sexuelle Belästigung von Männern gegen andere Männer ist auffällig, dass die Betroffenen jeweils Leiharbeitnehmer im Unternehmen waren. Sie arbeiten zu schlechteren Arbeitsbedingungen und sind leichter austauschbar. Deshalb erwarten sich die Täter weniger Gegenwehr.

3. Ich arbeite als Kellnerin in einem Café. Was kann ich gegen die anzüglichen Bemerkungen des Gastes unternehmen?

Der Arbeitgeber muss auch vor Belästigungen von Außenstehenden schützen. Er muss sicherstellen, dass Sie an Ihrem Arbeitsplatz nicht belästigt werden. Einen Kunden kann der Arbeitgeber darauf hinweisen, solche Sprüche zu unterlassen, oder ein Hausverbot aussprechen.

4. Ich habe die Vermutung, dass eine Kollegin sexuell belästigt wird. Wie kann ich ihr helfen?

Sie können z. B. das Hilfetelefon »Gewalt gegen Frauen« kostenlos unter der Telefonnummer 08000 – 116 016 anrufen. Dort werden nicht nur betroffene Frauen beraten, sondern auch Menschen, die unterstützen wollen.

13.
Mobbing

Das englische Wort »Mobbing« bedeutet »über jemanden herfallen« oder »jemanden schikanieren«. Mobbing ist in der Arbeitswelt verbreitet. Laut einer Studie aus dem Jahr 2001 hatten circa 11 Prozent der Beschäftigten in ihrem Berufsleben schon einmal Mobbing am Arbeitsplatz erfahren. Im Jahr 2015 gaben 16 Prozent der Befragten an, im letzten Jahr am Arbeitsplatz belästigt oder bedroht worden zu sein. Diese Zahlen zeigen, dass Gewalt am Arbeitsplatz keine Ausnahme ist. Mobbing kann alle Beschäftigten treffen. Es gibt nicht das typische Mobbingopfer.

Was ist Mobbing?

Mobbing ist eine Form der psychischen Gewalt. Es ist das wiederholte und regelmäßige, vorwiegend seelische Schikanieren, Quälen und Verletzen eines einzelnen Menschen durch eine Gruppe oder eine Einzelperson. Es kann von Kolleg*innen oder Vorgesetzten ausgehen.

Beispiele für Mobbinghandlungen:

- Zuweisung sinnloser Aufgaben
- Demütigungen
- Verbreiten von Lügen über eine Person
- Vorenthalten von Informationen
- Unangemessene Kritik
- Anschreien
- Kontaktverweigerung
- Drohung mit körperlicher Gewalt

Ein einziges Vorkommnis wird nicht als Mobbing bezeichnet. Wenn aber viele Ereignisse über einen längeren Zeitraum zusammenkommen, kann das Mobbing am Arbeitsplatz sein.

Wichtig: Es wird schnell von Mobbing gesprochen, wenn etwas auf der Arbeit falsch gelaufen ist. Jedoch nicht jede Auseinandersetzung und Meinungsverschiedenheit erfüllt den Begriff des Mobbing im juristischen Sinne.

Auswirkungen von Mobbing

Mobbing kann die geistige und körperliche Gesundheit stark beeinträchtigen. Betroffene fühlen sich unsicher, gestresst und haben Angst, zur Arbeit zu gehen. Nach einiger Zeit können sich Schlafstörungen, Kopf- und Nackenschmerzen, Konzentrationsschwierigkeiten, Depressionen und auch andere Beschwerden einstellen. Wenn eine Mobbingsituation am Arbeitsplatz über Jahre ausgehalten wird, können Betroffene schwer erkranken, unter anderem am posttraumatischen Stresssyndrom.

Auch Kolleg*innen leiden unter dem schlechten Betriebsklima und letztendlich der Betrieb selbst. Oft sinken die Motivation und die Leistungsfähigkeit der betroffenen Abteilung oder des Betriebs. Auch deshalb ist Vorbeugung und Bekämpfung von Mobbing im Interesse des Arbeitgebers.

Unterstützung holen

Betroffene sollten nicht abwarten, sondern sich möglichst schnell Unterstützung holen. Die Situation klärt sich in der Regel nicht von allein. Es ist sinnvoll, Konflikte frühzeitig zu lösen, damit sich daraus nicht eine Mobbingsituation entwickelt. Verantwortlich für die Verhinderung von Mobbing ist der Arbeitgeber. Deshalb sollten sich Beschäftigte an die Vorgesetzten wenden. Aber auch Kolleg*innen, denen man vertraut, können erste Ansprechpartner*innen sein. Wenn es einen Betriebsrat gibt, kann auch dieser bei Mobbing helfen.

Mögliche Ansprechpartner*innen bei Mobbing

- Vorgesetzte
- Kolleg*innen
- Betriebsrat oder Personalrat
- Frauenbeauftragte*r oder Gleichstellungsbeauftragte*r
- Gewerkschaft
- Beratungsstelle für Mobbing
- Rechtsanwalt oder Rechtsanwältin für Arbeitsrecht

Mobbingtagebuch

Sobald Beschäftigte merken, dass sie auf der Arbeit schlecht behandelt werden, sollten sie anfangen aufzuschreiben, was passiert. Dadurch bekommen sie einen besseren Eindruck davon, welcher psychischen Gewalt sie ausgesetzt sind. Außerdem dient das Mobbingtagebuch dazu, eventuell später vor Gericht zu beweisen, dass gemobbt wurde.

Eine genaue Anleitung für das Tagebuch gibt es im Kapitel zu Diskriminierung am Arbeitsplatz auf Seite 189.

Die Pflichten des Arbeitgebers

Der Arbeitgeber muss seine Beschäftigten vor Mobbing schützen. Er darf keine Verletzung der Gesundheit oder des Persönlichkeitsrechts am Arbeitsplatz dulden. Er kann Personen, die mobben, eine Ermahnung oder Abmahnung erteilen, sie versetzen oder kündigen.

Die Rechte der Betroffenen

Die Betroffenen haben das Recht, sich über das Mobbing zu beschweren. Der Arbeitgeber muss reagieren und das Mobbing unterbinden.

Wenn der Arbeitgeber nichts gegen das Mobbing unternimmt, haben Betroffene unter Umständen einen Anspruch auf eine Entschädigung in Geld oder Schadensersatz.

Klage gegen Mobbing

Eine Klage im Fall von Mobbing kann zwei Ziele haben: Der Arbeitgeber wird verpflichtet, das Mobbing zu unterbinden. Oder er wird verpflichtet eine Entschädigung oder Schadensersatz zu zahlen.

Wichtig: Die Ansprüche auf Schadensersatz und Entschädigung verfallen mit den Ausschlussfristen im Arbeitsvertrag. Die Ausschlussfristen sind oft zwischen drei und sechs Monaten. Lassen Sie sich umgehend beraten, um keine Fristen zu verpassen.

Bevor die Klage erhoben wird, kann man versuchen, die Sache außergerichtlich durch ein Schreiben eines Rechtsanwalts bzw. einer Rechtsanwältin oder der Gewerkschaft zu klären.

Beweislage

Die Beweislast für Ansprüche wegen Mobbing tragen die betroffenen Beschäftigten. Sie müssen nachweisen, dass sie gemobbt wurden. Deshalb ist das Führen eines sogenannten Mobbingtagebuchs sehr wichtig. Man muss ausführlich beschreiben wann, wer etwas gesagt oder getan hat.

Eine Klage will gut überlegt sein

Klagen auf Unterlassen von Mobbing oder auf eine Entschädigung sind schwer zu gewinnen. Es ist schwierig, mit juristischen Mitteln gegen Mobbing vorzugehen. Denn ein Schreiben oder eine Klage kontrollieren nicht das Verhalten der Kolleg*innen oder Vorgesetzten am Arbeitsplatz. Wenn das Umdenken in der Unternehmenskultur nicht gewollt ist, ist es schwierig, eine Verhaltensänderung zu erreichen.

Ein Gerichtsprozess ist für viele Menschen nervenaufreibend. Es kann sein, dass man von den Richter*innen befragt wird oder den Mobbern wiederbegegnet. Falls man den Prozess verliert, kann dies eine erneute Demütigung sein.

Beschäftigte sollten sich daher gut überlegen, ob sie in der Lage sind, einen Gerichtsprozess zu führen. Neben einem Rechtsanwalt bzw. einer

Rechtsanwältin sollte das Gerichtsverfahren von Freund*innen, Familie oder einer Beratungsstelle auch unterstützend begleitet werden.

Durch den Prozess wird es nicht unbedingt besser am Arbeitsplatz. Eine Lösung kann deshalb sein, sich einen neuen Job zu suchen und dann den alten Arbeitgeber auf Entschädigung oder Schadensersatz zu verklagen.

Eine Entschädigung wird von den Arbeitsgerichten nur in sehr schweren Fällen zugesprochen. Das heißt aber nicht, dass man gegen unfaire Behandlung am Arbeitsplatz nichts tun sollte. Ganz im Gegenteil gilt der Grundsatz »Wehret den Anfängen«, denn setzt man nichts entgegen, ist es eine Einladung, weiterzumachen. Falls sich aber auch nach Beschwerden, Gesprächen und Anwaltsschreiben nichts ändert, sollten Beschäftigte sich nach einem neuen Job umsehen. Ansonsten ist die Gefahr einer Gesundheitsschädigung groß.

Prozesskosten

Je höher die Summe der eingeklagten Entschädigung oder des Schadensersatzes ist, desto höher sind auch die Kosten für den Rechtsanwalt bzw. die Rechtsanwältin und die Gerichtskosten. Nur mit einer Rechtsschutzversicherung oder Unterstützung durch die Gewerkschaft hat man dieses Problem nicht. Geringverdiener*innen haben die Möglichkeit, Prozesskostenhilfe zu beantragen.

Mobbing und Diskriminierung

Wenn Beschäftigte wegen ihrer Herkunft, des Geschlechts oder ihrer sexuellen Orientierung gemobbt werden, ist dies auch eine Diskriminierung nach dem Allgemeinen Gleichbehandlungsgesetz. Das Gleiche gilt für die Merkmale Alter, Religion und Behinderung.

Die rechtliche Situation ist in diesen Fällen einfacher für die Beschäftigten (siehe dazu Kapitel »Diskriminierung am Arbeitsplatz« ab Seite 188).

Fragen und Antworten

1. Muss ich weiter zur Arbeit gehen, wenn meine Vorgesetzten mich nicht vor dem Mobbing schützen?

Wenn der Arbeitgeber das Mobbing nicht unterbindet, müssen Beschäftigte unter Umständen nicht mehr zur Arbeit gehen. Vor diesem Schritt sollten Sie sich rechtlich beraten lassen. Denn der Arbeitgeber könnte darauf mit einer Kündigung reagieren.

2. Ist Mobbing auch strafbar?

Wenn es am Arbeitsplatz zu Beleidigungen und Körperverletzungen kommt, sind diese Handlungen auch strafbar. Bevor Sie vorschnell eine Strafanzeige gegen Kolleg*innen oder Vorgesetzte erheben, sollten Sie sich zur rechtlichen Situation beraten lassen. Auf eine Anzeige könnte der Arbeitgeber mit einer Kündigung reagieren.

3. Was ist Cybermobbing?

Beim Cybermobbing werden die Betroffenen nicht am Arbeitsplatz, sondern in sozialen Netzwerken oder per E-Mail oder Messenger angegangen.

4. Was bedeutet »Bossing« und »Staffing«?

Man spricht von »Bossing«, wenn das Mobbing von Vorgesetzten ausgeht.

Man spricht von »Staffing«, wenn Vorgesetzte durch ihr Team gemobbt werden. »Staff« ist ein englisches Wort und bedeutet »Mitarbeiter*innen« oder »Belegschaft«.

5. Was kann ich tun, wenn eine Kollegin oder ein Kollege gemobbt wird?

Sprechen Sie die Kollegin an und bieten Sie Ihre Unterstützung an. In Situationen mit mehreren Leuten sollten Sie das mobbende Verhalten kritisieren. Das ermuntert vielleicht auch andere, sich zu positionieren. Schon im eigenen Interesse sollten alle Beteiligten bei Mobbing einschreiten. Ein Arbeitsplatz, an dem jemand vor aller Augen gemobbt wird, kann kein gutes Arbeitsklima haben. Als Nächstes könnte es auch gegen Sie gehen.

14. Die Abmahnung

Abmahnungen werden von Arbeitgebern unterschiedlich eingesetzt. Die einen sehen einen Pflichtverstoß und wollen ein Zeichen setzen: »Das wird hier nicht geduldet – beim nächsten Mal gibt es die Kündigung«. Andere Arbeitgeber setzen Abmahnungen als taktisches Mittel ein, um Mitarbeiter*innen zu vergraulen. Sie nehmen eine Lappalie zum Anlass und benutzen eine Abmahnung als Wink mit dem Zaunpfahl: »Wir wollen Sie hier nicht mehr haben«. Auch zur Einschüchterung oder zum Mürbemachen von Betriebsräten werden Abmahnungen erteilt.

Was ist eine Abmahnung?

Die Abmahnung ist eine Vorstufe zur Kündigung. Mit einer Abmahnung zeigt der Arbeitgeber auf, dass jemand gegen seine arbeitsrechtlichen Pflichten verstoßen hat und dass er dies nicht weiter dulden werde. Er droht mit »arbeitsrechtlichen Konsequenzen« bis hin zu einer Kündigung.

Vereinfacht hat eine Abmahnung diesen Inhalt:

- Sie haben etwas Bestimmtes falsch gemacht.
- Machen Sie das nicht noch mal.
- Wenn Sie es noch mal machen, können wir Sie kündigen.

Beispiel Abmahnung:

*Sehr geehrte*r Arbeitnehmer*in,*

in den letzten Wochen sind Sie mehrfach zu spät zur Arbeit erschienen. Ihre Arbeitszeit beginnt um 8:00 Uhr morgens. Am 24.05. kamen Sie erst um 8:35 Uhr zur Arbeit. Am 12.06. waren Sie um 9:00 Uhr immer noch nicht an Ihrem Arbeitsplatz. Auch am 14.06. sind Sie erst um 8:15 Uhr zur Arbeit erschienen.
Wegen dieses Verhaltens mahnen wir Sie hiermit ab. Wenn Sie erneut gegen die Pflicht zum pünktlichen Erscheinen verstoßen, werden wir weitere arbeitsrechtliche Konsequenzen bis hin zur Kündigung ergreifen.

Mit freundlichen Grüßen
*Leiter*in Personal*

Mögliche Gründe für eine Abmahnung

- Zuspätkommen
- Nicht rechtzeitig krankgemeldet
- Arbeitsunfähigkeitsbescheinigung nicht rechtzeitig eingereicht
- Schlechtleistung
- Alkoholkonsum am Arbeitsplatz
- Verstoß gegen das Rauchverbot
- Privates Telefonat am Arbeitsplatz

Formvorschriften für die Abmahnung

Es gibt keine Formvorschriften für eine Abmahnung. Sie kann mündlich erfolgen und muss nicht als »Abmahnung« bezeichnet werden. Es reicht, wenn die mündliche oder schriftliche Nachricht den Inhalt einer Abmahnung hat. Auch wenn nicht mit einer »Kündigung«, sondern mit »arbeitsrechtlichen Konsequenzen« gedroht wird, sind die Voraussetzungen erfüllt.

In den meisten Fällen erteilt der Arbeitgeber eine Abmahnung schriftlich, damit er bei weiterem Fehlverhalten beweisen kann, dass er bereits abgemahnt hat.

! Tipp:

Wenn Ihnen die Abmahnung persönlich überreicht wird, ist wichtig, dass Sie nichts unterschreiben. Sie sind nicht dazu verpflichtet. Manchmal steht neben dem *»Abmahnung erhalten«* auch noch ein *»und wird akzeptiert«* oder Ähnliches. Hier gilt wie bei allen anderen Dokumenten auch: mit nach Hause nehmen, in Ruhe durchsehen und beraten lassen.

Eine Abmahnung kann auch durch einen Boten nach Hause gebracht werden. Durch die Abmahnung kann der Arbeitgeber eine verhaltensbedingte Kündigung vorbereiten (siehe auch Kapitel »Kündigungen« auf Seite 242). Beim nächsten Verstoß spricht er die Kündigung aus. Denn bei kleinen Verstößen darf er nicht gleich kündigen, sondern muss vorher abmahnen.

Keine genaue Frist für die Abmahnung

Die Abmahnung muss nicht innerhalb einer bestimmten Frist erklärt werden. Eine 2-Wochen-Frist gilt nur für den Ausspruch einer fristlosen Kündigung. Der Arbeitgeber kann sein Recht auf Abmahnung jedoch verwirken, wenn er zu lange mit der Abmahnung wartet. Weder ein Gesetz noch Gerichtsentscheidungen nennen jedoch eine genaue Frist. Es kommt mal wieder auf den Einzelfall an und hängt von der Schwere der Pflichtverletzung ab. Wenn der Arbeitgeber sein Recht auf Abmahnung verwirkt hat, kann er die Abmahnung wegen des lang zurückliegenden Verstoßes nicht mehr aussprechen.

Wichtig: Dreimal abmahnen und dann kündigen?

Es hält sich hartnäckig das Gerücht, dass der Arbeitgeber einen Pflichtverstoß dreimal abmahnen müsse, damit er kündigen kann. Das stimmt nicht. Es kommt immer auf den Einzelfall an. Auch eine Abmahnung kann schon ausreichen. Bei einem sehr schweren Pflichtverstoß wie z. B.

Diebstahl oder sexueller Belästigung am Arbeitsplatz kann der Arbeitgeber ohne Abmahnung sofort kündigen.

Fehler in der Abmahnung

Die Beschäftigten müssen einer Abmahnung entnehmen können, was sie falsch gemacht haben und was passiert, wenn sie sich zukünftig nicht anders verhalten. Es reicht nicht aus, wenn der Arbeitgeber pauschale Vorwürfe wie

- Unzuverlässigkeit,
- mangelnde Arbeitsbereitschaft oder
- Störung des Betriebsfriedens

erhebt. In der Abmahnung muss genau beschrieben werden, was falsch gemacht wurde. Wenn es möglich ist, muss der Arbeitgeber auch Datum und Uhrzeit angeben. Denn nur so können Beschäftigte sich gegen eine Abmahnung verteidigen.

Eine Abmahnung darf keine Unwahrheiten enthalten oder unverhältnismäßig sein. Bei einem minimalen Pflichtverstoß wie einem einmaligen Zuspätkommen von ein paar Minuten ist eine Abmahnung übertrieben.

Damit eine Abmahnung gerechtfertigt ist, müssen Arbeitnehmer*innen einen Pflichtverstoß begangen haben. Ansonsten gibt es für die Abmahnung keine Grundlage. Es kann sein, dass der Arbeitgeber es rechtlich falsch bewertet, ob gegen eine Pflicht verstoßen wurde. Das zeigt der folgende Fall.

Der Fall: Kein Pflichtverstoß ▸▸ keine Abmahnung

In einem Unternehmen verlangte der Arbeitgeber von seinen Angestellten, dass sie wegen wirtschaftlicher Schwierigkeiten auf Teile ihres Gehalts verzichten. Viele Beschäftigte weigerten sich jedoch, so auch eine Altenpflegerin. Sie bekam daraufhin von ihrem Arbeitgeber eine schriftliche Einladung zu einem Personalgespräch. Der Arbeitgeber wollte in diesem Gespräch auf sie einwirken, sich mit einer Reduzierung ihres Gehalts einverstanden zu erklären. Die Altenpflegerin erschien zu dem Termin. Sie bestand jedoch, gemeinsam mit ihren Kolleg*innen, darauf, das Gespräch mit dem Arbeitgeber mit allen zusammen zu führen. Der Arbeitgeber ließ sich darauf nicht ein. Im Nachgang erteilte er der Mitarbeiterin eine Abmahnung. Sie habe gegen ihre Dienstpflicht verstoßen, weil sie sich einem Personalgespräch verweigert hätte. Die Mitarbeiterin klagte vor dem Arbeitsgericht auf Entfernung der Abmahnung aus der Personalakte. Das Gericht stellte fest, dass Mitarbeiter*innen nicht verpflichtet sind, dem Arbeitgeber für jedes Gespräch zur Verfügung zu stehen. Sie müssen nicht zu einem Personalgespräch gehen, in welchem es um Verhandlungen mit dem Ziel einer Vertragsänderung wie einem Gehaltsverzicht geht. Der Arbeitgeber musste die Abmahnung aus der Personalakte der Altenpflegerin entfernen.

Bundesarbeitsgericht vom 23.06.2009 –
Aktenzeichen 2 AZR 606/08

In seltenen Fällen – Abmahnung für den Arbeitgeber

Wenn Beschäftigte ihr Arbeitsverhältnis fristlos kündigen wollen, müssen Sie den Arbeitgeber unter Umständen vorher abmahnen. Das ist z. B. bei unregelmäßigen Gehaltszahlungen und unzumutbaren Arbeitsbedingungen der Fall.

Wie kann man sich gegen eine Abmahnung vom Arbeitgeber wehren?

Eine Abmahnung wird in die Personalakte aufgenommen. Die Beschäftigten haben ein Recht darauf, eine Gegendarstellung zu verfassen. Darin können sie ausführlich ihre Sicht der Dinge darstellen. Der Arbeitgeber ist verpflichtet, die Gegendarstellung ebenfalls in die Personalakte aufzunehmen. Sie darf nur zusammen mit der Abmahnung wieder entfernt werden.

Arbeitnehmer*innen sind jedoch nicht verpflichtet, eine Gegendarstellung zu schreiben. Auch wenn sie nicht auf die Abmahnung reagieren, kann ihnen das nicht so ausgelegt werden, dass sie die Vorwürfe einräumen. Sie können also auch einfach nichts tun.

Wenn die Abmahnung ungerechtfertigt ist, weil einer der oben genannten Fehler vorliegt, haben Beschäftigte ein Recht auf Entfernung der Abmahnung aus der Personalakte. Weigert sich der Arbeitgeber, so können Beschäftigte eine Klage auf Beseitigung der Abmahnung erheben. Bevor man sich für diesen Weg entscheidet, sollte man bedenken, dass das Arbeitsverhältnis durch einen Prozess stark belastet werden kann.

Wenn an den Vorwürfen in der Abmahnung etwas dran ist, sollten Arbeitnehmer*innen von einer Klage absehen. Denn es besteht das hohe Risiko, dass man als Ergebnis ein Urteil des Gerichts hat, in dem die Pflichtverstöße richterlich festgestellt sind. Der Arbeitgeber hat damit eine gute Vorlage für eine Kündigung.

Anders sieht es aus, wenn Arbeitnehmer*innen das Arbeitsverhältnis selbst gerne beenden möchten. In diesem Fall kann man durch die Klage gegen eine Abmahnung Druck aufbauen und sich womöglich im Prozess auf eine Beendigung des Arbeitsverhältnisses gegen eine Abfindung einigen.

Der Fall: Glückwunsch zur Abmahnung

Ein Mitarbeiter des Kundenservices hatte seine Vorgesetzte nach ein paar Urlaubstagen gefragt. Weil diese den Urlaubswunsch ablehnte, meldete er sich krank und flog nach Spanien. Gleich nach seiner Rückkehr wurde er von der Personalleiterin und seiner Vorgesetzten zum Personalgespräch bestellt. Ein Kollege hatte ihn am Flughafen gesehen und dies gemeldet. Dem Arbeitnehmer wurde Arbeitszeitbetrug vorgeworfen. Arbeitszeitbetrug kann ein wichtiger Grund für eine fristlose Kündigung sein. Die Sache ist für ihn jedoch glimpflich ausgegangen. Er bekam nur eine Abmahnung. Durch die Abmahnung hat der Arbeitgeber das Recht verloren, wegen dieser Sache auch noch eine Kündigung auszusprechen. Er hat auf sein Recht zur Kündigung verzichtet. Deshalb war die Abmahnung eine gute Nachricht für den Arbeitnehmer.

Abmahnung gegen Mitglieder des Betriebsrats

Einige Arbeitgeber nutzen ungerechtfertigte Abmahnungen, um Druck auf engagierte Betriebsrät*innen auszuüben. In einer solchen Situation sollten Sie sich von Ihrer Gewerkschaft oder Rechtsanwält*innen beraten lassen. Eine Klage kann in dieser Situation genau das Richtige sein.

Fragen und Antworten

1. **Was ist eine Ermahnung? Und wo ist der Unterschied zur Abmahnung**

   In einer Ermahnung werden Beschäftigte auf ein bestimmtes Fehlverhalten hingewiesen. Dazu kommt die Aufforderung, dies nicht zu wiederholen. Im Unterschied zur Abmahnung wird bei der Ermahnung jedoch nicht mit Kündigung oder anderen Konsequenzen gedroht. Ermahnungen werden oft mündlich ausgesprochen.

2. **Die Abmahnung ist berechtigt, ich habe einen Fehler gemacht. Was soll ich jetzt tun**

   Wenn der Pflichtverstoß nicht noch einmal vorkommt, passiert nichts weiter. Sie müssen nichts unternehmen und darauf achten, dass Sie in Zukunft keinen weiteren Anlass geben. Gleichzeitig sollten Sie aber Ihren Rechtsschutz im Arbeitsrecht durch die Versicherung oder Gewerkschaft überprüfen.

3. **Es gibt schon länger Probleme auf der Arbeit. Jetzt bin ich abgemahnt worden, weil ich drei Minuten zu spät gekommen bin. Bisher war so was kein Problem. Was soll ich tun?**

   In einer solchen Situation sollten Sie sich umgehend zu Ihrem Kündigungsschutz beraten lassen. Ein Kündigungsschutzprozess kann teuer werden. Überlegen Sie daher auch, ob Sie einen Rechtsschutz durch eine Versicherung oder den Eintritt in eine Gewerkschaft abschließen sollten. Denken Sie daran, dass der volle Rechtsschutz erst nach einer bestimmten Wartezeit besteht.

4. Müssen Beschäftigte vor einer Abmahnung angehört werden?

Normalerweise ist eine Abmahnung auch ohne Anhörung der Beschäftigten wirksam. Jedoch gibt es in manchen Tarifverträgen die Pflicht für den Arbeitgeber, die Beschäftigten vor Aufnahme der Abmahnung in die Personalakte anzuhören. Der Tarifvertrag der Länder (TV-L) garantiert zum Beispiel ein solches Recht.

15.
Kündigungen

Während Arbeitnehmer*innen bei Problemen am Arbeitsplatz oft innerlich kündigen, geht eine ausgesprochene Kündigung oft vom Arbeitgeber aus. Vielleicht gab es schon Anzeichen dafür, dass Personal eingespart werden soll, oder alle haben mitbekommen, dass die Aufträge zurückgehen, und erwarten den Wegfall ihres Arbeitsplatzes. Auch die Mitteilung einer Schwangerschaft kann der Arbeitgeber als Anlass zur Kündigung nehmen. Eine häufige Frage ist dann: Darf der Arbeitgeber mich kündigen? Die Antwort ist: Er tut es einfach und schafft dadurch Tatsachen! Dafür reicht die Übergabe des Kündigungsschreibens. Nur wenn die Beschäftigten innerhalb von drei Wochen eine Kündigungsschutzklage beim Arbeitsgericht einreichen, wird überprüft, ob die Kündigung rechtmäßig war. Ansonsten wird sie wirksam und das Arbeitsverhältnis ist beendet.

Wichtig: Gegen eine Kündigung müssen Sie innerhalb von drei Wochen gerichtlich vorgehen. Sonst wird sie wirksam. Sie sollten sich nach Erhalt einer Kündigung deshalb sofort rechtlich beraten lassen.

Beispiel: Kündigungsschreiben bei einer ordentlichen Kündigung:

Musterstadt, den 05.09.2022

Sehr geehrter Herr Mustafa Mustermann,
hiermit kündigen wir das mit Ihnen seit dem 01.01.2020 bestehende Arbeitsverhältnis fristgemäß zum 31.10.2022, hilfsweise zum nächstmöglichen Termin. Sie werden bis zum Ablauf der Kündigungsfrist unwiderruflich von der Arbeit freigestellt, unter Anrechnung eventuell noch verbliebener Urlaubstage und Überstunden.

Bitte geben Sie alle Arbeitsmittel in der Personalabteilung ab.
Sie sind verpflichtet, sich bei der Agentur für Arbeit innerhalb von drei Tagen arbeitslos zu melden.

Mit freundlichen Grüßen
Unterschrift
Regina Esempio, Personalleitung

Erklärung des Kündigungsschreibens

Kündigungsfrist: Weil Herr Mustermann seit über zwei Jahren beschäftigt ist, beträgt die Kündigungsfrist einen Monat zum Ende eines Kalendermonats (siehe § 622 Absatz 2 Nr. 1 Bürgerliches Gesetzbuch). Zwischen dem Zugang der Kündigung und dem Ende des Arbeitsverhältnisses muss also mindestens ein Monat liegen. Das ist bei dieser Kündigung am 05.09.2022 zum 31.10.2022 eingehalten. Um sicherzugehen, schreiben Arbeitgeber in die Kündigung oft ein *»hilfsweise zum nächstmöglichen Termin«* rein. Falls sie die Kündigungsfrist falsch berechnet haben, gilt die Kündigung dann zur richtigen Kündigungsfrist.

Kündigungsgrund: Viele Arbeitnehmer*innen fragen sich, warum in der Kündigung kein Kündigungsgrund steht. Die Arbeitgeber sind zur Angabe des Grundes leider nicht verpflichtet. Erst wenn die Beschäftigten eine Klage gegen die Kündigung erheben, muss der Arbeitgeber sich vor dem Arbeitsgericht rechtfertigen.

Freistellung: Mit der Kündigung werden Beschäftigte häufig ab sofort von der Arbeit freigestellt. Sie brauchen dann nicht mehr zur Arbeit zu kommen. Der Arbeitgeber muss Ihnen aber bis zum Ende der Kündigungsfrist das Gehalt zahlen. Wenn Sie noch Urlaubstage oder Überstunden offenhaben, rechnet der Arbeitgeber diese in den meisten Fällen auf die Tage der Freistellung an.

Meldung bei der Agentur für Arbeit: Wenn Sie sich nicht rechtzeitig arbeitslos melden, können Sie eine Sperrzeit von einer Woche bekommen. In dieser Zeit bekommen Sie kein Arbeitslosengeld.

Formvorschriften: Achten Sie darauf, wer die Kündigung unterschrieben hat. Es muss eine dazu bevollmächtigte Person sein. Bei der Personalleitung ist das der Fall.

Frist für die Kündigungsschutzklage: Herr Mustermann hat die Kündigung am Montag, den 05.09.2022, bekommen. Er muss spätestens nach drei Wochen, also bis zum Montag, den 26.09.2022, eine Klage beim Arbeitsgericht einreichen, wenn er sich gegen die Kündigung wehren möchte.

Übergabe des Kündigungsschreibens

Wenn das Kündigungsschreiben am Arbeitsplatz übergeben wird, sollen die Beschäftigten oft per Unterschrift bestätigen, dass sie die Kündigung erhalten haben. Der Arbeitgeber möchte dadurch einen Nachweis für den Tag der Übergabe der Kündigung haben. Denn mit der Übergabe des Kündigungsschreibens läuft die 3-Wochen-Frist für die Klage. Beschäftigte sollten nie etwas sofort am Arbeitsplatz unterschreiben. Sie sind dazu nicht verpflichtet. In dieser stressigen Situation können Sie womöglich nicht den gesamten Inhalt überblicken. Nehmen Sie die Unterlagen mit nach Hause und sehen Sie sie in Ruhe durch. Wenn der Arbeitgeber einen Nachweis möchte, kann er selbst Zeug*innen zur Übergabe dazuholen.

Häufig schicken die Arbeitgeber die Kündigung per Boten an die Adresse der Beschäftigten. Der Bote klingelt, übergibt das Schreiben und lässt sich die Übergabe quittieren. Es nützt nichts, die Annahme zu verweigern oder die Tür nicht zu öffnen. Wenn man die Annahme verweigert, wird der Zugang der Kündigung fingiert. Dass bedeutet, dass so getan wird, als hätte man das Schreiben bekommen. Es ist dann besser, wenn Sie die Post annehmen, den Inhalt zur Kenntnis nehmen und sich dagegen wehren.

Ordentliche oder fristlose Kündigung

Es macht einen großen Unterschied, ob Beschäftigte eine ordentliche oder eine fristlose Kündigung bekommen. Bei der ordentlichen oder auch fristgemäßen Kündigung wird die Kündigungsfrist eingehalten. Eine fristlose Kündigung beendet das Arbeitsverhältnis sofort, von einem Tag auf den anderen.

Hinweis: Oft werden Beschäftigte auch bei einer ordentlichen Kündigung ab sofort von der Arbeit freigestellt. Trotzdem ist das keine fristlose Kündigung. Das Arbeitsverhältnis endet erst mit Ablauf der Kündigungsfrist. Bis dahin besteht das Arbeitsverhältnis fort, auch wenn der Arbeitgeber die Arbeitsleistung nicht mehr annimmt.

Die ordentliche Kündigung mit Kündigungsfrist

Im Normalfall muss für die Kündigung eines Arbeitsverhältnisses eine Frist eingehalten werden. Diese ergibt sich aus dem Arbeitsvertrag, dem Bürgerlichen Gesetzbuch oder einem Tarifvertrag. Je länger das Arbeitsverhältnis besteht, desto länger wird die Kündigungsfrist für den Arbeitgeber.

Viele Arbeitsverträge verweisen auf die Kündigungsfristen gemäß § 622 des Bürgerlichen Gesetzbuches (BGB). Wenn im Arbeitsvertrag nichts explizit zu den Fristen steht, gelten die gesetzlichen Fristen. Weil das Gesetz über dem Arbeitsvertrag steht, können im Arbeitsvertrag längere, nicht aber kürzere Fristen als im Gesetz vereinbart werden. Nur bei Aushilfen ist eine kürzere Frist im Arbeitsvertrag ausnahmsweise erlaubt.

Kündigung in der Probezeit

In der Probezeit kann das Arbeitsverhältnis von beiden Seiten mit einer Frist von nur zwei Wochen gekündigt werden (§ 622 Absatz 3 BGB). Die Probezeit darf höchstens für sechs Monate vereinbart werden.

Nach der Probezeit beträgt die Frist sowohl für den Arbeitgeber als auch für die Beschäftigten vier Wochen zum 15. des Monats oder zum Monatsende (§ 622 Absatz 1 BGB).

Beispiel: Der Arbeitgeber kann am 1. November zu Ende November kündigen. Denn zwischen dem 1. und dem 30. November liegen vier volle Wochen. Auch eine Kündigung am 10. März zum 15. April ist möglich.

Ab einer Beschäftigungsdauer von über zwei Jahren verlängert sich die Kündigungsfrist für den Arbeitgeber. Nach dem BGB muss er eine Kündigungsfrist von einem Monat zum Ende des Kalendermonats einhalten. Die Frist verlängert sich also von vier Wochen um ein paar Tage auf einen Monat. Mit zunehmender Betriebszugehörigkeit verlängert sich die Kündigungsfrist weiter.

Beispiel: Eine Arbeitnehmerin ist seit über zehn Jahren im Unternehmen beschäftigt. Im Arbeitsvertrag steht eine Kündigungsfrist von zwei Monaten zum Monatsende. Das Bürgerliche Gesetzbuch sieht dagegen in § 622 Absatz 2 Nummer 4 bei einer Beschäftigung von über zehn Jahren eine Kündigungsfrist von vier Monaten vor. Weil das Gesetz über dem Arbeitsvertrag steht, gilt die Kündigungsfrist von vier Monaten.

Gilt für das Arbeitsverhältnis ein Tarifvertrag, gibt es eine Besonderheit. Tarifverträge können auch zulasten, also zum Nachteil, der Arbeitnehmer*innen kürzere Kündigungsfristen als das Gesetz vorsehen. Dies kommt aber so gut wie nie vor. In der Regel bestimmen Tarifverträge eine längere Frist für die Kündigung.

Fragen und Antworten – ordentliche Kündigung

1. Ich wurde nach vier Monaten in der Probezeit gekündigt. Kann ich dagegen klagen?

Sie können gegen jede Kündigung innerhalb von drei Wochen eine Kündigungsschutzklage beim Arbeitsgericht einreichen. Weil Sie noch keine sechs Monate beschäftigt waren, ist das Kündigungsschutzgesetz aber noch nicht anwendbar. Deshalb ist es schwierig, sich gegen die Kündigung zu wehren. Sie sollten sich aber dennoch vor Ablauf der drei Wochen beraten lassen. In dem Beratungsgespräch können Sie auch Fragen zum Arbeitszeugnis, zum Resturlaub und zu eventuell ausstehendem Lohn klären.

2. **Ich möchte selbst kündigen, weil ich einen neuen Job habe. Welche Kündigungsfrist muss ich einhalten?**
   Nach dem Bürgerlichen Gesetzbuch beträgt die Frist vier Wochen bis zum 15. oder zum Ende des Kalendermonats. Es kann aber sein, dass in Ihrem Arbeitsvertrag längere Fristen vereinbart sind. Statt einer Eigenkündigung können Sie mit dem jetzigen Arbeitgeber auch einen Aufhebungsvertrag schließen. Darin können beide Seiten eine kürzere Frist für die Beendigung vereinbaren. Ein Aufhebungsvertrag setzt voraus, dass beide Seiten einverstanden sind. Bevor Sie selbst kündigen, sollten Sie sich über die Folgen beraten lassen (siehe auch Abschnitt »Eigenkündigung« auf Seite 247 f.).

3. **Ich habe einen befristeten Arbeitsvertrag. Kann der Arbeitgeber das Arbeitsverhältnis vor Ablauf der Befristung kündigen?**
   Eine ordentliche Kündigung ist vor Ablauf der Befristung nur möglich, wenn dies auch auch im Arbeitsvertrag vereinbart ist. Eine außerordentliche Kündigung aus einem wichtigen Grund ist hingegen immer möglich.

Fristlose oder außerordentliche Kündigung

Bei einer fristlosen, auch außerordentlich genannten Kündigung muss die Kündigungsfrist nicht eingehalten werden. Sie ist nur wirksam, wenn es einen wichtigen Grund dafür gibt. Der Grund muss so schwerwiegend sein, dass es dem Arbeitgeber unzumutbar ist, die Kündigungsfrist abzuwarten. Ein Grund kann z. B. eine Straftat gegen den Arbeitgeber sein, wie z. B. Arbeitszeitbetrug, Unterschlagung oder Beleidigung. Auch andere schwerwiegende Pflichtverletzungen wie sexuelle Belästigung am

Arbeitsplatz oder Diskriminierung von Kolleg*innen können eine fristlose Kündigung begründen.

Bei einem Gerichtsprozess prüfen die Richter*innen jedoch immer alle Aspekte des Einzelfalls. Auch Straftaten zulasten des Arbeitgebers führen nicht automatisch zur Rechtmäßigkeit einer fristlosen Kündigung. Gleichzeitig kann es aber sein, dass schon der Diebstahl einer geringwertigen Sache am Arbeitsplatz das Vertrauensverhältnis so stark beschädigt, dass dem Arbeitgeber die Fortsetzung des Arbeitsverhältnisses nicht zugemutet wird.

Die Richter*innen schauen sich alle Gesichtspunkte, die für und gegen die Kündigung sprechen, an und wägen die Interessen ab. Sie prüfen auch, ob nicht eine Abmahnung als Reaktion ausgereicht hätte. Denn die Kündigung soll immer das letzte Mittel sein.

Kündigungsschreiben: »fristlos, hilfsweise ordentlich«

In eine fristlose Kündigung schreiben die Arbeitgeber meistens ein *»fristlos, hilfsweise ordentlich«* hinein. Damit kündigen sie das Arbeitsverhältnis gleichzeitig ordentlich (also mit Kündigungsfrist), für den Fall, das die fristlose Kündigung nicht wirksam ist. Vor Gericht prüfen die Richter*innen dann erst die fristlose Kündigung. Wenn die fristlose Kündigung unwirksam ist, prüfen sie, ob die Gründe des Arbeitgebers für eine ordentliche Kündigung ausreichen.

Der Fall: Fristlose Kündigung wegen Surfen im Internet

Der Arbeitnehmer war als Softwareentwickler bei einem IT-Unternehmen beschäftigt. Laut seinem Arbeitsvertrag war die private Nutzung des Computers und des Internets verboten. Beim Surfen im Internet nutzte der Arbeitnehmer verschiedene Internetbrowser wie Mozilla Firefox und Google Chrome. Diese Browser erstellen Log-Files, mit denen man rückwirkend sehen kann, welche Websites besucht wurden. Eine Prüfung ergab, dass er über mehrere Tage durchgehend über mehrere Stunden und auch über Monate hinweg Internetseiten zu privaten Zwecken aufgerufen hatte. Zudem nutzte er das dienstliche E-Mail-Programm, um sich E-Mails mit seinem Vater zu schreiben.

Der Arbeitgeber sprach deswegen eine fristlose, hilfsweise ordentliche Kündigung aus. Die Richter*innen des Landesarbeitsgerichts sahen die fristlose Kündigung als wirksam an. Denn durch eine private Internetnutzung verletze der Arbeitnehmer seine arbeitsvertragliche Pflicht zur Arbeit. Der Arbeitnehmer könne nicht davon ausgehen, dass der Arbeitgeber die private Nutzung des Internets in einem solchen Umfang toleriere. Außerdem habe der Arbeitsvertrag die private Nutzung ausdrücklich verboten. Die Richter*innen sahen in dem Verhalten des Softwareentwicklers auch einen Arbeitszeitbetrug, weil er vorgetäuscht habe, zu arbeiten. Wegen der Schwere der Pflichtverletzung musste der Arbeitgeber nicht zuerst eine Abmahnung aussprechen, sondern konnte gleich fristlos kündigen.

Landesarbeitsgericht Köln vom 07.02.2022 – Aktenzeichen 4 Sa 329/19

Erklärungsfrist für die fristlose Kündigung

Wenn der Arbeitgeber von einem schwerwiegenden Vorwurf gegen Beschäftigte erfährt, darf und muss er der Sache nachgehen. Sobald ihm alle Tatsachen bekannt sind, die eine fristlose Kündigung rechtfertigen, muss er die Kündigung innerhalb von zwei Wochen aussprechen. Er darf sich die Kündigung nicht »aufsparen«.

Kündigung versus Abmahnung

Der Arbeitgeber muss sich zwischen einer Abmahnung und einer Kündigung entscheiden. Spricht er für eine Pflichtverletzung eine Abmahnung aus, kann er für den gleichen Vorfall nicht auch noch kündigen. Erst wenn Beschäftigte erneut eine Pflichtverletzung begehen, kann eine Kündigung gerechtfertigt sein.

Auswirkungen einer fristlosen Kündigung

Eine fristlose Kündigung ist für die Beschäftigten aus mehreren Gründen schwerwiegend. Erstens sind sie ihren Job von einem auf den anderen Tag los. Zweitens bekommen sie in der Regel eine Sperrzeit von zwölf Wochen für den Bezug des Arbeitslosengeldes. Denn die Agentur für Arbeit geht davon aus, dass sie den Verlust des Arbeitsplatzes mitverschuldet haben. Wenn Beschäftigten eine Straftat vorgeworfen wird, kann es sogar sein, dass die private Rechtsschutzversicherung eine Kostenübernahme verweigert, weil auch die Versicherung von einem Eigenverschulden ausgeht. Auch kann der Arbeitgeber bei dem Vorwurf einer Straftat eine Strafanzeige erstatten.

Eine Klage gegen die Kündigung ist in vielen Fällen schon deshalb sinnvoll, weil man unter Umständen die fristlose Kündigung in eine ordentliche Kündigung »umwandeln« kann (siehe auch »gerichtlicher Vergleich« auf Seite 254 ff.).Gehen Beschäftigte nicht gerichtlich gegen die fristlose Kündigung vor, so wird diese wirksam und sie bekommen mit sehr hoher Wahrscheinlichkeit eine Sperrzeit für das Arbeitslosengeld. Im Fall einer fristlosen Kündigung ist es daher besonders wichtig, dass Sie sich schnell beraten lassen. Die Klage gegen die Kündigung kann man nur innerhalb von drei Wochen erheben.

Kündigungsgrund für die fristlose Kündigung

Auch bei einer fristlosen Kündigung muss der Arbeitgeber seine Gründe nicht darlegen. Er ist jedoch gesetzlich verpflichtet, die Gründe mitzuteilen, wenn die Beschäftigten dies verlangen. Weil das BGB jedoch kaum eine Sanktion im Fall des Schweigens vorsieht, wird in der Regel nicht auf eine solche Anfrage geantwortet.

Fragen und Antworten – fristlose Kündigung

1. Mein Arbeitgeber wirft mir Arbeitszeitbetrug vor. Er hat mich fristlos entlassen und eine Strafanzeige gestellt. Wie kann ich mich dagegen wehren?

Gegen die Kündigung können Sie eine Kündigungsschutzklage beim Arbeitsgericht erheben. Das Arbeitsgericht klärt auf, ob der Vorwurf stimmt, und fällt ein Urteil zu der Kündigung. Oder Sie einigen sich mit dem Arbeitgeber auf eine Beendigung durch einen gerichtlichen Vergleich.

Daneben kann es durch die Strafanzeige zu einem Strafprozess kommen. Wegen der Strafanzeige des Arbeitgebers leitet die Polizei ein Ermittlungsverfahren ein. Sie bekommen in der Regel Post von der Polizei oder Staatsanwaltschaft und sollen sich selbst zu dem Fall äußern. Danach wird dann entschieden, ob eine Anklage gegen Sie erhoben wird. Bevor Sie Angaben machen, sollten Sie sich von einem Rechtsanwalt bzw. einer Rechtsanwältin für Strafrecht beraten lassen.

2. Kann ich selbst das Arbeitsverhältnis fristlos kündigen?

Auch Beschäftigte haben das Recht zur fristlosen Kündigung, z. B. wenn der Arbeitgeber sie am Arbeitsplatz nicht vor Diskriminierungen schützt oder der Arbeitgeber das Gehalt nicht zahlt. Sie sollten sich jedoch vor diesem Schritt rechtlich beraten lassen, denn eine Eigenkündigung kann auch Nachteile mit sich bringen.

Formvorschriften für das Kündigungsschreiben

Eine mündliche Kündigung ist unwirksam. Das gilt auch für die Kündigung per E-Mail, Messenger oder SMS. Beide Seiten sollen dadurch vor unüberlegten Entscheidungen geschützt werden. Die Kündigung muss ausgedruckt in Papierform vorliegen und eigenhändig unterschrieben sein.

Die Kündigung muss auch durch die richtige Person unterschrieben werden. Diese muss vom Unternehmen bevollmächtigt sein, Personalentscheidungen zu treffen. Das trifft z. B. auf Geschäftsführende und Leitungen der Personalabteilung zu. Bei Zweifeln kann man sich die

Vollmacht vorlegen lassen. Innerhalb einer Woche ab Erhalt der Kündigung ist es auch möglich, diese zurückzuweisen, weil sie nicht durch eine berechtigte Person unterschrieben wurde.

Sollte man damit recht haben, kann das unter Umständen ein Monatsgehalt einbringen, wenn der Arbeitgeber eine neue Kündigung unter Einhaltung der Kündigungsfrist erst zum nächsten Monat aussprechen kann.

Anhörung und Widerspruch des Betriebsrats

Wenn es im Betrieb einen Betriebsrat gibt muss dieser *vor* Ausspruch der Kündigung angehört werden. Sonst ist die Kündigung unwirksam. Der Betriebsrat muss vom Arbeitgeber alle Informationen über Dauer und Art des Arbeitsverhältnisses und Kündigungsgründe bekommen. Er hat das Recht, der Kündigung innerhalb einer Woche zu widersprechen.

Ein Widerspruch des Betriebsrats kann die Kündigung leider nicht verhindern. Nach der Anhörung kann der Arbeitgeber die Kündigung trotzdem aussprechen. Der Widerspruch gibt den Beschäftigten aber einen wichtigen Vorteil im Kündigungsschutzprozess.

Im Fall eines ordnungsgemäßen Widerspruchs des Betriebsrats haben sie einen Weiterbeschäftigungsanspruch, auch wenn sie in der ersten Instanz vor dem Arbeitsgericht verlieren. Der Arbeitgeber muss sie ab dem Ende der Kündigungsfrist bis zum Abschluss des Gerichtsprozesses weiterbeschäftigen. Während der Prozess vor dem Landesarbeitsgericht oder vielleicht sogar vor dem Bundesarbeitsgericht weitergeht, können die Beschäftigten arbeiten gehen und beziehen weiterhin ihr Gehalt.

Das Kündigungsschutzgesetz

Nach dem Kündigungsschutzgesetz darf der Arbeitgeber nur kündigen, wenn er dafür betriebsbedingte, personenbedingte oder verhaltensbedingte Gründe hat. Damit das Gesetz anwendbar ist, müssen zwei Voraussetzungen vorliegen:

1. Das Arbeitsverhältnis besteht seit mindestens sechs Monaten.
2. Im Betrieb arbeiten mehr als zehn Beschäftigte in Vollzeit (Kleinbetriebsklausel).

Den vollen Kündigungsschutz haben Beschäftigte erst nach sechs Monaten im Arbeitsverhältnis. Davor kann der Arbeitgeber kündigen, ohne dass er dies vor Gericht begründen müsste.

Durch die sogenannte Kleinbetriebsklausel werden die Arbeitgeber kleiner Betriebe geschützt. Für sie soll es leichter sein, Beschäftigten zu kündigen. Bei der Berechnung der Beschäftigten in Vollzeit werden Teilzeitbeschäftigte anteilig mitgerechnet. Beschäftigte mit einer regelmäßigen wöchentlichen Arbeitszeit von nicht mehr als 20 Stunden werden mit 0,5 gezählt. Beschäftigte mit mehr als 20 Stunden Arbeitszeit, aber nicht mehr als 30 Stunden werden mit 0,75 gerechnet.

Hinweis: Um herauszufinden, ob Sie in Ihrem Betrieb auf insgesamt mehr als zehn Arbeitnehmer*innen in Vollzeit kommen, sollten Sie nach bestem Wissen eine Liste mit allen Kolleg*innen und deren wöchentlicher Arbeitszeit erstellen. Wenn Sie sich wegen einer Kündigung beraten lassen, benötigen die Rechtsanwält*innen oder die Gewerkschaftssekretär*innen diese Angaben.

Unter Umständen stellt sich auch noch die Frage, was alles unter »Betrieb« fällt. Wenn ein Unternehmen nur eine Arbeitsstätte hat, wie z. B. ein Großraumbüro oder eine Fabrikhalle, ist es einfach. Aber was ist, wenn es viele Filialen gibt, in denen weniger als zehn Personen arbeiten? In diesem Fall hängt es davon ab, ob die Filialen einer gemeinsamen Leitung unterstehen. Dann werden sie rechtlich als ein Betrieb angesehen und für die Bestimmung der Anzahl der Beschäftigten werden die Mitarbeiter*innen aus allen Filialen zusammengezählt.

Wenn das Kündigungsschutzgesetz anwendbar ist, überprüfen die Richter*innen am Arbeitsgericht, ob es für die Kündigung tatsächlich betriebsbedingte, personenbedingte oder verhaltensbedingte Gründe gab. Der Arbeitgeber trägt dafür die Beweislast. Er muss die Gründe vorbringen und z. B. durch Dokumente oder Zeugenaussagen belegen. Wenn die Richter*innen nicht überzeugt werden, beurteilen sie die Kündigung als unwirksam.

Das Kündigungsschutzgesetz ist nicht anwendbar

Wenn das Kündigungsschutzgesetz nicht gilt, haben die Beschäftigten in den meisten Fällen schlechte Karten vor Gericht, denn der Arbeitgeber muss die Kündigung nicht begründen. Sie sind jedoch nicht vollkommen schutzlos, denn der Arbeitgeber darf nicht willkürlich kündigen. Er muss für die Kündigung einen sachlichen Grund haben, der mit dem Arbeitsverhältnis im Zusammenhang steht.

Auch eine diskriminierende Kündigung ist unwirksam, wie z. B. die Kündigung aufgrund der Schwangerschaft einer Arbeitnehmerin oder der Homosexualität eines Mitarbeiters.

Kündigungsgründe nach dem Kündigungsschutzgesetz – betriebsbedingte Kündigung

Eine betriebsbedingte Kündigung kann ausgesprochen werden, wenn es dauerhaft einen starken Auftragsrückgang gibt und deshalb weniger Personal gebraucht wird. Aber auch die Entscheidung der Unternehmensführung zum Auslagern von Aufgaben (sogenanntes Outsourcen) oder Umstrukturierung kann zu betriebsbedingten Kündigungen führen.

Beispiele:

- Um Kosten zu sparen, wird die Reinigung der Verkaufsräume an eine andere Firma vergeben. Die eigenen Reinigungskräfte bekommen eine betriebsbedingte Kündigung.
- Das Unternehmen verlegt die Produktion ins Ausland. Dort sind die Personalkosten niedriger und die Arbeitsrechte der Arbeitnehmer*innen nicht so stark wie in Deutschland.
- Aufgaben werden digitalisiert und dadurch Personal eingespart.

Der Arbeitgeber kann selbst entscheiden, wie er sein Unternehmen führt. Das nennt man unternehmerische Freiheit. Die Gerichte können betriebsbedingte Kündigungen daher nur sehr eingeschränkt überprüfen. Sie kontrollieren, ob die Entscheidung zur Kündigung missbräuchlich war und ob alle Regeln eingehalten wurden.

Wenn nicht alle Arbeitsplätze wegfallen, sondern nur ein Teil des Personals abgebaut wird, muss der Arbeitgeber zwischen vergleichbaren Arbeitnehmer*innen eine sogenannte Sozialauswahl durchführen. Sollen z. B. zehn von 40 Beschäftigten in der Produktion gekündigt werden, wird durch die Sozialauswahl herausgefiltert, welche Beschäftigten besonders schutzbedürftig sind. Die Sozialauswahl erfolgt nach folgenden Kriterien:

- Betriebszugehörigkeit ▸▸ Seit wann arbeitet der/die Beschäftigte bei diesem Arbeitgeber?
- Lebensalter ▸▸ Für ältere Arbeitnehmer*innen ist es meist schwieriger, einen neuen Job zu finden, deshalb ist man je älter desto schutzwürdiger.
- Schwerbehinderung ▸▸ Grad der Schwerbehinderung (GdB) von mindestens 50 oder eine Gleichstellung
- Unterhaltsverpflichtungen ▸▸ gegenüber Kindern und Lebenspartner*innen oder Ehegatten

Fall: Keine betriebsbedingte Kündigung bei verdeckter Arbeitnehmerüberlassung

Der Arbeitgeber betreibt ein Seniorenwohnheim mit eigener Küche. Die Arbeitnehmerin war dort als Küchenleiterin in Vollzeit angestellt. Der Arbeitgeber beauftragte im Juni des Jahres eine andere Firma mit der Lieferung von Küchenleistungen. Nach dem Inhalt des Vertrags sah es so aus, als sollte die andere Firma selbstständig das Essen liefern. Tatsächlich kam jedoch ein Mitarbeiter dieser Firma in die Küche des Seniorenheims und bereitete gemeinsam mit den Mitarbeiter*innen des Seniorenheims die Speisen zu. Er übernahm praktisch den Job der Küchenleitung. Die Küchenleiterin erhielt Ende Juni eine Kündigung aus betriebsbedingten Gründen. Sie erhob dagegen eine Kündigungsschutzklage. Der Arbeitgeber rechtfertigte die Kündigung im Gerichtsprozess damit, dass er die Aufgaben der Klägerin an einen externen Dienstleister vergeben habe. Dies sei seine freie unternehmerische Entscheidung gewesen.

Die Küchenleiterin gewann den Kündigungsschutzprozess vor dem Arbeitsgericht und vor dem Landesarbeitsgericht. Die Richter*innen sahen die Kündigung als sozial ungerechtfertigt an, weil keine dringenden betrieblichen Erfordernisse vorliegen. Der Arbeitgeber habe ihre Aufgaben nicht an eine Fremdfirma zur selbstständigen Erledigung übergeben, sondern hier liege ein Fall der verdeckten Arbeitnehmerüberlassung vor. Denn der Mitarbeiter sei in den Betrieb des Seniorenheims eingegliedert gewesen und habe auch von dort seine Arbeitsanweisungen bekommen. Mit einer solchen Austauschkündigung könne nicht der Wegfall des Arbeitsplatzes der Küchenleiterin gerechtfertigt werden.

Landesarbeitsgericht Berlin-Brandenburg vom 05.03.2013 – Aktenzeichen 12 Sa 1624/12

Auch wenn Beschäftigte nicht gegen die Kündigung klagen, sollten folgende Punkte geklärt werden:

- Wurde die Kündigungsfrist eingehalten?
- Gibt es Anspruch auf ausstehenden Lohn? (Hier laufen Fristen!)
- Sind noch Urlaubstage offen?
- Haben die Beschäftigten ein qualifiziertes Arbeitszeugnis verlangt und bekommen?
- Haben die Beschäftigten noch private Dinge am alten Arbeitsplatz?
- Müssen sie noch Sachen des Arbeitgebers zurückgeben?

Der Arbeitgeber darf nicht kündigen, wenn es andere Möglichkeiten gibt, wie z. B. Kurzarbeit, Überstundenabbau oder die Kündigung von Leiharbeitnehmer*innen. Auch wenn eine Arbeitnehmerin auf einem anderen Arbeitsplatz in ihrem Betrieb oder in einem anderen Betrieb des Unternehmens weiterbeschäftigt werden kann, ist eine Kündigung unwirksam. Der Arbeitgeber muss auch prüfen, ob die Beschäftigte nach zumutbaren Umschulungs- oder Fortbildungsmaßnahmen weiterbeschäftigt werden kann. Eine weitere Möglichkeit ist, das Arbeitsverhältnis unter anderen Bedingungen fortzuführen, z. B. bei Auftragsrückgang in Teilzeit statt in Vollzeit.

Tipp:
Zwischenzeugnis bei drohender Schließung des Unternehmens einfordern.

Wenn sich schon abzeichnet, dass Ihr Unternehmen schließen muss, sollten Sie sich frühzeitig um ein Zwischenzeugnis kümmern. Fragen Sie das Zwischenzeugnis bei Ihrer/Ihrem Vorgesetzten an. Wenn das Unternehmen erst mal in Auflösung ist und Ihr/e direkte/r Vorgesetzte*r womöglich schon woanders arbeitet, ist es schwierig und langwierig, an ein gutes Zeugnis zu kommen.

Personenbedingte Kündigung

Der Arbeitgeber kann kündigen, wenn Beschäftigte aus bestimmten Gründen, die in ihrer Person liegen, nicht in der Lage sind, die Arbeitsleistung zu erbringen. Personenbedingt ist der Grund z. B., wenn einem Busfahrer die Fahrerlaubnis entzogen wurde und er seine Arbeit deshalb nicht mehr ausüben kann. Auch bei dem Vorwurf der mangelnden Arbeitsleistung kann der Arbeitgeber eine personenbedingte Kündigung aussprechen. Ob die Leistung tatsächlich mangelhaft war, kann nur in einem Kündigungsschutzprozess geklärt werden.

Der häufigste personenbedingte Kündigungsgrund ist eine lang anhaltende oder häufig auftretende Krankheit. Ob es sich um eine körperliche oder psychische Krankheit handelt, spielt keine Rolle. Neben der Erkrankung müssen aber noch weitere Punkte hinzukommen, damit eine solche Kündigung wirksam ist:

- Negative Prognose: Der Arbeitgeber muss begründen, dass er davon ausgeht, dass die Krankheit sich auch in Zukunft nicht bessern wird.

- Nachteilige Auswirkungen: Es muss eine erhebliche Beeinträchtigung des Betriebs vorliegen und diese muss auch in Zukunft zu erwarten sein.
- Interessenabwägung: Die Interessen der Beschäftigten sind mit dem Interesse des Arbeitgebers abzuwägen. Es stellt sich die Frage, ob die Krankheit durch die Arbeit verursacht wurde und ob dem Arbeitgeber die betrieblichen Belastungen zumutbar sind.

Wenn die Krankheit durch die Arbeit verursacht wird, muss der Arbeitgeber prüfen, ob er für die erkrankten Beschäftigten einen sogenannten leidensgerechten Arbeitsplatz einrichten kann. Wenn jemand Rückenprobleme hat, kann vielleicht ein höhenverstellbarer Schreibtisch oder ein anderer Stuhl helfen. Bei Arbeitnehmer*innen mit psychischen Problemen können vielleicht die Arbeitsabläufe so geändert werden, dass weniger Stress entsteht. Nur wenn eine Weiterarbeit auf diese Weise nicht möglich ist, darf der Arbeitgeber als letztes Mittel die Kündigung aussprechen.

Kündigung während der Arbeitsunfähigkeit

Viele Arbeitnehmer*innen gehen davon aus, dass sie in der Krankheit nicht gekündigt werden können. Das stimmt leider nicht. Der Arbeitgeber kann Beschäftigte sogar unter bestimmten Voraussetzungen gerade wegen ihrer lang anhaltenden oder häufigen Krankheit kündigen.

Betriebliches Eingliederungsmanagement

Bei einem Kündigungsschutzprozess wegen einer krankheitsbedingten Kündigung fragen die Richter*innen den Arbeitgeber in der Regel, ob er zuvor ein betriebliches Eingliederungsmanagement (BEM) durchgeführt hat. Dieses BEM muss der Arbeitgeber den Beschäftigten anbieten, wenn sie innerhalb eines Jahres über sechs Wochen arbeitsunfähig sind. Das BEM ist zwar keine Voraussetzung für eine krankheitsbedingte Kündigung. Der Arbeitgeber hat es ohne dessen Durchführung jedoch schwer, vor Gericht zu beweisen, dass die Kündigung unvermeidbar war (mehr zum BEM im Kapitel »Arbeit und Krankheit« ab Seite 162).

Alkoholkonsum am Arbeitsplatz

Auch Alkoholkonsum am Arbeitsplatz kann zu einer personenbedingten Kündigung führen. Sind die Beschäftigten alkoholabhängig, so wird dies als Krankheit angesehen. Eine Kündigung kann unter Umständen abgewehrt werden, wenn die Person eine Entziehungskur macht. Wenn ein/e Beschäftigte*r nur ab und zu Alkohol am Arbeitsplatz trinkt, liegt ein vorwerfbares Verhalten vor. Der Arbeitgeber kann dann aus verhaltensbedingten Gründen kündigen.

Verhaltensbedingte Kündigung

Der Arbeitgeber kann aus verhaltensbedingten Gründen kündigen, wenn Arbeitnehmer*innen eine arbeitsvertragliche Pflicht verletzt haben. Je nachdem, wie schwer der Vorwurf ist, kann eine ordentliche Kündigung unter Einhaltung der Kündigungsfrist oder eine fristlose Kündigung gerechtfertigt sein.

Abmahnung als milderes Mittel

Der Arbeitgeber muss vor einer Kündigung immer prüfen, ob nicht eine Abmahnung als milderes Mittel ausreicht. Durch die Abmahnung wird den Beschäftigten mitgeteilt: Sie haben eine Pflichtverletzung begangen. Wenn Sie das noch einmal tun, bekommen Sie eine Kündigung. Das soll klarmachen, dass solche Fehler nicht geduldet werden. Wiederholen die Beschäftigten den Fehler, können sie eine Kündigung bekommen, die auch vor Gericht Bestand hat (mehr dazu im Kapitel »Abmahnung« auf Seite 219f.).

Wichtig: Auch bei einer verhaltensbedingten Kündigung unter Einhaltung der Kündigungsfrist haben Sie das große Risiko einer Sperrzeit von zwölf Wochen beim Arbeitsamt. In diesem Fall kann sich eine Klage gegen die Kündigung lohnen, wenn Sie gewinnen und Ihren Job wiederbekommen oder die Vorwürfe im Rahmen eines gerichtlichen Vergleichs zurückgenommen werden.

Beispiele für Kündigungen aus verhaltensbedingten Gründen:

- Wiederholte private Internetnutzung während der Arbeitszeit trotz Verbot
- Diebstahl am Eigentum des Arbeitgebers
- Absichtliche Zerstörung von Eigentum des Arbeitgebers
- Selbstbeurlaubung
- Häufiges Zuspätkommen trotz Abmahnung
- Sexuelle Belästigung von Kolleg*innen

Die ordentliche Kündigung ist eine mögliche Reaktion auf das in den Beispielfällen aufgezeigte Fehlverhalten. Stattdessen kann der Arbeitgeber auch eine Abmahnung oder eine fristlose Kündigung aussprechen. In bestimmten Fällen kommt auch eine Versetzung in Betracht. Welche Maßnahme des Arbeitgebers richtig war, wird erst im Kündigungsschutzprozess geklärt. Das Gericht beurteilt die Schwere der Pflichtverletzung und die richtige Reaktion darauf.

Besondere Kündigungsarten – Änderungskündigung

Im Rahmen des Arbeitsvertrages kann der Arbeitgeber sein Direktionsrecht ausüben und Anweisungen zu den Arbeitsbedingungen geben.

Beispiel: Im Arbeitsvertrag steht, dass der Arbeitsort Berlin ist. Die Beschäftigten können daher in allen Filialen in Berlin eingesetzt werden. Der Arbeitgeber kann jedoch nicht anweisen, dass die Beschäftigten in einem anderen Bundesland arbeiten müssen.

Wenn der Arbeitgeber die Arbeitsbedingungen nicht kraft Direktionsrecht ändern kann, muss er eine Änderungskündigung aussprechen. Dabei kündigt er das Arbeitsverhältnis und macht gleichzeitig ein neues Angebot zu geänderten Arbeitsbedingungen.

Beispiel: Aus betriebsbedingten Gründen müssen Filialen eines Einzelhandelsunternehmens in Berlin schließen. Im Arbeitsvertrag steht als Arbeitsort »Berlin«.

Eine Arbeitnehmerin bekommt eine Änderungskündigung. Ihr Arbeitsplatz in Berlin wird gekündigt. Gleichzeitig wird ihr ein neuer Arbeitsplatz in einer Filiale in Brandenburg angeboten.

Bei einem starken Auftragsrückgang kann es auch sein, dass der Arbeitgeber eine Änderungskündigung für eine Vollzeitstelle ausspricht und gleichzeitig eine Teilzeitstelle anbietet.

Bei einer Änderungskündigung haben die Beschäftigten drei Möglichkeiten zu reagieren:

1. Sie nehmen das Angebot an. Das bedeutet, dass der Arbeitsplatz zu den alten Bedingungen wegfällt und sie zu den neuen Bedingungen oder am neuen Arbeitsort arbeiten.
2. Sie lehnen das Angebot ab und gehen auch nicht gerichtlich gegen die Kündigung vor. Dann verlieren sie den Arbeitsplatz.
3. Sie nehmen das Angebot unter Vorbehalt an und klagen gleichzeitig gegen die Änderungskündigung.

Wenn Beschäftigte mit den Änderungen nicht einverstanden sind, aber auf Nummer sicher gehen wollen, ist Nummer 3 der beste Weg. Während sie zu den neuen Bedingungen arbeiten, überprüft das Arbeitsgericht, ob die Änderungskündigung wirksam war. Falls sie gewinnen, haben sie einen Anspruch auf den alten Arbeitsplatz.

Wichtig: Auch gegen eine Änderungskündigung muss man innerhalb von drei Wochen eine Klage beim Arbeitsgericht einreichen!

Statt eine Änderungskündigung auszusprechen, kann der Arbeitgeber auch einen Arbeitsvertrag zu geänderten Bedingungen anbieten. Während die Änderungskündigung einseitig durch den Arbeitgeber bestimmt wird, haben die Beschäftigten in diesem Fall die Wahl, ob sie unterschreiben oder nicht. Davor sollten sie sich unbedingt beraten lassen.

Verdachtskündigung

Ein Arbeitsverhältnis setzt gegenseitiges Vertrauen voraus. Der Verdacht auf eine schwerwiegende Pflichtverletzung kann zum Verlust dieses Vertrauens führen und eine Kündigung rechtfertigen. Das kann im Fall des Verdachts auf eine Straftat der Fall sein. Der Arbeitgeber kann kündigen, auch wenn der/die Beschäftigte noch nicht strafrechtlich verurteilt wurde. Denn bei schwerwiegenden Vorwürfen ist dem Arbeitgeber nicht zuzumuten, den/die verdächtigte Arbeitnehmer*in weiterzubeschäftigen, bis das Strafverfahren abgeschlossen ist.

Beispiele:

- Bei einem Kita-Leiter findet die Polizei auf seinem Computer zu Hause Kinderpornografie.
- Eine Pflegerin wird verdächtigt, Patient*innen Gewalt angetan zu haben.

Voraussetzungen für eine Verdachtskündigung:

- Dringender Verdacht auf eine Straftat oder schwerwiegende Pflichtverletzung
- Objektive Tatsachen sprechen für eine große Wahrscheinlichkeit, dass Vorwürfe zutreffen
- Sachverhaltsaufklärung, so weit wie möglich
- Anhörung der betroffenen Arbeitnehmer*innen

Besonderer Kündigungsschutz

Bestimmte Personengruppen haben aus sozialen Gründen einen besonderen Kündigungsschutz. Dazu gehören:

- Schwangere
- Arbeitnehmer*innen in Elternzeit
- Arbeitnehmer*innen mit einer Schwerbehinderung
- Arbeitnehmer*innen, die ihre Angehörigen pflegen

Diese Personen haben aufgrund ihres Amtes oder ihrer Tätigkeit einen besonderen Kündigungsschutz:

- Mitglieder des Betriebsrats
- Mitglieder des Personalrats
- Mitglieder der Schwerbehindertenvertretung
- Frauen- oder Gleichstellungsbeauftragte
- Datenschutzbeauftragte
- Mitglieder des Wahlvorstands für eine Betriebsratswahl
- Auszubildende

Besonderer Kündigungsschutz bedeutet, dass der Arbeitgeber keine ordentliche Kündigung aussprechen darf. Nur eine außerordentliche, also fristlose Kündigung ist möglich, wenn der Arbeitgeber dafür einen wichtigen Grund hat. Mehr Informationen zum besonderen Kündigungsschutz der einzelnen Personengruppen finden Sie in den jeweiligen Kapiteln.

Besonderer Kündigungsschutz für Menschen mit Schwerbehinderung und ihnen gleichgestellte Menschen

Beschäftigte mit einer Schwerbehinderung dürfen nicht wegen ihrer Schwerbehinderung gekündigt werden. Deshalb muss das Integrationsamt der Kündigung vorher zustimmen. Das Integrationsamt ist eine staatliche Behörde für den Schutz von schwerbehinderten Beschäftigten. Der Arbeitgeber muss dort die Zustimmung zur Kündigung beantragen. Das Integrationsamt darf die Zustimmung nur erteilen, wenn es für die Kündigung andere Gründe als die Schwerbehinderung gibt. Dafür holt es eine Stellungnahme des Betriebsrats oder Personalrats und der Schwerbehindertenvertretung ein. Auch die betroffenen Arbeitnehmer*innen werden angehört. Nach Abschluss der Prüfung teilt das Integrationsamt den betroffenen Arbeitnehmer*innen und dem Arbeitgeber seine Entscheidung mit.

Von diesem besonderen Kündigungsschutz gibt es aber Ausnahmen. Er ist z. B. nur gültig, wenn das Arbeitsverhältnis bereits sechs Monate

Bestand hatte. Falls Sie eine Kündigung befürchten, sollten Sie sich zu dem Kündigungsschutz in Ihrem Fall beraten lassen.

Besonderer Kündigungsschutz für Auszubildende

Auszubildende können in der Probezeit jederzeit ohne Einhaltung einer Kündigungsfrist gekündigt werden. Nach der Probezeit ist die ordentliche Kündigung durch den Arbeitgeber jedoch ausgeschlossen. Die Kündigung ist dann nur möglich, wenn ein wichtiger Grund vorliegt, der eine fristlose Kündigung rechtfertigt.

Kündigung durch die Arbeitnehmer*innen – Eigenkündigung

Die Kündigung durch Arbeitnehmer*innen nennt man auch Eigenkündigung. Dafür kann es viele Gründe geben: ein neuer Job, Umzug in eine andere Stadt, Probleme am Arbeitsplatz oder auch familiäre Verpflichtungen. Gerade im Fall von Problemen am Arbeitsplatz sollten Beschäftigte das Arbeitsverhältnis nicht voreilig aufgeben, ohne sich vorher beraten zu lassen. In vielen Fällen haben sie eine wesentlich bessere Verhandlungsbasis für eine Abfindung, Entschädigung oder ein Arbeitszeugnis mit einer guten Note, wenn das Arbeitsverhältnis noch besteht. Denn für den Arbeitgeber ist es oft nicht leicht, eine Kündigung vor Gericht zu rechtfertigen. Deshalb ist er bereit, Geld zu zahlen oder andere Zugeständnisse zu machen, um das Arbeitsverhältnis einvernehmlich zu beenden. Wenn die Beschäftigten selbst kündigen, geben sie das stärkste Druckmittel auf.

Sperrzeit beim Arbeitsamt

Wenn Beschäftigte das Arbeitsverhältnis selbst kündigen, bekommen sie in der Regel eine Sperrzeit vom Arbeitsamt von bis zu zwölf Wochen. Für diese Zeit bekommen sie kein Arbeitslosengeld, weil sie den Verlust des Arbeitsplatzes selbst verschuldet haben. Nur wenn die Beschäftigten einen wichtigen Grund für die Eigenkündigung nachweisen können, sieht das Arbeitsamt von einer Sperrzeit ab. Ein wichtiger Grund kann vorliegen, wenn die Arbeit krank macht oder Beschäftigte am Arbeitsplatz diskriminiert oder gemobbt werden. Sie müssen dem Arbeitsamt diese Gründe darlegen, die Entscheidung liegt dann bei den zuständigen Sachbearbeiter*innen.

Wichtig: Nicht erst selbst kündigen und dann beraten lassen, sondern umgekehrt! Es kommt leider vor, dass Arbeitnehmer*innen aus dem Bauch heraus handeln und sich erst später über die Konsequenzen informieren. Dann kann es schon zu spät sein. Lassen Sie sich erst über alle Möglichkeiten beraten und treffen dann eine Entscheidung.

Pflichten des Arbeitgebers bei Beendigung des Arbeitsverhältnisses: Arbeitsbescheinigung, Urlaubsabgeltung, Zeugnis

Arbeitsbescheinigung

Nach Beendigung des Arbeitsverhältnisses ist der Arbeitgeber verpflichtet, den Beschäftigten eine Arbeitsbescheinigung auszustellen. Diese benötigt man für die Agentur für Arbeit. Der Arbeitgeber trägt die Beschäftigungszeiten und auch die Gründe für die Beendigung ein.

Urlaubsabgeltung

Wenn Sie noch Resturlaub haben, wandelt sich der Anspruch auf den Urlaub mit Ende des Arbeitsverhältnisses in einen sogenannten Urlaubsabgeltungsanspruch um. Weil der Urlaub nicht mehr genommen werden kann, haben Beschäftigte Anspruch auf einen Ausgleich in Geld. Oft wird der Urlaub aber auf eine Freistellung zwischen Kündigung und Ende des Arbeitsverhältnisses angerechnet.

Arbeitszeugnis

Beschäftigte haben einen Anspruch auf ein qualifiziertes Arbeitszeugnis, wenn sie danach fragen. Sie sollten daher bereits vor der Beendigung schriftlich mitteilen, dass sie ein qualifiziertes Arbeitszeugnis wünschen. Das Arbeitszeugnis soll am letzten Arbeitstag übergeben werden. Ist der/die Beschäftigte nicht mehr am Arbeitsplatz, so kann es auch per Post zugesandt werden.

Weitere Beendigungsmöglichkeiten

Aufhebungsvertrag

Neben der Kündigung durch den Arbeitgeber oder den/die Beschäftigte*n selbst kann das Arbeitsverhältnis durch einen Aufhebungsvertrag auch einvernehmlich beendet werden. In diesem Fall einigen sich der Arbeitgeber und der/die Arbeitnehmer*in auf die Beendigung des Arbeitsverhältnisses und schließen darüber einen Vertrag. Weitere Informationen, auch zum Abwicklungsvertrag und Auflösungsvertrag, finden Sie im Kapitel »Aufhebungsvertrag« ab Seite 272.

Sonderfall: Insolvenz

Wenn bei einem Unternehmen die Insolvenz festgestellt wurde, gelten besondere Regeln. So kann der Insolvenzverwalter mit einer Frist von drei Monaten die Arbeitsverhältnisse kündigen. Ist die Kündigungsfrist nach dem Arbeitsvertrag oder nach dem Gesetz kürzer, so kann er die Kündigung gemäß dieser kürzeren Frist aussprechen. Falls die Beschäftigten für ihre Arbeit keinen Lohn mehr bekommen haben, können sie für die letzten drei Monate vor der Insolvenz ein Insolvenzgeld bei der Bundesagentur für Arbeit beantragen (siehe Kapitel »Lohn und Gehalt« auf Seite 148).

Sonderfall: Betriebsübergang

Wird ein Betrieb oder ein Betriebsteil an einen neuen Eigentümer verkauft, so nennt man das Betriebsübergang. Die Arbeitsverhältnisse der Beschäftigten gehen mit allen Rechten und Pflichten auf den Erwerber über. Statt Unternehmen A ist nun Unternehmen B der Arbeitgeber. Darüber müssen die Beschäftigten informiert werden. In vielen Fällen ist ein solcher Betriebsübergang keine gute Nachricht für die Beschäftigten. Denn er geht oft mit Umstrukturierungen zu ihren Lasten und Personalabbau einher.

Laut Gesetz haben die Beschäftigten ein Widerspruchsrecht. Wenn sie innerhalb von vier Wochen nach der Information über den Betriebsübergang widersprechen, so geht das Arbeitsverhältnis nicht auf den Erwerber über. Sie bleiben bei ihrem alten Arbeitgeber. In den meisten Fällen wird der Arbeitsplatz beim alten Arbeitgeber jedoch abgebaut oder dieser stellt seine Tätigkeit ganz ein. In diesen Fällen kann der alte Arbeitgeber eine betriebsbedingte Kündigung aussprechen. Von ihrem Recht zum Widerspruch haben die Beschäftigten also selten einen Vorteil.

Falls Sie von Ihrem Arbeitgeber über einen Betriebsübergang informiert werden, sollten Sie sich sofort rechtlich zu Ihren Möglichkeiten beraten lassen.

16.
Kündigungsschutzprozess – Klage vor dem Arbeitsgericht

Ziel der Kündigungsschutzklage

Man kann einen Kündigungsschutzprozess mit unterschiedlichen Zielen führen. Entweder möchte man das Arbeitsverhältnis fortsetzen oder man versucht, gute Bedingungen für eine Beendigung zu verhandeln.

Wenn man den Prozess gewinnt, ist die Kündigung unwirksam und man hat den Job zurück. In vielen Fällen wollen die Beschäftigten aber nicht zurück an den alten Arbeitsplatz. Man kann sich daher auch im Prozess mit dem Arbeitgeber auf einen gerichtlichen Vergleich einigen. Dann verliert man das Arbeitsverhältnis, aber bekommt dafür z. B. eine Abfindung und ein gutes Arbeitszeugnis. Man kann das Ziel auch während des Prozesses noch ändern.

Wichtig: Die Kündigungsschutzklage muss innerhalb von drei Wochen nach Zugang der Kündigung beim Arbeitsgericht erhoben werden.

Ablauf eines Kündigungsschutzprozesses – Überblick

1. Einreichen der Kündigungsschutzklage beim Arbeitsgericht
2. Der Gütetermin – erster Gerichtstermin – beide Seiten sollen versuchen, sich gütlich zu einigen
3. Bei einer Einigung: Beendigung des Prozesses durch gerichtlichen Vergleich
4. Kammertermin – zweiter Gerichtstermin, wenn es keine Einigung gibt – die Richter*innen entscheiden durch ein Urteil

5. Berufung – wer den Prozess verloren hat, kann Berufung beim Landesarbeitsgericht einlegen

Die Kündigungsschutzklage

In den meisten Fällen wird die Kündigungsschutzklage für die Beschäftigten durch Rechtsanwält*innen oder Gewerkschaftssekretär*innen erhoben. Vor dem Arbeitsgericht ist es aber auch möglich, sich selbst zu vertreten. In der Kündigungsschutzklage steht unter anderem, wie lange das Arbeitsverhältnis bestand und dass eine Kündigung ausgesprochen wurde. Der Arbeitsvertrag, das Kündigungsschreiben und die letzten drei Gehaltsabrechnungen werden beigefügt. Die Klageschrift wird dem Arbeitgeber durch das Arbeitsgericht zugestellt. Der Arbeitgeber muss die Kündigung erst vor Gericht rechtfertigen, also begründen, warum er meint, kündigen zu dürfen. In der Kündigungsschutzklage für die Beschäftigten wird daher in der Regel noch nicht auf mögliche Kündigungsgründe eingegangen. Das kommt erst, wenn der Arbeitgeber die Kündigung in einem Schriftsatz begründet hat.

Der Gütetermin

Ein Prozess vor dem Arbeitsgericht beginnt immer mit dem Gütetermin. Bei diesem ersten Gerichtstermin soll eine Einigung zwischen beiden Seiten versucht werden. Diese Einigung nennt man »gerichtlichen Vergleich«. Bei den Verhandlungen über einen gerichtlichen Vergleich geht es neben der Abfindung auch um den genauen Beendigungstermin, das Arbeitszeugnis, Resturlaub, Gegenstände, die zurückgegeben werden müssen, Bonuszahlungen und Weiteres.

Der Fall wird im Gütetermin rechtlich noch nicht ausdiskutiert. Oft sagt der/die vorsitzende Richter*in zu Beginn etwas zu dem Fall und bittet dann beide Seiten um eine Stellungnahme. Dafür sind die Anwält*innen zuständig, wenn die Parteien anwaltlich vertreten sind. Es kommt dann eher selten vor, dass die Richter*innen die/den Beschäftigte*n oder den Arbeitgeber direkt ansprechen. Wenn Beschäftigte sich mit dem Arbeitgeber auf eine Beendigung einigen wollen, können sie im Gütetermin die Verhandlungen darüber mitverfolgen und sich äußern. Wenn sie etwas nicht verstehen oder sich mit ihrem Anwalt bzw. ihrer Anwältin allein über einen Vergleichsvorschlag der Gegenseite besprechen möchten, kann diese/r um eine kurze Unterbrechung der Verhandlung bitten. Dann können beide gemeinsam rausgehen und sich dort vertraulich unterhalten.

Nachdem beide Parteien ihre Stellungnahme abgegeben haben, geht es gleich darum, ob eine Einigung möglich ist. In vielen Fällen machen die Richter*innen Vorschläge für eine Einigung, z. B. nennen sie eine Summe, die der Arbeitgeber als Abfindung für den Verlust des Arbeitsplatzes zahlen könnte. Eine solche Einigung ist für beide Seiten freiwillig.

Falls es keine Einigungsbereitschaft gibt, kann der Gütetermin auch schon nach fünf Minuten zu Ende sein. Der/die vorsitzende Richter*in legt einen Kammertermin fest und gibt beiden Seiten auf, ihre Ansichten in Schriftsätzen an das Arbeitsgericht darzulegen.

Situation vor Gericht – wer ist anwesend im Gütetermin?

1. Der/die vorsitzende Richter*in
2. Eventuell ein/e Protokollführer*in
3. Der Arbeitgeber (z. B. der Geschäftsführer) mit Anwalt/Anwältin
4. Der/die Beschäftigte mit Anwalt/Anwälti

   Ob der Arbeitgeber oder der/die Beschäftigte selbst kommen müssen, hängt von der Ladung zum Gerichtstermin ab. Die Ladung ist der Brief vom Arbeitsgericht mit Datum, Uhrzeit und Ort der Verhandlung. In der Ladung steht, ob die Parteien (also Arbeitnehmer*in und Arbeitgeber) persönlich geladen sind und damit verpflichtet sind zu kommen. Wenn das nicht der Fall ist, können die Beschäftigten selbst entscheiden, ob sie mit zum Gütetermin kommen möchten. Der Rechtsanwalt bzw. die Rechtsanwältin kann den Termin auch allein wahrnehmen.
5. Die Öffentlichkeit

   Hinten im Gerichtssaal sind noch ein paar Stuhlreihen für die Öffentlichkeit. Gerichtstermine sind öffentlich, das heißt, dass Personen dazukommen und den Prozess beobachten können. Manchmal sitzen hinten Berufsschulklassen oder Betriebsratsschulungen, um sich einen echten Prozess anzuschauen. Oft sitzt dort niemand oder nur Anwält*innen, die ihren Termin danach haben. Wenn Beschäftigte Unterstützer*innen mitbringen, können diese hier sitzen.

Einigung durch gerichtlichen Vergleich

Ein Kündigungsschutzverfahren kann durch ein Urteil der Richter*innen oder durch eine Einigung von Arbeitgeber und Beschäftigten enden. Der gerichtliche Vergleich wird vom Arbeitsgericht protokolliert und wirkt wie ein Urteil. Er kann allerdings – anders als ein Urteil – nicht mehr angegriffen werden.

Kündigungsschutzprozesse enden oft mit einem gerichtlichen Vergleich. Im Jahr 2021 wurden laut einer Erhebung des Statistischen Bundesamts über 80 Prozent der Urteilsverfahren vor den Arbeitsgerichten in Deutschland nicht durch ein Urteil, sondern durch einen gerichtlichen Vergleich beendet.

Der gerichtliche Vergleich ist ein Kompromiss zwischen beiden Seiten. Im Gütetermin oder auch danach werden die Bedingungen verhandelt. Der Arbeitgeber hat einen Vorteil. Ist eine Kündigung erst mal ausgesprochen, wollen die wenigsten Arbeitnehmer*innen zurück an den alten Arbeitsplatz. Das Vertrauen ist erschüttert. Bei größeren Betrieben mag es egal sein, aber in kleineren Betrieben ist es für viele Beschäftigte unvorstellbar, zurückzugehen und womöglich mit dem Chef, der die Kündigung ausgesprochen hat, wieder zusammenzuarbeiten. Bei den Kündigungsprozessen geht es ihnen daher oft nur noch um die Bedingungen für die Beendigung. Und auch die Arbeitgeberseite will unbedingt verhindern, dass die Beschäftigten nach einer Kündigung wieder zur Arbeit zurückkommen. Damit die Beschäftigten freiwillig gehen, sind sie häufig bereit, dafür eine Abfindung zu zahlen und ein gutes Zeugnis auszustellen.

Für beide Seiten kann es von Vorteil sein, dass der Prozess damit beendet ist. Denn ein Gerichtsverfahren kann sich über mehrere Instanzen hinziehen. Es kostet Geld und der Ausgang ist nicht sicher vorhersehbar. Durch einen gerichtlichen Vergleich ist das Gerichtsverfahren beendet; zu den Bedingungen, die beide Seiten ausgehandelt haben.

Der Inhalt des gerichtlichen Vergleichs

In einem Kündigungsschutzprozess sieht ein gerichtlicher Vergleich in der Regel vor, dass die Beschäftigten das Arbeitsverhältnis aufgeben und der Arbeitgeber im Gegenzug etwas gibt, z. B. eine Abfindung und ein Zeugnis mit der Note »gut« oder »sehr gut«. Inhalt eines gerichtlichen Vergleichs ist also immer ein Geben und Nehmen.

Es gibt auch Arbeitgeber, die einfach keinen »Topf« für die Zahlung einer Abfindung haben. In diesen Fällen kann man versuchen, eine Beendigung zu einem späteren Termin bei Freistellung von der Arbeit und Fortzahlung der Bezüge zu verhandeln.

Beispiel: Die Kündigung wurde zu Ende März ausgesprochen. Die Beendigung wird im gerichtlichen Vergleich auf Ende April gelegt und die Beschäftigte bekommt bis dahin ihr Gehalt. Sie muss aber nicht zur Arbeit kommen.

Eine Freistellung bei Fortzahlung der Bezüge kann auch dann sinnvoll sein, wenn die Beschäftigten durch die verlängerte Beschäftigungszeit die Voraussetzungen für ihre Anwartschaft auf Arbeitslosengeld I erfüllen.

Beispiel: Ein Arbeitnehmer bekommt eine ordentliche Kündigung. Mit Ablauf der Kündigungsfrist hat er insgesamt elf Monate bei dem Unternehmen gearbeitet. Im Jahr davor war er arbeitslos. Wenn er nach der Kündigung aushandeln kann, dass die Beendigung einen Monat später erfolgt, hat er die zwölf Monate sozialversicherungspflichtige Beschäftigung zusammen, die für die Anwartschaft auf Arbeitslosengeld I mindestens erreicht werden müssen.

Gerichtlicher Vergleich mit Widerrufsfrist

Es ist möglich, einen gerichtlichen Vergleich mit einer Frist für einen Widerruf zu schließen. Der Vergleich wird dann nicht sofort wirksam. In dem Vergleich steht am Ende, dass dieser innerhalb von z. B. drei Wochen durch eine Nachricht an das Arbeitsgericht widerrufen werden kann.

> **Beispiel:** Die Anwältin geht ohne die Mandantin zum Gütetermin vor dem Arbeitsgericht. Mit der Gegenseite verhandelt sie einen Vergleich über die Beendigung des Arbeitsverhältnisses und eine Abfindung. Weil die Mandantin nicht dabei war, vereinbart die Anwältin eine Widerrufsfrist von drei Wochen für den Vergleich. Nach dem Gütetermin bespricht sie sich mit der Mandantin und schickt ihr den Vergleich zu. Die Mandantin hat nun Zeit, sich zu entscheiden.

Wenn der Vergleich widerrufen wird, geht der Gerichtsprozess weiter. Der/die vorsitzende Richter*in vergibt einen Kammertermin und beide Seiten müssen in Vorbereitung auf den Termin ihre Argumente in Schriftsätzen darlegen.

Folgen eines gerichtlichen Vergleichs

Ein gerichtlicher Vergleich bindet die Parteien an den vereinbarten Inhalt. Eine Beendigung des Arbeitsverhältnisses durch gerichtlichen Vergleich hat in der Regel keine Sperrzeit beim Arbeitsamt zur Folge. Wichtig ist, dass eine Beendigung unter Beachtung der Kündigungsfrist vereinbart wird. Wenn die Beschäftigten die Anwartschaft erfüllen, können sie Arbeitslosengeld I bekommen.

Wenn das Arbeitsgericht ein Urteil fällt, entstehen Gerichtskosten. Bei einem gerichtlichen Vergleich werden keine Gerichtskosten erhoben. Für die Rechtsanwält*innen fällt jedoch die sogenannte Einigungsgebühr an. Dadurch erhöhen sich die Anwaltskosten.

Der gerichtliche Vergleich ist vollstreckbar. Wenn der Arbeitgeber die Abfindung nicht zahlt, kann man damit die Zwangsvollstreckung einleiten und den Arbeitgeber zur Zahlung zwingen.

Die Abfindung

Mit einer Abfindung werden Beschäftigte für den Verlust ihres Arbeitsplatzes entschädigt. Es gibt jedoch leider kein Recht auf eine Abfindung. Trotzdem hält sich hartnäckig das Gerücht, dass Beschäftigte automatisch eine Abfindung bekommen, wenn das Arbeitsverhältnis endet. Eine Abfindung muss man jedoch aushandeln. Arbeitgeber zahlen eine Abfindung nicht freiwillig, sondern weil sie im Gegenzug auch etwas davon haben. Sie wollen z. B. ein Arbeitsverhältnis beenden, das nur schwer zu kündigen wäre, und locken die Beschäftigten mit einer Abfindung.

Eine Abfindung im Rahmen eines gerichtlichen Vergleichs wirkt sich nicht auf den Anspruch auf Arbeitslosengeld I aus. Sie wird jedoch auf Ansprüche auf das Arbeitslosengeld II (Hartz IV bzw. ab Januar 2023 Bürgergeld) angerechnet. Wenn Beschäftigte nach der Beendigung des Arbeitsverhältnisses noch keinen Anspruch auf Arbeitslosengeld I haben, sondern Hartz IV bzw. das Bürgergeld beantragen müssen, geht die Abfindung »verloren«. In diesem Fall können Beschäftigte versuchen, statt einer Abfindung eine längere Kündigungsfrist bei bezahlter Freistellung zu verhandeln.

Verhandlung einer Abfindung

Die Verhandlungsposition hängt unter anderem davon ab, wie viel Druck man aufbauen kann. Kann man dem Arbeitgeber vorhalten, dass die Kündigung unwirksam ist und der/die Beschäftigte nach dem Urteil weiterarbeitet, so wird er eher bereit sein, eine Abfindung zu zahlen.

Hat der Arbeitgeber aber schon mitbekommen, dass der/die Beschäftigte wütend über die Kündigung ist und auf keinen Fall zurückkommen möchte oder schon einen neuen Job hat, so wird er eher nichts zahlen. Die Arbeitnehmer*innen sollten deshalb von ihren Plänen nichts erzählen, bis der Prozess beendet ist.

Daumenregel: 0,5 Bruttomonatsgehälter pro Beschäftigungsjahr

Es gibt unter Jurist*innen für die Höhe der Abfindung zwar die »Daumenregel« von einem halben Bruttomonatsentgelt pro Beschäftigungsjahr. Sie wird »Daumenregel« genannt, weil sie sehr ungenau ist und eben keine eindeutige Regel. Aber auch im Gütetermin vor dem Arbeitsgericht schlagen Richter*innen oft eine Abfindung nach dieser Regel vor.

Es ist aber nicht einfach, eine angemessene Abfindungshöhe zu bestimmen. Denn diese hängt von vielen Faktoren ab.

Faktoren, von denen die Höhe einer Abfindung abhängen

Kündigungsschutz

- Wenn Beschäftigte keinen Kündigungsschutz nach dem Kündigungsschutzgesetz haben, zahlt der Arbeitgeber in der Regel keine Abfindung.
- Wenn Beschäftigte Kündigungsschutz haben und der Arbeitgeber für die Kündigung keine Gründe nach dem Kündigungsschutzgesetz (betriebsbedingt, personenbedingt oder verhaltensbedingt) hat, können Beschäftigte eher eine hohe Abfindung fordern.

Besonderer Kündigungsschutz

- Wenn Beschäftigte einen besonderen Kündigungsschutz haben, sind sie für den Arbeitgeber fast unkündbar. In diesen Fällen kann er eine hohe Abfindung bieten, damit sie trotzdem ihr Arbeitsverhältnis aufgeben.
- Beispiele für besonderen Kündigungsschutz: Beschäftigte in Elternzeit, mit Schwerbehinderung oder Mitglieder des Betriebsrats.

Länge der Beschäftigungsdauer

- In einigen Fällen ist die Abfindung höher, je länger eine Person bei einem Unternehmen beschäftigt war. Wenn der Arbeitgeber jedoch einen Kündigungsgrund hat, z. B. wegen sehr langer Krankheit eines Beschäftigten, so kann die Abfindung auch bei langer Betriebszugehörigkeit niedrig ausfallen.

Chancen auf dem Arbeitsmarkt

- Auch die Chancen der Beschäftigten auf dem Arbeitsmarkt spielen bei den Verhandlungen eine Rolle. Wenn es aufgrund der Lage auf dem Arbeitsmarkt oder des Alters der Beschäftigten schwierig ist, eine neue Stelle zu finden, sollte die Abfindung höher ausfallen.

Leistungsfähigkeit des Arbeitgebers

- Ein großer, wirtschaftlich erfolgreicher Arbeitgeber hat in der Regel ein großes Budget für Abfindungen. Kleine Unternehmen können meistens nicht viel zahlen. Andere Arbeitgeber, wie z. B. Vereine oder Nichtregierungsorganisationen, haben in der Regel gar keinen »Topf«, aus dem sie Abfindungen bezahlen könnten.

Länge des Kündigungsschutzprozesses

- Wenn sich der Kündigungsschutzprozess lange hinzieht, erhöht sich der Druck auf den Arbeitgeber. Denn wenn er den Prozess verliert, muss er den Lohn für die Zeit des Ablaufs der Kündigungsfrist bis zum Prozessende nachzahlen, obwohl er keine Arbeitsleistung dafür bekommen hat.

Zu den Aussichten auf eine Abfindung für Ihren Fall sollten Sie sich rechtlich beraten lassen.

Steuervorteil bei der Abfindung

Der Arbeitgeber zahlt für die Abfindung keine Sozialversicherungsbeiträge. Der Arbeitgeber muss jedoch Steuern für die Beschäftigten abführen, bevor er die Abfindung auszahlt. Die Steuerberechnung hängt von vielen Faktoren ab, sodass man hier nicht genau sagen kann, wie hoch die Steuern sind. Beschäftigte sollten sich darauf einstellen, dass von der Abfindung grob geschätzt ein Drittel für Steuern abgehen kann.

Für Abfindungen gibt es bei der Steuer eine Begünstigung für Beschäftigte. Denn wenn sie in einem Jahr eine hohe Zahlung bekommen, würden sie für dieses Jahr auch besonders hohe Steuern zahlen müssen. Deshalb wurde die sogenannte Fünftel-Regelung eingeführt. Eine Abfindung wird bei der Steuerberechnung so angesehen, als wenn man die Zahlung gleichmäßig auf fünf Jahre verteilt bekommen hätte.

Ausnahmen: Anspruch auf Abfindung nach dem Sozialplan und nach dem Gesetz

Beschäftigte haben normalerweise keinen gesetzlichen oder anderweitigen Anspruch auf eine Abfindung. In einigen Fällen gibt es aber Ausnahmen.

Abfindung aus einem Sozialplan

Beschäftigte in Betrieben mit einem Betriebsrat sind besser geschützt. Denn wenn es wegen einer Betriebsänderung Entlassungen gibt, handelt der Betriebsrat mit dem Arbeitgeber in der Regel einen Sozialplan aus. Im Sozialplan sind die Abfindungen der betroffenen Arbeitnehmer*innen geregelt.

Abfindung nach § 1a Kündigungsschutzgesetz (KSchG)

Wenn der Arbeitgeber ein Beschäftigungsverhältnis beenden will, kann er sich für die sogenannte Abfindungslösung entscheiden. Dann haben die Beschäftigten einen Rechtsanspruch auf eine Abfindung nach dem Gesetz. Der Arbeitgeber kündigt aus betriebsbedingten Gründen und bietet den Arbeitnehmer*innen im Kündigungsschreiben eine Abfindung an, wenn sie nicht gegen die Kündigung klagen. In diesem Fall ist die Höhe der Abfindung gesetzlich geregelt und beträgt ein halbes Bruttomonatsentgelt für jedes Beschäftigungsjahr. In der Praxis kommt das nur sehr selten vor.

Abfindung nach §§ 9, 10 KSchG

In sehr seltenen Fällen kann das Arbeitsgericht den Arbeitgeber auf Auflösung des Arbeitsverhältnisses und Zahlung einer Abfindung verurteilen. Das ist nur möglich, wenn die Kündigung unwirksam ist, aber dem Beschäftigten die Fortführung des Arbeitsverhältnisses nicht zuzumuten ist. Auch der Arbeitgeber kann die Auflösung beantragen, wenn eine gedeihliche Zusammenarbeit nicht möglich ist.

Aufhebungsvertrag: Unterschied und Ähnlichkeit mit dem gerichtlichen Vergleich

Ein Aufhebungsvertrag kann einem gerichtlichen Vergleich inhaltlich sehr ähnlich sein. Beide Seiten einigen sich auf die Beendigung des Arbeitsverhältnisses zu einem bestimmten Termin. Der Arbeitgeber zahlt noch eine Abfindung und verspricht ein gutes Zeugnis. Es gibt aber einen entscheidenden Unterschied: Bei einem Aufhebungsvertrag erwartet die Beschäftigten in der Regel eine Sperrzeit beim Arbeitsamt. Nach einem gerichtlichen Vergleich bekommen sie in der Regel Arbeitslosengeld.

Wichtig: In einem gerichtlichen Vergleich können Sie die gleichen Inhalte regeln wie in einem Aufhebungsvertrag. Jedoch bekommen Sie dafür keine Sperrzeit beim Arbeitsamt.

Termin für den Kammertermin

Wenn es während des Gütetermins nicht zu einer Einigung kommt, legt der/die Richter*in am Ende des Gütetermins den Kammertermin fest. Je nach Arbeitsbelastung kann das ein paar Wochen oder ein paar Monate später sein. Dazu bekommen beide Seiten eine Frist für die vorbereitenden Schriftsätze. Der Arbeitgeber muss z. B. innerhalb von drei Wochen die Kündigung begründen. Nach Eingang des Schriftsatzes des Arbeitgebers hat der/die Beschäftigte ebenfalls drei Wochen Zeit, dazu Stellung zu beziehen und dem Gericht zu schreiben, warum die Kündigung aus seiner/ihrer Sicht unwirksam ist. Diese Schriftsätze schreiben die Rechtsanwält*innen in Absprache mit ihren Mandant*innen.

Wichtig: Es ist auch möglich, sich zu einem späteren Zeitpunkt zu einigen. Die Rechtsanwält*innen von Arbeitgeber und Beschäftigten können zwischen den Gerichtsterminen telefonieren. Auch im letzten Gerichtstermin, dem Kammertermin, kann man noch einen gerichtlichen Vergleich schließen, anstatt ein Urteil der Richter*innen zu bekommen.

Der Kammertermin und das Urteil

Im Kammertermin ist die gesamte Kammer des Arbeitsgerichts, bestehend aus drei Richter*innen, anwesend. Das sind der/die vorsitzende Richter*in und zwei ehrenamtliche Richter*innen. Der/die vorsitzende Richter*in ist der/die Berufsrichter*in. Er/sie trägt eine schwarze Robe und sitzt in der Mitte. Die ehrenamtlichen Richter*innen sitzen links und rechts daneben und kommen aus der Bevölkerung. Sie sollen die Sichtweise aus ihrem sozialen und beruflichen Umfeld einbringen. Ein/e ehrenamtliche Richter*in kommt aus dem Kreis der Arbeitnehmenden und eine/r aus dem Kreis der Arbeitgeber.

Der/die vorsitzende Richter*in führt durch die Gerichtsverhandlung. Beide Seiten haben ihre Sichtweise vorher in den Schriftsätzen an das Gericht dargestellt. Im Kammertermin fragen die Richter*innen nach und der ganze Fall wird diskutiert. Am Ende der Verhandlung gehen die Richter*innen in das Richterzimmer zur Beratung. Es heißt dann: »Die Entscheidung ergeht am Schluss der Sitzung.« Das bedeutet, dass die Anwält*innen am Ende des Sitzungstages am späten Nachmittag bei Gericht anrufen können, um zu erfahren, wie der Prozess ausgegangen ist. In den folgenden Tagen bekommen beide Seiten das Protokoll der Gerichtsverhandlung mit dem Urteil in seiner Kurzform, dem Tenor.

Beispiel: *Es wird festgestellt, dass das Arbeitsverhältnis zwischen den Parteien durch die ordentliche Kündigung der Beklagten vom 27.03.2023, zugegangen am 29.03.2023, nicht zum 31.05.2023 aufgelöst wird.*

Die Urteilsbegründung wird von dem/der vorsitzenden Richter*in geschrieben. Es kann einige Wochen dauern, bis sie mit der Post kommt. Ab Erhalt der Urteilsbegründung läuft die Frist von einem Monat für die Berufung.

Weiterbeschäftigungsanspruch während des Gerichtsprozesses

Wenn der Betriebsrat einer ordentlichen Kündigung ordnungsgemäß widersprochen hat, können die Beschäftigten vom Arbeitgeber die Weiterbeschäftigung während des Prozesses verlangen. Der Arbeitgeber muss sie ab Ende der Kündigungsfrist bis zum Abschluss des Gerichtsprozesses beschäftigen. Während der Prozess vor dem Landesarbeitsgericht oder vielleicht sogar vor dem Bundesarbeitsgericht weitergeht, können die Beschäftigten arbeiten und bekommen ihr Gehalt.

Wenn es keinen Betriebsrat gibt oder dieser nicht widersprochen hat, haben Beschäftigte unter Umständen einen allgemeinen Weiterbeschäftigungsanspruch. Dieser kommt jedoch nur in Betracht, wenn sie den Prozess in der ersten Instanz vor dem Arbeitsgericht gewonnen haben.

Die Berufung beim Landesarbeitsgericht und die Revision beim Bundesarbeitsgericht

Wenn die Richter*innen die Kündigung als unwirksam ansehen, gewinnen die Beschäftigten die Kündigungsschutzklage. Der Arbeitgeber kann gegen das Urteil des Arbeitsgerichts aber Berufung beim Landesarbeitsgericht einlegen. Wenn die Beschäftigten die Kündigungsschutzklage verlieren, können sie Berufung beim Landesarbeitsgericht einlegen. Die Berufung muss innerhalb von einem Monat nach Zustellung des Urteils eingelegt werden. Innerhalb von zwei Monaten nach der Zustellung muss sie begründet werden.

Vor dem Landesarbeitsgericht müssen sich beide Seiten, anders als in der ersten Instanz vor dem Arbeitsgericht, durch Rechtsanwält*innen oder Vertreter*innen von Gewerkschaften oder Arbeitgeberverbänden vertreten lassen.

Wenn keine der beiden Seiten gegen das erstinstanzliche Urteil die Berufung innerhalb der Monatsfrist einlegt, wird das Urteil rechtskräftig. Die Entscheidung ist nicht mehr angreifbar.

In seltenen Fällen geht ein Fall nach einem Urteil des Landesarbeitsgerichts noch in der Revision zum Bundesarbeitsgericht nach Erfurt.

Das Bundesarbeitsgericht ist das höchste Gericht der Arbeitsgerichtsbarkeit.

Kosten einer Kündigungsschutzklage

Im Prozess vor dem Arbeitsgericht gibt es eine Besonderheit. Egal ob die Beschäftigten den Prozess verlieren oder gewinnen, sie müssen die Kosten für ihren Anwalt bzw. ihre Anwältin selbst zahlen. Wenn das Gericht ein Urteil fällt, entstehen zusätzlich Gerichtskosten. Für einen gerichtlichen Vergleich werden keine Gerichtskosten erhoben.

Wenn Beschäftigte nicht Mitglied in einer Gewerkschaft sind und auch keine Rechtsschutzversicherung haben, müssen sie die Kosten selbst tragen. Beschäftigte sollten sich in diesem Fall vor der Erhebung der Klage von dem/der Rechtsanwält*in eine Kostenaufstellung geben lassen.

Geringverdiener*innen können Prozesskostenhilfe vom Staat beantragen.

Die Kosten für die Rechtsanwält*innen sind im Rechtsanwaltsvergütungsgesetz (RVG) geregelt. Sie richten sich nach dem sogenannten Streitwert. Je höher der Streitwert, desto höher die Kosten. Bei einem Streit um Geld, z. B. ausstehenden Lohn in Höhe von 2.000 Euro, ist diese Summe der Streitwert. Der Streitwert für eine Kündigungsschutzklage ist auf drei Bruttomonatsgehälter festgelegt. Das ist aber nicht die Summe, die Sie zahlen müssen. Anhand des Streitwerts berechnen sich die Gebühren für die einzelnen Arbeitsschritte des Rechtsanwalts bzw. der Rechtsanwältin.

Beispielrechnung: Anwaltskosten für eine Kündigungsschutzklage bei einem Bruttogehalt von 3.500 Euro und Beendigung durch gerichtlichen Vergleich

Der Streitwert sind drei Bruttomonatsgehälter, also 3 × 3.500 = 10.500 Euro. Die Gebühr nach dem RVG beträgt bei diesem Streitwert 666 Euro. Die Gebühren für die verschiedenen Streitwerte stehen in der Anlage 2 des RVG.

Für das Gerichtsverfahren berechnen sich folgende Gebühren:

Verfahrensgebühr von 1,3 ▸▸ 1,3 × 666 Euro = 865,80 Euro

Termingebühr von 1,2 ▸▸ 1,2 ×666 Euro = 799,20 Euro

Kostenpauschale für Post- und Telefonkosten = 20 Euro

Wenn ein gerichtlicher Vergleich geschlossen wird, kommt die Einigungsgebühr dazu.

Einigungsgebühr von 1,0 ▸▸ 1,0 × 666 Euro = 666 Euro

= 2.351 Euro

Zuzüglich 19 Prozent Mehrwertsteuer in Höhe von 446,69 Euro

▸▸ **2.797,69 Euro Rechtsanwaltskosten**

In diesem Beispiel fallen keine Gerichtsgebühren an, weil kein Urteil ergangen ist, sondern ein gerichtlicher Vergleich geschlossen wurde.

Rechtsschutz durch die Gewerkschaft

Für die Mitgliedschaft in der Gewerkschaft zahlen Beschäftigte 1 Prozent ihres Bruttomonatsgehalts. Gewerkschaftsmitglieder haben in der Regel Anspruch auf kostenlosen Rechtsschutz im Arbeitsrecht und Sozialrecht. Kostenlose Beratung bekommen Mitglieder meistens ab Eintritt in die Gewerkschaft. Für die Übernahme der Kosten einer Klage ist oft eine Wartezeit von drei Monaten vorgesehen. Nach der Wartezeit prüft die Gewerkschaft den Fall und gewährt bei Erfolgsaussichten den Rechtsschutz für eine Klage vor dem Arbeitsgericht.

Rechtsschutzversicherung für das Berufsleben

Um sich für Streitigkeiten im Arbeitsverhältnis abzusichern, können Beschäftigte eine Rechtsschutzversicherung für das Berufsleben abschließen. Die Verträge sind bei den Preisen und Leistungen sehr unterschiedlich. Wichtig ist, genau zu verstehen, was die Versicherung alles abdeckt. Nach einigen Versicherungsverträgen wird z. B. die außergerichtliche Vertretung durch Rechtsanwält*innen nicht übernommen. Erst bei einer Klage zahlt die Versicherung. Im Fall einer Kündigung macht das nichts, weil man sofort eine Klage erhebt. Aber bei anderen Streitigkeiten versucht man in der Regel zuerst eine außergerichtliche Lösung. Diese Kosten müssen Beschäftigte dann selbst übernehmen. Auch die Höhe der Selbstbeteiligung ist unterschiedlich.

! Tipp: Stiftung Warentest hat Rechtsschutzversicherungen getestet

Die Stiftung Warentest hat Rechtsschutzversicherungen im Jahr 2022 getestet. Das Dokument mit Informationen und Testergebnissen kann man im Internet kaufen.

Der Versicherungsfall

Rechtsschutzversicherungen übernehmen die Kosten, wenn ein Versicherungsfall vorliegt, also der Arbeitgeber sich widerrechtlich verhält. Wenn der Arbeitgeber kündigt, den Lohn nicht zahlt oder das Arbeitszeugnis Fehler enthält, liegt ein Versicherungsfall vor. Wenn Beschäftigte mit dem Arbeitgeber einen Aufhebungsvertrag verhandeln wollen, zahlt die Versicherung nicht. Auch bei einer fristlosen Kündigung wegen des Vorwurfs von Straftaten kann es sein, dass die Versicherung eine Zahlung ablehnt.

Rechtsschutzversicherungen übernehmen die Kosten ebenfalls nicht, wenn der Rechtsschutzfall schon vor Abschluss des Versicherungsvertrages eingetreten ist. Bei einem akuten Problem nützt es in der Regel nichts, noch schnell eine Versicherung abzuschließen. Zudem haben die meisten Versicherungen eine Wartezeit von mehreren Monaten.

Anfrage bei der Versicherung auf Kostendeckung

Oft übernehmen die Rechtsanwält*innen die Anfrage auf Kostendeckung bei der Rechtsschutzversicherung. Die Beschäftigten können aber auch vorab bei der Versicherung anfragen, ob die Kosten für eine Beratung, außergerichtliche Vertretung oder Klage übernommen werden. Bei einer Kündigung gibt es in der Regel keine Probleme bei der Übernahme der Kosten für die Kündigungsschutzklage.

Prozesskostenhilfe für Geringverdiener*innen

Geringverdiener*innen können für einen Prozess vor dem Arbeitsgericht Prozesskostenhilfe (PKH) beantragen. Der Antrag wird in der

Regel zusammen mit der Klage bei Gericht eingereicht. Für den Antrag müssen die Beschäftigten unter anderem Angaben zu ihrem Einkommen, zur Höhe der Miete und ihren Unterhaltsverpflichtungen machen. Das Gericht prüft die wirtschaftliche Situation der Beschäftigten und die Erfolgsaussichten der Klage. Danach entscheidet es, ob die Kosten insgesamt oder anteilig vom Staat übernommen werden. In den folgenden vier Jahren nach der Bewilligung von Prozesskostenhilfe überprüft das Gericht einmal im Jahr, ob die Arbeitnehmer*innen inzwischen mehr verdienen und einen Teil oder den ganzen Betrag zurückzahlen können.

Informationen zur Prozesskostenhilfe im Internet

Die Anträge auf Prozesskostenhilfe und Erklärungen zum Ausfüllen finden Sie auf den Internetseiten der Justiz der Bundesländer.

! Tipp:

Auf www.pkh-rechner.de können Sie berechnen lassen, ob Sie aufgrund Ihrer wirtschaftlichen Verhältnisse voraussichtlich Prozesskostenhilfe bekommen.

Arbeitsverhältnis während eines Kündigungsschutzprozesses – Arbeitslosengeld

Ein Kündigungsschutzprozess kann sich über viele Monate hinziehen. In dieser Zeit ist es ungeklärt, ob das Arbeitsverhältnis besteht oder nicht – es ist in der Schwebe. Wenn die Beschäftigten die Anwartschaft erfüllen, bekommen sie während dieser Zeit Arbeitslosengeld in Höhe von circa 60 Prozent des Nettoverdienstes. Falls sie kein Anrecht auf Arbeitslosengeld I haben und auch keine ausreichenden Rücklagen, müssen sie Arbeitslosengeld II (Hartz IV bzw. Bürgergeld) beim Jobcenter beantragen.

Berechtigung zum Arbeitslosengeld: Beschäftigte haben eine Anwartschaft auf Arbeitslosengeld, wenn sie innerhalb der letzten zwei Jahre insgesamt zwölf Monate sozialversicherungspflichtig beschäftigt waren. Für Personen, die häufig befristet beschäftigt sind, gibt es Sonderregelungen. In diesen Fragen können sich die Beschäftigten an die Bundesagentur für Arbeit wenden. Auch Rechtsanwält*innen für Sozialrecht bieten dazu Beratung an. Gewerkschaftsmitglieder erhalten von ihrer Gewerkschaft in der Regel auch Beratung zu sozialrechtlichen Fragen.

Wenn die Möglichkeit besteht, können Beschäftigte während des Prozesses bei einem anderen Arbeitgeber anfangen. Wenn der alte Arbeitgeber das erfährt, wird er jedoch nicht mehr bereit sein, eine Abfindung zu zahlen, damit sie nicht zurückkommen.

Kündigungsprozess gewonnen

Wenn die Beschäftigten den Prozess gewinnen, haben sie ihren Arbeitsplatz zurück. Der Arbeitgeber muss ihnen für die Zwischenzeit das Gehalt nachzahlen. Falls sie in der Zwischenzeit bei einem anderen Arbeitgeber etwas verdient haben, wird dieses Geld angerechnet. Falls Sie Arbeitslosengeld I oder II bekommen haben, muss der Arbeitgeber dies an die Behörde erstatten.

Kündigungsschutzprozess: Fragen und Antworten

1. Kann ich mir die Richter*innen des Gerichts aussuchen?

Nein, die Fälle beim Arbeitsgericht werden nach dem Geschäftsverteilungsplan nach Buchstaben oder auch Branchen verteilt. Darauf kann man keinen Einfluss nehmen. Dieses System soll sicherstellen, dass keine Ausnahmegerichte Einfluss auf bestimmte Fälle nehmen können.

2. Warum sollte ich gegen die Kündigung eine Klage erheben, wenn ich nicht an meinen Arbeitsplatz zurück möchte?

Durch die Klage können Sie im Wege eines gerichtlichen Vergleichs eine Abfindung und ein Zeugnis mit einer guten Note bekommen. Wenn Sie eine Rechtsschutzversicherung haben, übernimmt diese in der Regel die Kosten. Für Mitglieder erheben die Gewerkschaften die

Kündigungsschutzklage. Falls Sie die Kosten selbst tragen müssen, besteht die Gefahr, dass Sie mit einer möglichen Abfindung die Anwaltskosten bezahlen müssen und am Ende bei null oder »im Minus« landen. Für ein gutes Zeugnis für Bewerbungen oder im Fall einer fristlosen Kündigung und damit einer Sperrzeit beim Arbeitsamt kann sich das aber trotzdem lohnen. Lassen Sie sich dazu innerhalb der 3-Wochen-Frist für die Kündigungsschutzklage beraten.

3. Ich habe gegen die Kündigung vor dem Arbeitsgericht geklagt. Ich möchte mich nicht auf eine Beendigung einigen. Der Arbeitgeber hat angekündigt, in Berufung vor dem Landesarbeitsgericht zu gehen, wenn er verliert. Wie lange kann so ein Prozess dauern?

Es gibt keine festen Regeln für die Dauer eines Arbeitsgerichtsprozesses. Die Vergabe der Gerichtstermine hängt von der Arbeitsbelastung der einzelnen Richter*innen ab. Ein Kündigungsprozess in der ersten Instanz vor dem Arbeitsgericht kann ungefähr zwischen zwei und zehn Monaten dauern. Bis man ein Urteil in der zweiten Instanz vor dem Landesarbeitsgericht hat, können weitere sechs Monate vergehen.

Zeitlicher Ablauf eines Kündigungsschutzprozesses – Beispiel:

- Am 1. Juni 2023 erhält ein/e Arbeitnehmer*in die Kündigung mit einer Kündigungsfrist zu Ende August 2023.
- Er/sie erhebt am 12. Juni 2023 – innerhalb der 3-Wochen-Frist – die Kündigungsschutzklage vor dem Arbeitsgericht.
- Anfang Juli 2023 bekommt er/sie eine Ladung vom Arbeitsgericht für den Gütetermin am 29. Juli 2023.
- Die Güteverhandlung scheitert. Der/die Beschäftigte und der Arbeitgeber können sich nicht auf einen gerichtlichen Vergleich einigen.
- Die Richterin setzt einen Kammertermin für den 24. September 2023 an.
- Im Kammertermin streiten sich die Parteien weiter. Das Gericht ent-

scheidet, dass die Kündigung unwirksam ist. Der/die Beschäftigte gewinnt die Kündigungsschutzklage.

- Der Arbeitgeber und der/die Beschäftigte bekommen die Urteilsbegründung am 15. November 2023.
- Der Arbeitgeber legt am letzten Tag der Monatsfrist Berufung beim Landesarbeitsgericht ein. Er hat einen weiteren Monat Zeit, um die Berufung zu begründen. Auch diese Frist schöpft er bis zum letzten Tag aus.
- Danach kann der/die Beschäftigte zur Berufungsbegründung Stellung nehmen.
- Das Landesarbeitsgericht setzt den Kammertermin für den 23. Februar 2024 fest.
- An diesem Tag entscheidet das Landesarbeitsgericht erneut für den/die Beschäftigte*n. In dem Urteil ist die Revision zum Bundesarbeitsgericht nicht zugelassen.
- Der Arbeitgeber kann noch beim Bundesarbeitsgericht eine Nichtzulassungsbeschwerde dagegen einlegen, dass die Revision nicht zugelassen wurde. Diese bleiben in den meisten Fällen ohne Erfolg. Der Arbeitgeber kann die Rechtskraft des Urteils des Landesarbeitsgerichts damit aber weiter hinauszögern.

▸▸ Der Prozess ist damit frühestens am 23. Februar 2024 beendet. In diesem Zeitraum kann der/die Beschäftigte Arbeitslosengeld beziehen oder sich einen Job als Zwischenlösung suchen. In einigen Fällen gibt es einen Weiterbeschäftigungsanspruch gegen den Arbeitgeber für die Zeit des Kündigungsschutzprozesses.

Wie der Prozess ausgehen kann – Überblick

1. Der/die Beschäftigte gewinnt den Kündigungsschutzprozess. ▸▸ Die Kündigung ist unwirksam. ▸▸ Der Arbeitgeber kann Berufung vor dem Landesarbeitsgericht einlegen.
2. Der Arbeitgeber gewinnt den Kündigungsschutzprozess ▸▸ Die Kündigung ist wirksam. ▸▸ Der/die Beschäftigte kann Berufung einlegen.

3. Beide Seiten einigen sich im Gerichtstermin. ▸▸ Sie schließen einen gerichtlichen Vergleich. ▸▸ Dadurch wird das Gerichtsverfahren beendet.
4. Der/die Beschäftigte nimmt die Kündigungsschutzklage zurück. ▸▸ Die Kündigung wird wirksam.

17. Aufhebungsvertrag

Mit einem Aufhebungsvertrag einigen sich Arbeitgeber und Beschäftigte auf die Beendigung des Arbeitsverhältnisses. So wie beide Seiten sich mit Unterzeichnung des Arbeitsvertrages auf das Arbeitsverhältnis geeinigt haben, können sie auch eine Beendigung vereinbaren. Arbeitnehmer*innen müssen vorsichtig sein, wenn der Arbeitgeber einen Aufhebungsvertrag vorlegt. Denn die Unterschrift darunter kann ihnen viele Probleme bereiten. Lassen Sie sich vorher unbedingt rechtlich beraten!

Hinweis: Der Aufhebungsvertrag wird auch Auflösungsvertrag genannt.

Der Aufhebungsvertrag muss schriftlich geschlossen werden. Der Vertrag wird ausgedruckt und beide Seiten unterschreiben eigenhändig. Ein digitales Dokument reicht nicht aus.

Folgende Punkte werden in einem Aufhebungsvertrag üblicherweise geregelt:

1. Zeitpunkt der Beendigung
2. Angabe der Beendigungsgründe, z. B. betriebsbedingte Gründe
3. Ausstehende Zahlungen, z. B. Provisionen, Weihnachtsgeld
4. Ausstehender Urlaub und dessen Abgeltung in Geld
5. Abfindung für den Verlust des Arbeitsplatzes
6. Sprinterklausel (weitere Informationen dazu siehe Seite 277)
7. Arbeitszeugnis
8. Rückgabe von Arbeitsmitteln, z. B. Diensthandy, Laptop
9. Eventuell Rückzahlung von Ausbildungskosten
10. Eventuell Wettbewerbsverbot
11. Eventuell Stillschweigen über den Inhalt des Vertrags

Vorteile für die Arbeitgeberseite

Arbeitgeber trennen sich von Beschäftigten gerne über einen Aufhebungsvertrag, denn sie haben nicht das Risiko eines Kündigungsschutzprozesses wie bei einer Kündigung. Der Prozess kostet Geld und es ist unsicher, wie er ausgeht. Vielleicht gewinnen die Beschäftigten sogar und kommen zurück an den Arbeitsplatz. Oder der Arbeitgeber muss eine hohe Abfindung zahlen, um den/die Arbeitnehmer*in loszuwerden. Durch einen Aufhebungsvertrag werden dagegen alle diese Dinge sofort geregelt. Auch die ansonsten einzuhaltende Kündigungsfrist kann verkürzt werden. Beide Seiten setzen ihre Unterschrift darunter. Damit ist der Vertrag gültig und das Arbeitsverhältnis beendet.

Hinweis: Bei einem Vertrag wie dem Aufhebungsvertrag unterzeichnen beide Seiten, dass sie mit dem Inhalt einverstanden sind. Eine Kündigung wird dagegen »einseitig« von nur einer Partei ausgesprochen.

Vorteile für die Beschäftigten

Aber auch für die Arbeitnehmerseite kann ein Aufhebungsvertrag Vorteile mit sich bringen. Wenn Beschäftigte schon einen neuen Job in Aussicht haben, können sie den alten Arbeitsvertrag durch einen Aufhebungsvertrag ohne Einhaltung der Kündigungsfrist beenden. Wenn auch der Arbeitgeber ein Interesse an der Beendigung hat, können sie über eine Abfindung verhandeln. Wenn der Arbeitgeber mitbekommt, dass Sie schon einen neuen Job haben, wird er keine Abfindung zahlen.

Wichtig: Die vereinbarte Abfindung ist in der Regel eine Bruttozahlung. Davon gehen circa ein Drittel Steuern ab.

Mehr zum Thema Abfindung finden Sie im Kapitel »Kündigungsschutzprozess« ab Seite 257.

Im Aufhebungsvertrag können Beschäftigte ein Zeugnis mit der Note »gut« oder »sehr gut« verhandeln, das sie ansonsten nicht ohne

Weiteres bekommen hätten. Mit diesem Zeugnis können sie sich auf einen neuen Job bewerben.

Nachteil für die Beschäftigten: Sperrzeit beim Arbeitsamt

Wenn Arbeitnehmer*innen nicht gleich im Anschluss eine neue Stelle haben, ist von einem Aufhebungsvertrag in der Regel abzuraten. Denn sie bekommen mit hoher Wahrscheinlichkeit eine Sperrzeit beim Arbeitsamt für zwölf Wochen. Zugleich verkürzen sie womöglich ihren Anspruch auf Arbeitslosengeld insgesamt.

Beispiel: Eine Arbeitnehmerin ist 59 Jahre alt und bei ihrem Arbeitgeber seit über fünf Jahren beschäftigt. Der Arbeitgeber will Personal abbauen und bietet ihr einen Aufhebungsvertrag an. Weil ihr für die freiwillige Beendigung des Arbeitsverhältnisses eine Abfindung in Höhe von sechs Bruttomonatsgehältern geboten wird, unterschreibt sie den Vertrag. Sie hat noch keinen neuen Job und meldet sich arbeitslos bei der Bundesagentur für Arbeit. Weil sie an der Beendigung des Arbeitsverhältnisses mitgewirkt hat, bekommt die Arbeitnehmerin eine Sperrzeit und damit für die ersten zwölf Wochen kein Arbeitslosengeld. Sie muss die Abfindung für ihre Lebenshaltungskosten einsetzen. Wegen ihres Alters und der Beschäftigungsdauer hätte sie einen Anspruch auf insgesamt 24 Monate Arbeitslosengeld gehabt. Aber auch die Anspruchsdauer verkürzt sich wegen des Aufhebungsvertrages um 25 Prozent. Sie bekommt insgesamt nur 18 Monate Arbeitslosengeld.

Lassen Sie sich nicht unter Druck setzen

In einigen Fällen werden Beschäftigte stark unter Druck gesetzt, einen Aufhebungsvertrag zu unterschreiben. Sie werden zum Vorgesetzten ins Büro gerufen, plötzlich stehen Vorwürfe im Raum und ihnen wird mit einer Kündigung gedroht. Der Aufhebungsvertrag wird ihnen als bessere Lösung angeboten, vielleicht steht sogar etwas von einer Abfindung darin. Beschäftigte sollten auf keinen Fall sofort etwas unterschreiben. Die Papiere sollten sie mit nach Hause nehmen und sich beraten lassen. In diesem Moment ist es nicht möglich, alle Folgen abzusehen. Eine Abfindung kann durch eine Sperrzeit beim Arbeitsamt schnell verbraucht sein.

Keine Sperrzeit bei drohender Kündigung

Die Agentur für Arbeit kann unter bestimmten Voraussetzungen von einer Sperrzeit absehen.

1. Der Arbeitgeber kündigt eine krankheitsbedingte oder betriebsbedingte Kündigung als sicher an.

2. Die Kündigungsfrist wird eingehalten.

   Beispiel: Wenn die Kündigungsfrist drei Monate beträgt, darf der Aufhebungsvertrag das Arbeitsverhältnis nicht früher beenden.

3. Die Abfindung darf nicht höher sein als 0,5 Bruttogehälter pro Beschäftigungsjahr.

   Beispiel: Ein Arbeitnehmer hat vier Jahre im Unternehmen gearbeitet und 3.000 Euro brutto im Monat verdient. Ein halbes Monatsentgelt sind 1.500 Euro. Seine Abfindung darf 6.000 Euro brutto nicht übersteigen (4 × 1.500 = 6.000).

4. Die ordentliche Kündigung darf nicht ausgeschlossen sein. Das ist z. B. der Fall, wenn Beschäftigte schwanger oder im Betriebsrat sind.

Wenn diese Voraussetzungen eingehalten werden, ist eine Sperrzeit beim Arbeitsamt nicht wahrscheinlich. Dennoch sollten sich Beschäftigte vor Abschluss eines Aufhebungsvertrages rechtlich beraten lassen.

Unterschied zum gerichtlichen Vergleich

Wenn der Arbeitgeber das Arbeitsverhältnis kündigt, können Beschäftigte und Arbeitgeber im Kündigungsschutzprozess einen gerichtlichen Vergleich schließen. Weil der Arbeitgeber das Arbeitsverhältnis durch die Kündigung einseitig gelöst hat und die Beschäftigten sich erst vor Gericht auf eine Beendigung geeinigt haben, gibt es in der Regel keine

Sperrzeit für das Arbeitslosengeld. Inhaltlich kann man im gerichtlichen Vergleich das Gleiche regeln wie in einem Aufhebungsvertrag (siehe dazu auch »Einigung durch gerichtlichen Vergleich« ab Seite 254).

Freistellung unter Fortzahlung der Bezüge statt Abfindung

Anstatt einer Abfindung können Beschäftigte auch eine spätere Beendigung mit einer bezahlten Freistellung von der Arbeit verhandeln. In diesem Fall bleibt das Arbeitsverhältnis länger bestehen. Die Beschäftigten müssen nicht mehr arbeiten, bekommen aber weiterhin ihr Gehalt. Während dieser Zeit sammeln sie Ansprüche auf Arbeitslosengeld an. Gerade wenn die Suche nach einer neuen Stelle schwierig ist, kann diese Variante vorteilhaft sein. In den Bewerbungen können Beschäftigte zudem schreiben, dass sie sich aus einem bestehenden Arbeitsverhältnis bewerben.

Beispiel: Unter Einhaltung der Kündigungsfrist würde das Arbeitsverhältnis zum 30.06. des Jahres enden. Statt einer Abfindung verhandeln Sie eine Beendigung zum 30.09. mit der Freistellung von der Arbeitsleistung unter Fortzahlung der Bezüge. Sie müssen nicht mehr zur Arbeit kommen, aber bekommen weiterhin Ihr Geld. In dieser Zeit suchen Sie nach einem neuen Job.

Auch eine Kombination aus einer Abfindung und einer bezahlten Freistellung von der Arbeit ist möglich.

Das Arbeitszeugnis im Aufhebungsvertrag

Wenn der Arbeitgeber einen Aufhebungsvertrag vorschlägt, steht dort oft diese oder eine ähnliche allgemeine Regelung zum Arbeitszeugnis:

*Der Arbeitgeber verpflichtet sich, dem/der Arbeitnehmer*in ein wohlwollendes qualifiziertes Arbeitszeugnis mit der Note »gut« (oder auch »sehr gut«) zu erteilen, das sich auf Leistung und Verhalten erstreckt.*

Wenn die Formulierung so allgemein ist, kann man sich später über viele einzelne Punkte streiten. Es kann sein, dass der Arbeitgeber vergisst, bestimmte Aufgaben zu nennen, oder es schleichen sich »Rächtssschraibfähler« ein. Wichtig ist auch eine Dankes- und Bedauernsformel am Ende. Falls der Arbeitgeber sich später weigert, diese aufzunehmen, ist es nicht möglich, diese juristisch durchzusetzen.

Damit es nach der Beendigung des Arbeitsverhältnisses nicht zum Streit über das Zeugnis kommt, sollten Beschäftigte sich mit dem Arbeitgeber auf den gesamten Text des Zeugnisses einigen. Dieser Text kann in die Anlage des Aufhebungsvertrages aufgenommen werden. Der Arbeitgeber kann einen Entwurf vorlegen. Nach der Prüfung des Entwurfs kann dieser in den Aufhebungsvertrag aufgenommen werden.

! Tipp: Recht auf ein Zwischenzeugnis

Lassen Sie auch in den Aufhebungsvertrag aufnehmen, dass der Arbeitgeber auf Ihr Verlangen nach dem Entwurf für ein Endzeugnis ein Zwischenzeugnis ausstellen muss. Gerade wenn die Beendigung des Arbeitsverhältnisses noch lange hin ist, brauchen Sie dieses für Bewerbungen. Denn das Endzeugnis gibt es erst mit dem letzten Tag des Arbeitsverhältnisses.

Sprinterklausel

In vielen Aufhebungsverträgen wird eine Sprinterklausel oder auch Turboklausel vereinbart. Danach bekommen die Beschäftigten eine höhere Abfindung, wenn sie das Arbeitsverhältnis doch schneller beenden.

Beispiel: Im Aufhebungsvertrag steht, dass die Arbeitnehmerin bis zum 30.09. von der Arbeit freigestellt ist, bei Fortzahlung der Bezüge. Dazu bekommt sie eine Abfindung. Wenn sie bereits zum 01.09. einen neuen Job findet und die Beendigung vorzieht, erhöht sich die Abfindung um das Gehalt vom September.

Für die Beschäftigten ist eine Sprinterklausel von Vorteil. Wenn sie eher eine neue Arbeit finden, bekommen sie eine höhere Abfindung. Wenn sie keine neue Stelle finden, bleibt es bei der Freistellung unter Fortzahlung der Bezüge.

Verhandlung und Kosten des Aufhebungsvertrages

Sie können den Aufhebungsvertrag selbst verhandeln oder sich durch Anwält*innen vertreten lassen. Rechtsschutzversicherungen übernehmen die Kosten für die Verhandlung eines Aufhebungsvertrages in der Regel nicht. Denn sie zahlen nur, wenn der Arbeitgeber eine Rechtsverletzung begangen hat, wie z. B. im Fall einer Kündigung. Wenn Sie einen Rechtsanwalt bzw. eine Rechtsanwältin beauftragen, den Aufhebungsvertrag zu verhandeln, müssen Sie selbst zahlen.

Fragen und Antworten

1. Ich habe gegen die Kündigung des Arbeitgebers eine Kündigungsschutzklage erhoben. Der Arbeitgeber bietet mir jetzt an, außergerichtlich einen Aufhebungsvertrag abzuschließen. Was soll ich tun

Sie sind nicht verpflichtet, einen solchen Vertrag zu unterschreiben. Lassen Sie sich nicht unter Druck setzen und holen Sie Rechtsrat zu dem Vorschlag des Arbeitgebers ein. Wenn Sie mit der Beendigung des Arbeitsverhältnisses zu bestimmten Bedingungen einverstanden sind, ist es für Sie jedoch besser, einen Vergleich vor dem Arbeitsgericht zu schließen. Denn danach bekommen Sie in der Regel keine Sperrzeit beim Arbeitsamt. Außerdem haben Sie mit dem gerichtlichen Vergleich einen Titel gegen den Arbeitgeber über die Abfindung. Sollte er nicht zahlen, können Sie das Geld im Wege der Zwangsvollstreckung bekommen.

2. Ich habe einen Aufhebungsvertrag unterschrieben und bereue es jetzt. Kann ich davon wieder loskommen

Mit Ihrer Unterschrift unter den Aufhebungsvertrag haben Sie sich mit dem Vertrag und den Regelungen darin einverstanden erklärt. Es ist rechtlich nur in sehr seltenen Fällen möglich, diesen Vertrag rückgängig zu machen. Deshalb sollten Sie sich unbedingt vorher über die Folgen beraten lassen.

3. Was ist ein Abwicklungsvertrag

Einen Abwicklungsvertrag kann man abschließen, wenn das Arbeitsverhältnis bereits vom Arbeitgeber oder den Beschäftigten gekündigt wurde. Im Abwicklungsvertrag werden die Bedingungen für die Beendigung festgelegt, wie z. B. die Kündigungsfrist, eine Abfindung, das Arbeitszeugnis, eine mögliche Freistellung von der Arbeit und Urlaubsabgeltung. Auch bei Abschluss eines Abwicklungsvertrages haben Sie ein Risiko für eine Sperrzeit für das Arbeitslosengeld. Sie sollten sich dazu vorher beraten lassen.

18.
Das Arbeitszeugnis

Arbeitszeugnisse sind wichtig für Bewerbungen und die Karriere. Zukünftige Arbeitgeber erwarten in den Bewerbungsunterlagen die Zeugnisse der vorherigen Arbeitgeber. Trotzdem werden sie im Arbeitsalltag und auch nach Beendigung des Arbeitsverhältnisses oft vernachlässigt oder vergessen.

Recht auf ein Arbeitszeugnis

Nach Beendigung des Arbeitsverhältnisses haben Beschäftigte das Recht auf ein qualifiziertes Arbeitszeugnis. Das Arbeitszeugnis muss klar und verständlich geschrieben sein. Es darf keine versteckten Botschaften enthalten und darf nicht in elektronischer Form ausgestellt werden.

Das Recht auf ein Arbeitszeugnis steht in § 109 der Gewerbeordnung.

Die Beschäftigten müssen das qualifizierte Zeugnis vom Arbeitgeber verlangen. Dafür reicht eine mündliche Aufforderung oder eine kurze E-Mail. Es muss kein Grund genannt werden.

Beispiel: Anfrage für ein qualifiziertes Arbeitszeugnis

Guten Tag,
bitte stellen Sie mir ein qualifiziertes Arbeitszeugnis aus. Ich benötige das Zeugnis für Bewerbungen und bitte Sie deshalb, das Zeugnis innerhalb von zwei Wochen zu erstellen.
Vielen Dank.

Mit freundlichen Grüßen *Arbeitnehmer*in*

Der Arbeitgeber muss ein wahrheitsgemäßes und wohlwollendes Arbeitszeugnis ausstellen. Mit »wohlwollend« ist gemeint, dass den Beschäftigten durch das Zeugnis keine Steine in den Weg gelegt werden. Es soll das berufliche Fortkommen unterstützen. Das Arbeitszeugnis muss auf dem offiziellen Firmenbogen ausgestellt werden. Es darf keine Flecken oder Rechtschreibfehler enthalten.

Arbeitszeugnisse für nicht binäre Beschäftigte

Viele Vorgesetzte oder Personalabteilungen sind noch nicht auf Zeugnisse für nicht binäre Beschäftigte eingestellt. Wenn sie ein Arbeitszeugnis vom Arbeitgeber verlangen, sollten sie deshalb mitteilen, wie das Zeugnis geschrieben werden sollte.

Beispiel:

- Statt der Anrede »Herr« oder »Frau« wird der Vor- und Nachname verwendet.
- Es werden keine oder andere Personalpronomina und Possessivpronomina verwendet.

Die Arbeitgeberseite sollte den Wünschen nachkommen. Allein schon, um sich nicht dem Vorwurf der Diskriminierung auszusetzen.

Verschiede Arten von Zeugnissen

Man unterscheidet zwischen dem einfachen Arbeitszeugnis, dem qualifizierten Arbeitszeugnis und dem Zwischenzeugnis. Für Bewerbungen ist es üblich, ein qualifiziertes Zeugnis oder ein Zwischenzeugnis einzureichen. Das einfache und das qualifizierte Zeugnis werden nach Beendigung des Arbeitsverhältnisses ausgestellt. Das Zwischenzeugnis wird geschrieben, wenn das Arbeitsverhältnis noch besteht.

Einfaches Arbeitszeugnis

Im einfachen Arbeitszeugnis sollen Informationen über die Art und Dauer der Beschäftigung stehen. Der zukünftige Arbeitgeber soll daraus entnehmen, welche Tätigkeiten über welchen Zeitraum ausgeübt wurden. Ein einfaches Arbeitszeugnis wird oft ausgestellt, wenn Arbeitnehmer*innen nur für ein paar Monate beschäftigt waren. Denn für einen kurzen Zeitraum ist es schwierig, die Leistung und das Verhalten umfänglich zu beurteilen.

Qualifiziertes Arbeitszeugnis

Das qualifizierte Arbeitszeugnis ist weitaus ausführlicher als das einfache Arbeitszeugnis. Es enthält neben der Beschreibung der ausgeübten Tätigkeit auch eine Bewertung der Arbeitsleistung und des Verhaltens.

Formaler Aufbau eines qualifizierten Arbeitszeugnisses

1. Überschrift

»Zeugnis« oder »Zwischenzeugnis«

2. Formulierung am Anfang

Personalien, Beschäftigungszeiten, letzte Funktion im Unternehmen

3. Kurze Beschreibung des Arbeitgebers

Informationen über Größe und Art des Unternehmens

4. Wesentliche Aufgaben und berufliche Entwicklung

Aufzählung der Aufgaben in einer Liste, Funktion innerhalb des Unternehmens, Teilnahme an Fortbildungen

5. Beurteilung der Leistung

Beurteilung der Arbeitsweise, Arbeitsbereitschaft, Arbeitsbefähigung, des Arbeitserfolgs, der Mitarbeiterführung, der berufsbezogenen Fähigkeiten

6. Gesamtbeurteilung

Beurteilung der Leistung mit einer Note wie »sehr gut«, »gut«, »befriedigend« oder »unzureichend«

7. Beurteilung des Verhaltens

Verhalten gegenüber Vorgesetzten, Kolleg*innen, Mitarbeiter*innen und Kund*innen. Bei Vorgesetzten wird das Führungsverhalten beurteilt.

8. Angaben zur Beendigung des Arbeitsverhältnisses

Hinweis auf die Art der Beendigung wie z. B. »aus betriebsbedingten Gründen« oder »verlässt uns auf eigenen Wunsch«.

9. Schlussformel

Dank und Bedauern über die Beendigung, Zukunftswünsche

10. Ort, Datum und Unterschrift

Beim Datum wird der letzte Arbeitstag gewählt, neben dem Namen sollte die Funktion stehen, z. B. »Teamleiterin« oder »Personalleiterin«.

Wesentliche Aufgaben und berufliche Entwicklung

In dieser Aufzählung müssen die wichtigsten Aufgaben zuerst stehen. Es dürfen keine unwichtigen Aufgaben genannt werden. Tätigkeiten, die für einen neuen Job wichtig sind, sollten hier unbedingt stehen.

Tipp:
Wenn Sie ein Arbeitszeugnis erwarten: Machen Sie sich schon mal eine Liste mit den Tätigkeiten, die Sie ausgeführt haben. Die wichtigsten Aufgaben stehen am Anfang. Schreiben Sie sich auch alle Fortbildungen und Ihre Mitarbeit in Projekten auf und besondere Kompetenzen, die im Zeugnis erwähnt werden sollten. Das ausgestellte Zeugnis können Sie dann gut mit Ihren Notizen abgleichen.

Beurteilung der Leistung

Bei der Leistung werden die Arbeitsbereitschaft, die Arbeitsbefähigung, die Arbeitsweise und die Arbeitserfolge bewertet. Bei Führungskräften gehört auch die Führungsqualität dazu. Auch berufsbezogene Kompetenzen werden beurteilt. Besondere Fähigkeiten der Beschäftigten sollten hier genannt werden.

Beispiele für Bewertungen mit der Note »gut« oder »sehr gut«

Arbeitsbereitschaft:

Gut: »Er/sie bewies großes Interesse und Eigeninitiative sowie eine vorbildliche Arbeitseinstellung und Motivation.«

Sehr gut: »Er/sie zeigte stets Eigeninitiative und überzeugte durch sehr hohe Leistungsbereitschaft.«

Arbeitsbefähigung:

Gut: »Neue Arbeitsaufgaben meisterte sie souverän und konnte dank ihres guten Fachwissens voll überzeugen.«

Sehr gut: »Neue Arbeitssituationen bewältigte er stets zu unserer vollsten Zufriedenheit.«

Arbeitsweise:

Gut: »Er/sie überzeugte durch hohe Sorgfalt, Selbstständigkeit und große Präzision.«

Sehr gut: »Er/sie arbeitete stets äußerst gründlich und mit größter Sorgfalt.«

Arbeitserfolg:

Gut: »Er/sie erzielte bei der Arbeit stets beste Ergebnisse und gute Qualität.«

Sehr gut: »Die bewältigte Arbeitsmenge lag immer weit über unseren Erwartungen.«

Führung:

Sehr gut: »Sie war eine besonders hervorragende Führungskraft. Sie verstand es sehr gut, alle Mitarbeiter*innen ihres Teams einzubeziehen, und konnte so ein hervorragendes Arbeitsklima in ihrem Team schaffen.«

Beurteilung des Verhaltens

Es wird das Verhalten gegenüber Kolleg*innen und Vorgesetzten beurteilt. Wenn es Kundenkontakt gibt, werden auch die Kund*innen aufgezählt. Bei Führungskräften wird auch das Verhalten gegenüber Mitarbeitenden beurteilt.

Beispiel für eine sehr gute Beurteilung:

»Das Verhalten gegenüber Vorgesetzten und Kolleg*innen war stets einwandfrei.«

Berufsbezogene Fähigkeiten

Jeder Beruf erfordert besondere Fähigkeiten, die dann auch im Zeugnis stehen sollten. Wenn wichtige berufsbezogene Fähigkeiten im Zeugnis nicht erwähnt werden, kann das unter Umständen auf ein Fehlverhalten hindeuten. Bei Beschäftigten mit Kassenverantwortung muss im Zeugnis z. B. unbedingt erwähnt werden, dass sie stets ehrlich und zuverlässig waren.

Weitere Beispiele:

- Einfühlungs- und Durchsetzungsvermögen bei Erzieher*innen
- Dienstleistungsorientierung und Menschenkenntnis bei Verkäufer*innen
- Mathematische Kenntnisse und äußeres Erscheinungsbild bei Bankkaufleuten

Gesamtbewertungen im Zeugnis

In Arbeitszeugnissen werden, wie in der Schule, die Noten 1 bis 6 vergeben. Für die Gesamtbewertung sind diese Formulierungen üblich:

- **Sehr gut:** Hat die übertragenen Aufgaben *»stets zu unserer vollsten Zufriedenheit«* erfüllt.
- **Gut:** *»stets zu unserer vollen Zufriedenheit«*
- **Befriedigend:** *»zu unserer vollen Zufriedenheit«*
- **Ausreichend:** *»zu unserer Zufriedenheit«*
- **Mangelhaft:** *»größtenteils erfüllt«*
- **Ungenügend:** *»konnte den übertragenen Aufgaben nicht gerecht werden«*

Schlussformel

Schlussformeln sind üblich in Zeugnissen. In guten oder sehr guten Zeugnissen gehören sie unbedingt dazu. Der Arbeitgeber bedankt sich für die geleistete Arbeit, bedauert die Beendigung und wünscht für die Zukunft alles Gute. In vielen Zeugnissen wird in der Schlussformel der Beendigungsgrund genannt. Wenn dort nichts steht, wirft es für zukünftige Arbeitgeber Fragen auf.

- »auf eigenen Wunsch« steht für eine Eigenkündigung.
- »verlässt das Unternehmen aus betriebsbedingten Gründen« steht für eine betriebsbedingte Kündigung durch den Arbeitgeber.
- »Das Arbeitsverhältnis wurde in gegenseitigem Einverständnis aufgelöst« steht für einen Aufhebungsvertrag.

Beispiel für eine Schlussformel unter einem sehr guten Zeugnis

»… verlässt unser Unternehmen auf eigenen Wunsch. Wir bedauern seine Entscheidung außerordentlich, da wir mit ihm einen sehr guten Mitarbeiter verlieren. Für seine Mitarbeit bedanken wir uns und wünschen ihm weiterhin viel Erfolg und persönlich alles Gute.«

Fehlt die Schlussformel, macht das einen schlechten Eindruck. Ein ansonsten gutes oder sehr gutes Zeugnis wird dadurch abgewertet.

Was nicht im Zeugnis stehen soll

Das Engagement für die Gewerkschaft, die Mitgliedschaft im Betriebsrat oder die Elternzeit dürfen nicht im Zeugnis stehen. Nur wenn Beschäftigte über einen sehr langen Zeitraum nicht gearbeitet haben, kann etwas anderes gelten. Die Elternzeit darf nur erwähnt werden, wenn die Beschäftigten mehr als zwei Drittel ihrer Beschäftigungszeit in Elternzeit waren.

Merkmale für ein Zeugnis mit der Note »gut« oder »sehr gut«

- Der Briefkopf des Arbeitgebers ist auf dem Papier.
- Der formale Aufbau eines Arbeitszeugnisses ist eingehalten.
- Es enthält keine Rechtschreibfehler oder Flecken.
- Die Leistung und das Verhalten werden als »gut« oder »sehr gut« bewertet. Das zeigt sich an den Wörtern »sehr«, »stets« und »immer« vor positiven Beurteilungen.
- Auch die Gesamtbewertung der Tätigkeiten ist »gut« oder »sehr gut«.
- Die Gesamtbewertung und die einzelnen Bewertungen stehen nicht im Widerspruch zueinander.
- Im besten Fall enthält das Zeugnis eine persönliche Note, mit welcher der/die Verfasser*in deutlich macht, dass die Arbeitsleistung etwas Besonderes war.
- Am Ende steht eine Abschlussformel: Dank, Bedauern und gute Wünsche für die Zukunft.

Aushändigung des Zeugnisses

Das Zeugnis soll am letzten Arbeitstag übergeben werden. Wenn die Beschäftigten schon nicht mehr im Betrieb sind, kann das Zeugnis auch per Post geschickt werden. Im Fall einer ordentlichen Kündigung endet das Arbeitsverhältnis mit dem letzten Tag der Kündigungsfrist.

Beispiel: Ein Arbeitnehmer bekommt Anfang September eine Kündigung mit einer Kündigungsfrist zum 30. November. Zugleich wird er sofort von der Arbeit freigestellt. Er kann vom Arbeitgeber ein qualifiziertes Endzeugnis zum 30. November verlangen. Dieses Zeugnis sollte ihm per Post zugeschickt werden. Falls sich der Arbeitgeber weigert, müsste er es abholen.

Wenn der Arbeitnehmer sich sofort für einen neuen Arbeitsplatz bewerben möchte, kann er vom Arbeitgeber für die Zeit bis Ende November ein Zwischenzeugnis verlangen.

Fehler in Zeugnissen

In vielen Zeugnissen sind formale oder inhaltliche Fehler enthalten. Die Gründe dafür sind unterschiedlich. Es können Flüchtigkeitsfehler oder Unwissenheit sein oder mangelndes Interesse. Es gibt jedoch auch Arbeitgeber, die das Zeugnis nach Beendigung des Arbeitsverhältnisses »zum Nachtreten« benutzen.

! Tipp:

Lassen Sie das Zeugnis gleich nach der Ausstellung auf formale oder inhaltliche Fehler prüfen. Wenn Sie zu lange damit warten, können Sie das Recht auf Berichtigung verwirken. Gewerkschaftsmitglieder können das Arbeitszeugnis in der Regel kostenlos durch ihre Gewerkschaft prüfen lassen.

Typische Fehler im Zeugnis:

- Der Arbeitgeber hat die Darstellung des Unternehmens vergessen.
- Das Zeugnis enthält Rechtschreibfehler.

- Aufgaben, Kenntnisse und Mitarbeit bei Projekten werden nicht erwähnt.
- Die Reihenfolge der Aufgaben ist nicht richtig. Belanglose oder selten ausgeführte Aufgaben werden zuerst genannt, die wichtigen Aufgaben erst am Ende der Aufzählung.
- Die Gesamtbeurteilung ist »sehr gut«, einzelne Leistungen werden jedoch mit »mangelhaft« beurteilt.
- Bei der Beurteilung des Verhaltens steht nur etwas zum Verhalten gegenüber Kolleg*innen und Kund*innen, nicht aber gegenüber Vorgesetzten.

Beispiel für einen Fehler bei Qualifikation und Aufgaben

Eine Verwaltungsangestellte hat in einer Fremdsprachenschule die Sprachkurse koordiniert und die Schüler*innen beraten. Dabei setzte sie auch ihre Kenntnisse im Arabischen und Englischen ein. Zudem war sie für die Erstellung von Dokumenten verantwortlich. In ihrem Arbeitszeugnis steht bei den Aufgaben ganz oben: »Beschriftung von Räumen« und »Ablage von Papieren«. Der Einsatz ihrer Fremdsprachenkenntnisse wird nicht erwähnt.

Auch wenn sie diese beiden Aufgaben tatsächlich in kleinem Umfang getätigt hat, sollten sie nicht im Zeugnis stehen, weil sie nebensächlich sind. Die Fremdsprachenkenntnisse müssen dagegen im Zeugnis ergänzt werden.

Versteckte Botschaften im Zeugnis

Das Zeugnis darf keine Codes oder seltsamen Formulierungen enthalten. Es soll klar und verständlich geschrieben sein.

Beispiel: »Er sorgte für ein geselliges Arbeitsklima.«

Diese Formulierung kann als Code für Alkoholkonsum am Arbeitsplatz verstanden werden.

Beispiel: »Sie engagierte sich innerhalb und außerhalb des Betriebs für die Interessen der Kolleg*innen.«

Dadurch sollen andere Arbeitgeber gewarnt werden: Die Arbeitnehmerin ist aktiv in der Gewerkschaft.

Wenn Ihnen Formulierungen im Zeugnis seltsam vorkommen, sollten Sie das Zeugnis prüfen lassen, bevor Sie sich damit bewerben.

Das Zwischenzeugnis

Der Arbeitgeber ist verpflichtet, Beschäftigten ein Zwischenzeugnis ausstellen, wenn es dafür einen triftigen Grund gibt. Das können folgende Gründe sein:

- Änderung der Tätigkeit
- Abteilungswechsel
- Neue Vorgesetzte
- Längeres Ruhen des Arbeitsverhältnisses z. B. wegen Elternzeit

! Tipp: Bei beruflichen Veränderungen ▸▸ Zwischenzeugnis anfragen

Bei einem Wechsel der Vorgesetzten, einer Versetzung oder anderen beruflichen Veränderungen haben Beschäftigte das Recht auf ein Zwischenzeugnis. Dieses Recht sollten sie unbedingt wahrnehmen. Falls die Zusammenarbeit mit der neuen Führungskraft nicht gut ist, haben sie das Zwischenzeugnis, um sich woanders zu bewerben. Wenn die vorherige Vorgesetzte bereits in einem anderen Unternehmen arbeitet oder viel Zeit vergangen ist, kommen sie womöglich nicht mehr an das gute Zeugnis. Auch vor einer längeren Auszeit wie der Elternzeit sollten Beschäftigte ein Zwischenzeugnis verlangen. Möglicherweise ist die vorherige Vorgesetzte nicht mehr im Unternehmen, wenn sie später ein Zwischenzeugnis oder Abschlusszeugnis brauchen.

Wenn der Arbeitgeber eine Kündigung ausgesprochen hat, kann man während der Kündigungsfrist ein Zwischenzeugnis verlangen, um sich sofort bewerben zu können.

Auch bei befristeten Arbeitsverhältnissen können Beschäftigte vor Ablauf der Befristung ein Zwischenzeugnis für ihre Bewerbungen verlangen.

Wenn bei der Beendigung des Arbeitsverhältnisses ein schlechtes Zeugnis ausgestellt wird, kann ein vorheriges gutes Zwischenzeugnis nützlich sein. Damit kann man zumindest beweisen, dass die Arbeitsleistung vorher wesentlich besser eingeschätzt wurde.

Auch wenn sich Beschäftigte aus eigenem Wunsch beruflich verändern möchten, haben sie Anspruch auf ein Zwischenzeugnis. Das sollte man jedoch nur anfordern, wenn der Arbeitgeberwechsel sicher ist. Ansonsten verbaut man es sich mit dem aktuellen Arbeitgeber.

Das Zwischenzeugnis wird in der Gegenwart (Präsenz) geschrieben. Es heißt etwa:

- Herr Mustafa Mustermann ist bei uns seit 01.03.2019 beschäftigt.
- Er erledigt alle Aufgaben stets zu unserer vollen Zufriedenheit.

Zeugnis bei der fristlosen Kündigung

Wenn Beschäftigte eine fristlose Kündigung bekommen haben, können sie ein qualifiziertes Arbeitszeugnis verlangen. Sie haben also das Recht dazu, aber ist es auch der richtige Zeitpunkt, nach einem Zeugnis zu fragen? Bei einer fristlosen Kündigung gibt es normalerweise einen großen Konflikt. Der Arbeitgeber wird also in den meisten Fällen kein Zeugnis ausstellen, das dem/der Beschäftigten ein tadelloses Verhalten und sehr gute Arbeitsleistungen bescheinigt. Das ausgestellte Zeugnis dürfte in der Regel nicht vorzeigbar sein.

Es ist daher besser, mit der Anfrage für ein Zeugnis abzuwarten und zuerst gegen die fristlose Kündigung zu klagen. Diese Klage muss innerhalb von drei Wochen nach Zugang der Kündigung beim Arbeitsgericht erhoben werden (siehe dazu Kapitel »Kündigungen« auf Seite 225).Im Kündigungsschutzprozess ist es möglich, sich auf eine ordentliche Kündigung unter Einhaltung der Kündigungsfrist und ein Zeugnis mit der Note »gut« zu einigen. Der Arbeitgeber verpflichtet sich dadurch, ein gutes Zeugnis auszustellen.

Das Problem mit dem »komischen« Datum

Bei einem Zeugnis nach einer fristlosen Kündigung kann auch das Datum der Ausstellung des Zeugnisses zum Problem werden. Fristlose Kündigungen werden von einem auf den anderen Tag ausgesprochen. Es wird keine Kündigungsfrist zum 15. oder zum Ende des Monats eingehalten. Das Zeugnis soll als Ausstellungsdatum den letzten Arbeitstag der Beschäftigten enthalten. Steht dort ein »ungerades« Datum, wie z. B. der 05.03. oder der 17.08., so fällt das auf. Denn nur bei Kündigungen in der Probezeit (Kündigungsfrist von zwei Wochen) und fristlosen Kündigungen kann so ein ungerades Datum stehen.

Anspruch auf Berichtigung des Zeugnisses

Viele Zeugnisse enthalten Rechtschreibfehler, falsche Angaben oder nicht angemessene Beurteilungen. In diesen Fällen können die Beschäftigten vom Arbeitgeber verlangen, dass das Zeugnis berichtigt und neu ausgestellt wird.

Wenn Sie Zweifel an der Richtigkeit Ihres Arbeitszeugnisses haben, sollten Sie wie folgt vorgehen:

1. Prüfen Sie das Zeugnis selbst inhaltlich.
   - Sind alle wichtigen Arbeitsaufgaben und Fortbildungen aufgenommen?
   - Auch die Übernahme von Vertretungen wie z. B. die Vertretung einer Vorgesetzten?
2. Lassen Sie das Zeugnis rechtlich prüfen.
3. Schreiben Sie den Arbeitgeber an und bitten Sie um Berichtigung und erneute Ausstellung des Zeugnisses. Setzten Sie eine Frist von ein bis zwei Wochen.
4. Wenn der Arbeitgeber nicht reagiert, sollte Sie es über ein Anwaltsschreiben oder ein Schreiben der Gewerkschaft versuchen.
5. Falls der Arbeitgeber immer noch nicht reagiert oder eine Berichtigung ablehnt, können Sie sich zu einer Zeugnisberichtigungsklage beraten lassen.

Der Fall: Angepasstes Zeugnis nach Vornamensänderung

Eine Arbeitnehmerin machte in einem Unternehmen erst eine dreijährige Ausbildung zur Chemielaborantin und arbeitete dort anschließend für zwei Jahre. Zu dieser Zeit führte sie noch ihren männlichen Geburtsnamen und so wurde auch das Abschlusszeugnis unter diesem Namen ausgestellt. Sie fühlte sich jedoch dem weiblichen Geschlecht zugehörig und ließ deshalb durch gerichtlichen Beschluss ihren männlichen in einen weiblichen Vornamen ändern. Nachdem sie bei ihrem ehemaligen Arbeitgeber vergeblich eine Berichtigung des Zeugnisses unter Berücksichtigung ihres neuen Vornamens und ihres weiblichen Geschlechts versucht hatte, erhob sie eine Klage auf Neuerteilung des Zeugnisses mit geändertem Namen.

Das Landesarbeitsgericht Hamm gab der Arbeitnehmerin recht. Der ehemalige Arbeitgeber musste das Zeugnis ändern und neu ausstellen. Diese Pflicht des Arbeitgebers folgt aus seiner nachvertraglichen Fürsorgepflicht in Verbindung mit dem Transsexuellengesetz. Auch wenn die Personalakte schon vernichtet ist, muss das Zeugnis mit geändertem Namen und Geschlecht neu ausgestellt werden. Die Klägerin musste im Gegenzug das alte Zeugnis zurückgeben.

**Landesarbeitsgericht Hamm vom 17.12.1998 –
Aktenzeichen 4 Sa 1337/98**

Auch in anderen Fällen kann man noch Jahre später die erneute Ausstellung des Zeugnisses vom Arbeitgeber verlangen, etwa wenn das Arbeitszeugnis beschädigt oder verloren gegangen ist. Die Kosten dafür tragen die Beschäftigten.

Zeugnisberichtigungsklage

Nur wenn Beschäftigte außergerichtlich alles versucht haben, sollten sie wegen eines fehlerhaften Zeugnisses eine Klage erheben.

Bei formalen Fehlern oder auch Flecken auf dem Zeugnis gibt es gute Erfolgschancen vor Gericht.

Es ist jedoch sehr schwer, eine Beurteilung mit der Note »gut« oder »sehr gut« im Wege der Klage durchzusetzen. Das Problem ist die Beweisführung:

Eine durchschnittliche normale Arbeitsleistung wird mit einer 3, also einem »befriedigend«, bewertet. Bei allem, was besser ist, also ein »gut« oder »sehr gut«, müssen die Beschäftigten den Beweis erbringen, dass ihre Leistungen über dem Durchschnitt lagen. Wenn der Arbeitgeber die Arbeit von Beschäftigten unter dem durchschnittlichen »befriedigend« benoten möchte, hat er die Beweispflicht.

Beispiel: Der Arbeitgeber hat zum Ende des Arbeitsverhältnisses ein Zeugnis mit der Note »befriedigend« ausgestellt. Die Arbeitnehmerin ist damit unzufrieden und meint zu Recht, dass es schwierig ist, sich mit so einer Note zu bewerben. Die Note »befriedigend«, also eine 3, steht für eine durchschnittliche Arbeitsleistung.

Wenn die Arbeitnehmerin vor Gericht eine Gesamtnote »gut« oder »sehr gut« erstreiten will, muss sie beweisen, dass ihre Arbeitsleistungen über dem Durchschnitt lagen.

Wenn man ein nicht zu weit zurückliegendes gutes Zwischenzeugnis hat, kann man dies für seine guten oder sehr guten Leistungen anbringen. Weil Arbeitsleistungen sich mit der Zeit verändern können, hat man damit aber nicht automatisch gute Leistungen bewiesen.

Als Beweis kommen ansonsten Aussagen von Vorgesetzten oder auch Kolleg*innen in Betracht. Wenn diese noch beim gleichen Arbeitgeber arbeiten, ist es eher unwahrscheinlich, dass sie überdurchschnittliche Leistungen der ehemaligen Mitarbeiter*in bezeugen.

Weil es schwierig ist, ein gutes oder sehr gutes Zeugnis einzuklagen, sollten Beschäftigte bei Verhandlungen mit dem Arbeitgeber über einen Aufhebungsvertrag oder einen gerichtlichen Vergleich nach einer Kündigung auch das Zeugnis mit verhandeln.

Fragen und Antworten

1. Ich soll mir das Zeugnis selbst schreiben. Bin ich dazu verpflichtet

Nein, der Arbeitgeber ist verpflichtet, Ihnen das Zeugnis zu schreiben und auszustellen. Es könnte für Sie aber von Vorteil sein, wenn Sie es selbst schreiben. Denn das Zeugnis wird wesentlich besser werden, als wenn sich unmotivierte Vorgesetzte daransetzen. Überlegen Sie, was einen zukünftigen Arbeitgeber interessiert. Wenn Sie das Zeugnis selbst schreiben, gilt folgende Redensart:

»Bescheidenheit ist eine Zier, doch weiter kommt man ohne ihr.«

Falls es Ihnen in eigener Sache schwerfällt, bitten Sie Freund*innen um weitere lobende Formulierungen. Fragen Sie Kolleg*innen nach Beispielzeugnissen und lassen Sie sich, wenn nötig, zu Ihrem Entwurf rechtlich beraten.

Wenn Sie nicht das ganze Zeugnis selbst schreiben möchten, können Sie für die Vorgesetzten eine Liste mit Ihren Tätigkeiten, Kenntnissen und Fortbildungen erstellen.

2. Ich habe von meinem Arbeitgeber zum Ende des Arbeitsverhältnisses ein qualifiziertes Arbeitszeugnis verlangt. Trotz mehrerer Nachfragen habe ich zwei Monate nach Beendigung immer noch kein Zeugnis. Was kann ich tun

Sie können den Arbeitgeber zunächst selbst anschreiben. Auf der nächsten Seite finden Sie ein Beispiel für ein Anschreiben. Falls das nicht zum Erfolg führt, sollten Sie die Hilfe Ihrer Gewerkschaft oder von Rechtsanwält*innen in Anspruch nehmen.

Beispiel für ein Anschreiben:

Guten Tag,

mit E-Mail vom XX.YY.20XX habe ich Sie um ein qualifiziertes Arbeitszeugnis gebeten. Bis heute haben Sie mir jedoch kein Arbeitszeugnis ausgestellt. Ich brauche das Zeugnis dringend für meine Bewerbungen.
Gemäß § 109 der Gewerbeordnung sind Sie verpflichtet, mir ein qualifiziertes Arbeitszeugnis auszustellen.
Falls Sie mir das Zeugnis nicht bis zum ___________ (Datum in sieben bis zehn Tagen) ausgestellt haben, werde ich anwaltliche Hilfe in Anspruch nehmen.

Mit freundlichen Grüßen
*Arbeitnehmer*in*

Musterzeugnis mit Anmerkungen

Herr Mustafa Mustermann
Friedrichstraße 23
10969 Berlin

▸▸ Die Adresse soll nicht oben auf dem Zeugnis stehen. Das ist ein häufiger Fehler. Das Zeugnis soll am letzten Arbeitstag übergeben werden. Die Versendung per Post kann ein Hinweis auf Streitigkeiten über das Zeugnis sein.

15.07.2021
▸▸ Auch das Datum soll nicht an dieser Stelle des Zeugnisses stehen. Wenn das Zeugnis erst nach Beendigung des Arbeitsverhältnisses ausgestellt wurde, schreiben Arbeitgeber hier oft das aktuelle Datum hin. Richtig ist der letzte Arbeitstag als Datum am Ende des Zeugnisses bei den Unterschriften (hier der 31.10.2021).

Arbeitszeugnis

Herr Mustafa Mustermann, geboren am 24.05.1977, war im Zeitraum vom 01.03.2015 bis zum 31.10.2021 mit einer 20-Stunden-Stelle als Verkäufer bei uns tätig. Im Zeitraum vom 01.06.2017 bis zum 31.05.2018 war er in Elternzeit.

▸▸ Die Angabe des Geburtsdatums ist nicht zwingend.
▸▸ Die Angabe der Wochenarbeitszeit gehört nicht in ein Zeugnis.
▸▸ Die Elternzeit darf nur erwähnt werden, wenn mehr als zwei Drittel der gesamten Beschäftigungszeit in Elternzeit verbracht wurde.

In der Zeit vom Mai 2018 bis zum Ende des Arbeitsverhältnisses engagierte er sich als stellvertretender Vorsitzender im Betriebsrat.

▸▸ Die Mitgliedschaft im Betriebsrat darf nicht im Zeugnis stehen.

Unser Unternehmen verkauft qualitativ hochwertige Mode für Erwachsene, Teenager und Kinder. Seit Beginn der 1990er-Jahre bieten wir unseren Kund*innen sowohl Basic-Mode für jeden Tag als auch besondere Fashion Pieces. Unsere Marke ist heute in über 32 Ländern präsent.

▸▸ Die Darstellung des Arbeitgebers ist ein wichtiger Teil des Zeugnisses, wird aber oft vergessen.

Herr Mustafa Mustermann war im Wesentlichen mit folgenden Aufgaben betraut:

- Aktive fachliche Beratung bei Fragen von Kund*innen zum gesamten Sortiment
- Bedienung und Abrechnung der Kasse
- Bestellung von Waren und Dekoration
- Einhaltung der Platzierungsvorgaben im Sortiment
- Einhaltung der Preis- und Warenauszeichnung im Sortiment
- Warenverräumung entsprechend dem Leitfaden

- Einhaltung und Schaffung der Grundordnung und Sauberkeit im Sortiment
- Einhaltung und Überprüfung gesetzlicher Vorgaben
- Umsetzung der Garantie- und Serviceleistungen

▸▸ Die wichtigsten und häufigsten Aufgaben sollen zuerst genannt werden.

Herr Mustermann verfügt über umfassende und vielseitige Fachkenntnisse, welche er in der Praxis sicher und zielgerichtet einsetzte. Während seiner langjährigen Tätigkeit in unserem Unternehmen hat Herr Mustermann umfangreiche Erfahrungen im Verkauf von Mode aller Altersgruppen gesammelt.
Aufgrund seiner sehr guten Auffassungsgabe erkannte er stets das Wesentliche und entwickelte gute Lösungen und Konzepte. Auch bei sehr hohem Arbeitsanfall und Kundenaufkommen erwies Herr Mustermann sich als belastbarer Mitarbeiter. Er behielt den Überblick und handelte stets kunden- und serviceorientiert.
Seine Aufgaben führt er immer selbstständig, sorgfältig und zügig aus. Er war ein sehr motivierter Mitarbeiter, der stets ein großes Engagement und viel Freude am Verkauf zeigte. Er verstand es, individuell auf alle Kund*innen einzugehen, und bewies ein sicheres Gespür für deren Bekleidungsstile und Wünsche. Aufgrund seiner hervorragenden Sprachkenntnisse konnte Herr Mustermann die Kund*innen auch auf Türkisch und Englisch beraten.

Herr Mustermann war ein stets ehrlicher, pünktlicher und fleißiger Mitarbeiter.
Er hat die ihm übertragenen Aufgaben stets zu unserer vollen Zufriedenheit ausgeführt.

▸▸ Das ist die Gesamtnote. Diese Formulierung steht für die Schulnote »gut«. Mehr zu den Gesamtnoten finden Sie im Kapitel »Arbeitszeugnis« auf Seite 286.

Sein Verhalten war jederzeit vorbildlich. Aufgrund seines Fachwissens, seiner Kollegialität und seiner Hilfsbereitschaft war er bei Vorgesetzten, Kolleg*innen und Kund*innen anerkannt und sehr geschätzt.

▸▸ An dieser Stelle dürfen die »Vorgesetzten« nicht fehlen. Das könnte sonst als Hinweis auf Konflikte mit Führungskräften gelesen werden.

Herr Mustermann verlässt unser Unternehmen auf eigenen Wunsch. Wir bedauern seine Entscheidung sehr, da wir mit ihm einen wertvollen Mitarbeiter verlieren. Wir danken ihm für seine stets gute Arbeit und wünschen ihm viel Glück, Erfolg und alles Gute.

▸▸ Das ist die sogenannte Abschieds- und Bedauernsformel.
▸▸ Die Formulierung im letzten Satz »... und wünschen ihm viel Glück, Erfolg und alles Gute« ist unzulässig. Denn es entsteht der Eindruck, dass Herr Mustermann Glück nötig habe.
▸▸ Bei dem Wunsch für Erfolg muss ein »weiterhin« eingefügt werden. Denn sonst kann es so gelesen werden, dass er bisher keinen Erfolg hatte und dies nur in Zukunft möglich sei.

▸▸ Hier müsste als Datum der letzte Arbeitstag stehen: Berlin, den 31.10.2021.

Simone Werther
Stellvertretende Filialleiterin

▸▸ Die Unterschrift der Leiterin der Filiale, nicht nur der Stellvertretung, würde das Zeugnis noch aufwerten. Man kann den Arbeitgeber dazu aber nicht zwingen.

19.
Der Betriebsrat

Schon ab fünf Arbeitnehmer*innen im Betrieb kann ein Betriebsrat gegründet werden. Dieses Recht wird aber oft nicht genutzt. Nur 41 Prozent der Beschäftigten arbeiten in einem Betrieb mit Betriebsrat.[2] Warum ist der Betriebsrat so wichtig für die Beschäftigten? »Allein machen sie dich ein!«, sangen die Ton Steine Scherben schon in den 70ern. Ohne Betriebsrat stehen Arbeitnehmer*innen dem Arbeitgeber allein gegenüber. Sie müssen ihre Wünsche nach guten Arbeitsbedingungen, respektvoller Behandlung und gerechter Bezahlung selbst durchsetzen, und das fällt nicht leicht. Der Arbeitgeber verfolgt seine eigenen Interessen, kennt sich mit den Gesetzen meistens besser aus und hat eigene Rechtsanwält*innen oder gleich eine ganze Rechtsabteilung. Dieses Ungleichgewicht wird durch die Existenz eines Betriebsrats teilweise ausgeglichen. Mit einem Betriebsrat haben Arbeitnehmer*innen jemanden an ihrer Seite. Der Betriebsrat wird von den Beschäftigten eines Betriebs gewählt und vertritt die Interessen der Belegschaft. Er kontrolliert, ob der Arbeitgeber die Gesetze einhält. Er setzt sich für bessere Arbeitsbedingungen ein und ist Ansprechpartner, wenn Einzelne ungerecht behandelt werden.

---

2 Quelle: Hans-Böckler-Stiftung: https://www.boeckler.de/de/boeckler-impuls-was-betriebsraete-bewirken-3991.htm

Bessere Arbeitsbedingungen mit Betriebsrat

In Betrieben mit Betriebsräten sind die Arbeitsbedingungen meistens besser. Studien kommen zu dem Ergebnis, dass die Beschäftigten besser bezahlt werden und auch der Gender-Pay-Gap geringer ausfällt. Es gibt weniger Personalfluktuation und eine familienfreundlichere Personalpolitik. Auch bei der Einführung von umweltfreundlicheren Produktionsverfahren spielen Betriebsräte eine Rolle.[3] Maßnahmen zur Bekämpfung von Rassismus und die Gleichstellung der Geschlechter im Betrieb gehören ebenfalls zu den gesetzlichen Aufgaben des Betriebsrats.

Ein Betriebsrat kann auf viele Themen Einfluss nehmen, hier ein paar Beispiele:

- Arbeits- und Gesundheitsschutz
- Einführung von Kurzarbeit
- Arbeiten im Homeoffice
- Vereinbarkeit von Familie, Freizeit und Beruf
- Anordnung von Überstunden
- Sicherung der Arbeitsplätze bei Betriebsänderungen
- Schutz vor Diskriminierung und sexueller Belästigung am Arbeitsplatz

Wenn es noch keinen Betriebsrat gibt, können sich einige Kolleg*innen zusammentun und eine Betriebsratswahl organisieren. Je nach Arbeitgeber wird es mehr oder weniger heftigen Gegenwind geben.

Was macht ein Betriebsrat?

Das Betriebsratsamt ist ehrenamtlich. Die Betriebsratsarbeit findet während der Arbeitszeit statt und man bekommt für diese Zeit das gleiche Gehalt wie sonst auch. Die meisten Betriebsräte treffen sich einmal in

---

3 Quelle: Hans-Böckler-Stiftung: https://www.boeckler.de/de/boeckler-impuls-betriebsrat-zahlt-sich-aus-7470.htm

der Woche zur Betriebsratssitzung. Dort wird über alle Themen gesprochen, die im Betrieb gerade wichtig sind. Die Dauer der Sitzung hängt von der Größe des Betriebs und den anstehenden Aufgaben ab. Sie kann wenige Stunden oder den ganzen Tag dauern. Wegen der Coronapandemie wurde eingeführt, dass Betriebsratssitzungen auch mittels einer Video- oder Telefonkonferenz stattfinden können.

Mindestens einmal im Monat trifft sich der Betriebsrat mit dem Arbeitgeber zur gemeinsamen Besprechung. Um neue Regelungen für die Belegschaft zu treffen, können Arbeitgeber und Betriebsrat zu vielen Themen Betriebsvereinbarungen abschließen. So eine Betriebsvereinbarung gilt dann wie ein kleines Gesetz für alle Mitarbeiter*innen im Betrieb. Für den Kontakt mit der Belegschaft kann der Betriebsrat Sprechstunden einrichten und bei Betriebsbegehungen mit einzelnen Arbeitnehmer*innen sprechen. Mehrmals im Jahr soll er eine Betriebsversammlung durchführen, um die Beschäftigten über seine Arbeit und aktuelle Themen im Betrieb zu informieren.

Für die Rechte und Pflichten von Betriebsräten gibt es ein eigenes Gesetz, das Betriebsverfassungsgesetz (BetrVG).

Mitbestimmungsrechte des Betriebsrats

Die Beteiligungsrechte des Betriebsrats sind unterschiedlich ausgeprägt. Bei einigen Themen kann er seine Mitbestimmung erzwingen, bei anderen Themen hat er nur ein Beratungsrecht oder ein Recht auf Informationen. Bevor der Arbeitgeber eine Kündigung ausspricht, muss er den Betriebsrat anhören. Der Betriebsrat kann der Kündigung widersprechen, er kann die Kündigung aber nicht verhindern. Bei Einstellungen, Versetzungen und Eingruppierungen muss der Arbeitgeber vorher nach der Zustimmung des Betriebsrats fragen. Verweigert dieser seine Zustimmung, entscheidet das Arbeitsgericht.

Erzwingbare Mitbestimmung

Bei den Themen der erzwingbaren Mitbestimmung darf der Arbeitgeber keine Regelung ohne den Betriebsrat treffen. Tut er es trotzdem, sind die Entscheidungen unwirksam. Arbeitgeber und Betriebsrat müssen sich einigen, damit eine wirksame Regelung entsteht. Das ist dann meistens eine Betriebsvereinbarung.

Beispiele für Themen der erzwingbaren Mitbestimmung:

- Erstellung des Dienstplans
- Ausgestaltung von Gleitzeitregelungen
- Lage und Dauer von Arbeitspausen
- Anordnung von Überstunden
- Das Tragen von Dienstkleidung
- Aufstellung eines Urlaubsplans
- Kontrolle der Arbeitnehmer*innen durch die Webcam des Computers
- Festlegung von Bildschirmpausen für den Gesundheitsschutz
- Einrichtung eines Betriebskindergartens

Mehr Rechte für die einzelnen Arbeitnehmer*innen

Der Betriebsrat hat Rechte aus dem sogenannten kollektiven Arbeitsrecht. Diese Rechte gehen weit über die Arbeitsrechte der einzelnen Arbeitnehmer*innen hinaus. Wird kein Betriebsrat gegründet, werden diese Rechte aus dem Betriebsverfassungsgesetz nicht abgerufen bzw. verschenkt. Um ihre Rechte zu bekommen, müssen einzelne Beschäftigte mit dem Arbeitgeber verhandeln oder sogar gegen ihn klagen. Ein Betriebsrat kann diese Aufgabe für alle Mitarbeiter*innen übernehmen.

Beispiele:

- Nach dem Arbeitsvertrag ist die Versetzung eines Mitarbeiters möglich. Der Betriebsrat hat aber Mitbestimmungsrechte bei Versetzungen und kann diese womöglich verhindern.

- Der Arbeitgeber weigert sich, gegen Diskriminierungen im Betrieb vorzugehen. Der Betriebsrat kann dies erzwingen.
- Der Arbeitgeber will einen Betrieb stilllegen. Der Betriebsrat kann Druck ausüben und für die Belegschaft Abfindungen aushandeln.

Die Gründung eines Betriebsrats

In jedem Betrieb mit mindestens fünf Beschäftigten kann ein Betriebsrat gegründet werden. Am besten tun sich Beschäftigte mit Kolleg*innen zusammen, denen sie absolut vertrauen. Es sind schon Arbeitnehmer*innen gekündigt worden, nur weil sie die Idee hatten, einen Betriebsrat zu gründen. Wenn sich noch mindestens zwei andere Beschäftigte finden, können diese gemeinsam die Betriebsratswahl organisieren. Dazu müssen alle Beschäftigten zu einer Betriebsversammlung eingeladen werden. Auf dieser Versammlung wird der Wahlvorstand gewählt. Der Wahlvorstand organisiert die Betriebsratswahl. Diese Betriebsversammlung muss von drei wahlberechtigten Arbeitnehmer*innen oder einer im Betrieb vertretenen Gewerkschaft einberufen werden. Die Gewerkschaft ist schon bei einem Mitglied im Betrieb vertreten.

Bevor das Projekt Betriebsrat in Angriff genommen wird, sollten die Beschäftigten gemeinsam mit einigen Kolleg*innen in eine Gewerkschaft eintreten. Die Gewerkschaft steht ihnen bei Fragen zur Betriebsratsgründung zur Seite und bietet auch Schulungen für den Wahlvorstand an. Gleichzeitig haben Gewerkschaftsmitglieder in der Regel das Recht auf kostenlose Beratung und Vertretung vor dem Arbeitsgericht. Man kann die Gewerkschaften per E-Mail oder Anruf kontaktieren und sich nach den Möglichkeiten der Unterstützung für eine Betriebsratsgründung erkundigen.

Eine andere Möglichkeit ist der Abschluss einer Rechtsschutzversicherung für Arbeitsschutz. Nach einer Wartezeit von einigen Monaten übernimmt die Versicherung die Kosten für eventuelle rechtliche Streitigkeiten.

Entschieden wird durch Abstimmung

Der Betriebsrat ist ein Gremium, das alle Entscheidungen durch Mehrheitsentscheid trifft. Die Betriebsratsmitglieder sind untereinander gleichberechtigt, es gibt keine/n Chef*in. Aus ihrer Mitte wählen alle Mitglieder den oder die Betriebsratsvorsitzend*en und auch eine/n Stellvertreter*in. Der/die Vorsitzende ist der/die Ansprechpartner*in für den Arbeitgeber und vertritt die Entscheidungen des Betriebsrats nach außen. Er/sie organisiert auch die Betriebsratssitzungen.

Besonderer Kündigungsschutz

Die Mitglieder des Betriebsrats haben einen besonders guten Kündigungsschutz. Sie können nur außerordentlich aus einem wichtigen Grund gekündigt werden. Ein wichtiger Grund kann z. B. eine Straftat am Arbeitsplatz sein. Wer seinen Chef grob beleidigt, kann auch als Betriebsratsmitglied eine fristlose Kündigung erwarten. Neben dem wichtigen Grund muss der Betriebsrat selbst der Kündigung seines Mitgliedes zustimmen. Falls der Betriebsrat nicht zustimmt, kann der Arbeitgeber versuchen, sich die Zustimmung durch das Arbeitsgericht ersetzen zu lassen. Auch Mitglieder des Wahlvorstandes und die Personen, die mit ihrer Unterschrift auf der Einladung eine Betriebsversammlung für die Wahl des Wahlvorstandes einberufen, können nur aus einem wichtigen Grund gekündigt werden.

Eine ordentliche Kündigung eines Betriebsratsmitgliedes ist noch ein Jahr nach Beendigung seiner Amtszeit unzulässig. Die Mitglieder des Wahlvorstandes und Wahlbewerber*innen sind noch sechs Monate nach der Wahl geschützt.

Betriebsänderungen – besser mit Betriebsrat

Plant der Arbeitgeber eine Betriebsänderung, die wesentliche Nachteile für die Belegschaft mit sich bringt, so muss er den Betriebsrat vorher darüber informieren. Unter Betriebsänderungen fallen unter anderem die Einschränkung oder Stilllegung des ganzen Betriebs, die Verlegung von wesentlichen Betriebsteilen oder die Einführung neuer Fertigungsverfahren.

Beispiele:

- Die Marketingabteilung eines Versandhändlers wird ausgegliedert. Ein Unternehmen baut mehr als 10 Prozent seines Personals ab.
- In der Betriebshierarchie wird die Ebene der Teamleiter komplett gestrichen.

Der Betriebsrat kann mit dem Arbeitgeber einen Interessenausgleich und Sozialplan aushandeln. Bei den Verhandlungen über den Interessenausgleich kann der Betriebsrat Vorschläge einbringen, um die geplante Betriebsänderung zugunsten der Beschäftigten umzugestalten. Der Zeitpunkt einer Betriebsänderung kann z. B. verhandelt werden oder Umschulungsmaßnahmen für betroffene Mitarbeiter*innen.

Der Sozialplan soll die wirtschaftlichen Nachteile der Arbeitnehmer*innen abfedern. Bei einer Betriebsschließung kann der Sozialplan festlegen, welche Abfindungen für den Verlust des Arbeitsplatzes gezahlt werden. Falls der Betrieb verlegt wird, kann sich der Betriebsrat für die Zahlung von Umzugskosten oder Fahrtkostenerstattung starkmachen.

Der Fall: Betriebsrat im Haus der Kunst wehrt sich gegen Outsourcing

Im Haus der Kunst in München sollten 48 Mitarbeiter*innen an der Kasse und in der Aufsicht der Ausstellungsräume outgesourct, also ausgelagert, werden. Die Geschäftsführung wollte sie kündigen, um Kosten zu sparen, und hatte die Idee, dass die Mitarbeiter*innen teilweise über externe Firmen zurückkommen könnten. Natürlich wesentlich schlechter bezahlt. Die betroffenen Kolleg*innen waren teilweise schon seit über 20 Jahren im Betrieb und auf die Jobs angewiesen. Unterstützung bekam der Betriebsrat von dem Künstler Ai Weiwei. Bei einer Aktion im Museum gab er den Kartenabreißer und diskutierte mit dem kaufmännischen Direktor des Museums vor der Presse über die Auslagerungspläne. Nach langen Verhandlungen mit der Leitung konnte der Betriebsrat erreichen, dass 26 Stellen erhalten blieben. Die Mitarbeiter*innen, die gehen mussten, erhielten eine Abfindung.

Fragen und Antworten

1. Wie soll ich als Betriebsratsmitglied den Arbeitgeber kontrollieren, wenn ich mich selbst nicht mit den Gesetzen auskenne?

Alle neu gewählten Betriebsräte dürfen Schulungen besuchen, bei denen sie lernen, welche Rechte und Pflichten der Betriebsrat hat. Es werden Grundlagenschulungen im Betriebsverfassungsrecht und Arbeitsrecht angeboten. Für Fortgeschrittene gibt es spezielle Schulungen z.B. zum Arbeits- und Gesundheitsschutz oder zum Thema Arbeitszeit, Diskriminierungsschutz am Arbeitsplatz oder Datenschutz. Für die Zeit der Schulungen werden die Betriebsratsmitglieder von der Arbeit freigestellt. Der Arbeitgeber muss die Schulungen bezahlen.

2. Wann wird ein Betriebsrat gewählt und wie lange ist er im Amt?

Ein Betriebsrat wird für vier Jahre gewählt. Bei bestehenden Betriebsräten sind die Wahlen im ganzen Land alle vier Jahre im gleichen Zeitraum. Die letzten Wahlen fanden im Jahr 2022 statt, also gibt es im Jahr 2026 die nächsten regulären Betriebsratswahlen. Wenn es noch keinen Betriebsrat gibt, kann der Betriebsrat jederzeit gewählt werden.

3. Wie viele Mitglieder hat ein Betriebsrat?

Je größer die Belegschaft ist, desto mehr hat der Betriebsrat zu tun und desto mehr Mitglieder muss er haben. Arbeiten in einem Betrieb zwischen fünf und 20 Personen, wird nur eine Person für den Betriebsrat gewählt. Bei 21 bis 50 Arbeitnehmer*innen, werden drei Personen in den Betriebsrat gewählt usw. Bei über 7.000 Beschäftigten sind es dann 35 Leute im Betriebsrat. Ab 200 Beschäftigten wird ein Betriebsratsmitglied komplett von der Arbeit freigestellt, damit es sich ausschließlich der Betriebsratsarbeit widmen kann.

4. Der Arbeitgeber hat uns gesagt, er will keinen Betriebsrat. Was tun?

Der Arbeitgeber darf die Gründung eines Betriebsrats nicht verhindern. Die Behinderung oder Beeinflussung einer Betriebsratswahl ist eine Straftat und wird mit Geldstrafe oder Gefängnis bis zu einem Jahr bestraft. Trotzdem kommt es vor, dass Arbeitgeber den Beschäftigten mit Versetzung oder Kündigung drohen oder den Kandidat*innen Geld bieten, damit sie doch nicht zur Wahl antreten. Dagegen können sich die Beschäftigten vor dem Arbeitsgericht wehren oder mit einer Anzeige bei der Staatsanwaltschaft. Nun muss man sagen, dass die Gefängnisse nicht gerade voll sind mit Arbeitgebern, die versucht haben, eine Betriebsratsgründung zu verhindern, obwohl das nicht gerade selten vorkommt. In der Praxis werden diese Gesetzesvorschriften sehr selten angewandt. Das wird sich nur ändern, wenn sich mehr Menschen gegen die Behinderung von Betriebsratswahlen wehren. Unterstützung bekommen sie dabei von den Gewerkschaften.

5. Wo ist der Unterschied zwischen Betriebsrat und Personalrat?

Betriebsrat und Personalrat vertreten beide die Interessen der Beschäftigten. Im Unterschied zum Betriebsrat wird der Personalrat jedoch nicht für Unternehmen der Privatwirtschaft, sondern bei öffentlich-rechtlichen Arbeitgebern wie z. B. dem Bund, den Ländern und den Gemeinden gebildet.

Beispiele:
Bundesministerium für Arbeit und Soziales, Landesamt für Finanzen, Bezirksamt Berlin-Pankow, Standesamt Wildeshausen, Universitäten, Schulen und Museen.

Die Mitbestimmungsrechte der Personalräte sind im Bundespersonalvertretungsgesetz und in den Personalvertretungsgesetzen der einzelnen Bundesländer geregelt. Der Personalrat hat ebenfalls Beteiligungsrechte bei personellen Maßnahmen des Arbeitgebers wie z. B. Einstellungen, Eingruppierungen und Versetzungen. Er kann weiterhin z. B. bei Regelungen über die Arbeitszeit, die Gestaltung der Arbeitsplätze, Aufstellung von Entlohnungsgrundsätzen und Maßnahmen zur Verhütung von Unfällen mitbestimmen.

6. Kann der Betriebsrat auch zum Umweltschutz beitragen?

Der betriebliche Umweltschutz gehört auch zu den Aufgaben des Betriebsrats. Er kontrolliert, ob die Vorschriften über den betrieblichen Umweltschutz vom Arbeitgeber eingehalten werden. Wenn vom Betrieb Gefahren für die Umwelt ausgehen, hat der Betriebsrat eine Überwachungspflicht. Dazu kann er Besichtigungen durchführen oder unangekündigt Stichproben nehmen. Um den Umweltschutz zu fördern, kann der Betriebsrat dem Arbeitgeber Maßnahmen zur Abfallvermeidung, Energieeinsparung und die Verwendung umweltschonender Betriebsmittel vorschlagen. Um den Kolleg*innen einen Anreiz zu geben, ihr Auto stehen zu lassen, kann er mit dem Arbeitgeber über die Einführung eines Jobtickets für die öffentlichen Verkehrsmittel beraten. Arbeitgeber und Betriebsrat können auch Betriebsvereinbarungen abschließen, die regeln, dass bei Dienstreisen unter 1.000 Kilometer auf Flüge verzichtet und stattdessen die Bahn genutzt wird.

20. Gewerkschaften

Gewerkschaften setzen sich für die Rechte von Arbeitnehmer*innen ein. Einen Großteil der guten Arbeitsbedingungen in Deutschland haben wir dem Einsatz von Gewerkschaften zu verdanken. Je mehr Mitglieder die Gewerkschaften haben, desto besser können sie die Interessen der Beschäftigten durchsetzen.

Die Aufgaben der Gewerkschaften

Eine der wichtigsten Aufgaben von Gewerkschaften ist das Verhandeln von Tarifverträgen mit der Arbeitgeberseite. Ein Tarifvertrag regelt unter anderem folgende Dinge: die Höhe des Gehalts, den Urlaubsanspruch, die wöchentliche Arbeitszeit. Auch speziellere Themen wie Altersteilzeit, Kündigungsfristen oder der Umfang von Leiharbeit können in einem Tarifvertrag festgelegt werden.

Aber das Engagement der Gewerkschaften geht weit darüber hinaus. Gewerkschaften setzen sich für eine bessere Personalausstattung z. B. in Krankenhäusern, Schulen und Kindergärten ein. Sie engagieren sich für gute Arbeitsbedingungen in der Berufsausbildung und eine gute Rente. Sie treten gegen die Ausweitung von befristeten Arbeitsverträgen und Leiharbeit ein.

Schutz vor Diskriminierung am Arbeitsplatz

Auch der Schutz vor Diskriminierungen am Arbeitsplatz ist ein Thema der Gewerkschaften. Die gewerkschaftliche Initiative »Mach' meinen Kumpel nicht an!« (Zeichen mit der gelben Hand) setzt sich seit den 1980er-Jahren gegen Rassismus und Rechtsextremismus am Arbeitsplatz und in der Gesellschaft ein (www.gelbehand.de). Die Gewerkschaft ver.di klärt über sexuelle Belästigung am Arbeitsplatz auf und gibt Tipps zur Gegenwehr: https://macht-immer-sinn.de) Auch die Sichtbarmachung und Gleichbehandlung von queeren Menschen am Arbeitsplatz und in der Gesellschaft werden durch Gewerkschaften vorangetrieben.

Forschung für die Weiterentwicklung der Arbeit

Gewerkschaften und ihre Forschungsinstitute beobachten die Entwicklungen auf dem Arbeitsmarkt, wie etwa mobiles Arbeiten und Digitalisierung, und entwickeln Verbesserungsvorschläge für die Situation der Arbeitnehmer*innen. Sie entwerfen neue Konzepte für Arbeitszeit, Weiterbildung und die Altersvorsorge und bringen sie in die politische Diskussion ein.

Einfluss auf die Arbeitsbedingungen

Das Engagement der Gewerkschaften für bessere Arbeitsbedingungen prägt alle Arbeitsverhältnisse. Durch die Tarifverträge werden Mindeststandards gesetzt. Daran orientieren sich auch solche Arbeitgeber, die keine Tarifverträge abschließen. Wenn in Unternehmen einer Branche Tariflöhne gezahlt werden, so setzt es auch die Konkurrenz unter Druck, mehr Gehalt zu zahlen und mehr Urlaubstage zu gewähren.

Tarifverträge galten im Jahr 1998 noch für 76 Prozent der Beschäftigten im Westen und für 63 Prozent im Osten. Im Jahr 2019 waren nur noch 44 Prozent der Arbeitsverhältnisse durch einen Tarifvertrag geregelt. Die Tarifbindung ist stark rückläufig, weil die Gewerkschaften an Mitgliedern und damit an Einfluss verlieren. Wenn wir keine Verschlechterung der Arbeitsbedingungen in Deutschland, sondern sogar eine Verbesserung wollen, brauchen wir mehr Mitglieder in den Gewerkschaften.

Gewerkschaft und Betriebsratsgründung

Der Eintritt in eine Gewerkschaft ist auch unbedingt zu empfehlen, wenn Sie einen Betriebsrat gründen möchten. Denn Gewerkschaften haben das Recht, die Beschäftigten bei der Gründung eines Betriebsrats zu unterstützen. Sie stehen mit Rat und Tat zur Seite. Zusätzlich hilft Ihnen der kostenlose Rechtsschutz im Fall einer Kündigung oder bei anderen Einschüchterungsversuchen durch den Arbeitgeber (siehe auch Kapitel »Der Betriebsrat« ab Seite 300).

Gewerkschaft und Mindestlohn

Auch den Mindestlohn haben wir unter anderem den Gewerkschaften zu verdanken. Er sorgt nicht nur für mehr Geld in den Taschen der Geringverdiener*innen. Auch andere Arbeitnehmer*innen profitieren davon. Ist der Mindestlohn als Standard erst einmal gesetzt, gehen auch die anderen Gehälter in die Höhe. Bei seiner Einführung im Jahr 2015 lag der Mindestlohn bei 8,50 Euro brutto pro Stunde. Im Oktober 2022 wurde der Mindestlohn schließlich auf 12 Euro brutto die Stunde angehoben.

Das Recht auf Bildung von Gewerkschaften wird vom Grundgesetz in Artikel 9 Absatz 3 besonders geschützt. Es ist verboten, Beschäftigte aufgrund ihrer Mitgliedschaft in einer Gewerkschaft zu benachteiligen.

Was genau ist eine Gewerkschaft?

Man kann einer Gewerkschaft beitreten wie einem Verein. Man zahlt einen Mitgliedsbeitrag, der sich nach der Höhe des Gehalts richtet, und bekommt dafür verschiedene Leistungen. Wer möchte, kann sich zusätzlich engagieren, z. B. als Vertrauensperson für die Kolleg*innen im Betrieb oder in verschiedenen gewerkschaftlichen Gruppen. Eine Gewerkschaft setzt sich zusammen aus professionell arbeitenden Gewerkschaftssekretär*innen und vielen einzelnen Mitgliedern, die sich ehrenamtlich für gute Arbeitsbedingungen einsetzen und auch das Programm der Gewerkschaft mitbestimmen können.

Gewerkschaften in Deutschland

Der größte Dachverband der Gewerkschaften in Deutschland ist der Deutsche Gewerkschaftsbund (DGB). In ihm haben sich acht Einzelgewerkschaften zusammengeschlossen. Sie treten für eine solidarische

Gesellschaft und eine gerechte Verteilung von Einkommen und Arbeit ein. Menschen sollen unabhängig von Herkunft, Hautfarbe und Geschlecht die gleichen Chancen erhalten. In den Mitgliedsgewerkschaften des DGB sind rund sechs Millionen Arbeitnehmer*innen in Deutschland organisiert.

Der DGB vertritt nicht nur die Interessen der Arbeitnehmer*innen, sondern setzt sich auch für die Belange von Arbeitslosen ein. Während der Coronapandemie waren und sind die Gewerkschaften immer noch eine wichtige Stimme für die von den Schul- und Kitaschließungen betroffenen berufstätigen Eltern.

Diese Gewerkschaften sind Mitglied im DGB:

- ver.di – Vereinte Dienstleistungsgewerkschaft
- IG Metall – Industriegewerkschaft Metall
- NGG – Gewerkschaft Nahrung-Genuss-Gaststätten
- IG Bau – Industriegewerkschaft Bauen-Agrar-Umwelt
- GEW – Gewerkschaft Erziehung und Wissenschaft
- IG BCE – Industriegewerkschaft Bergbau, Chemie, Energie
- EVG – Eisenbahn- und Verkehrsgewerkschaft
- GdP – Gewerkschaft der Polizei

Die Gewerkschaften des DGB sind sogenannte Einheitsgewerkschaften. Das bedeutet, dass sie alle Berufsgruppen in einem Betrieb oder Unternehmen vertreten.

Daneben gibt es auch sogenannte Fachgewerkschaften oder Spartengewerkschaften. Sie vertreten nur eine bestimmte Berufsgruppe. Die Pilotengewerkschaft Vereinigung Cockpit vertritt nur die Interessen der Pilot*innen und Flugingenieur*innen, nicht aber die Interessen der Steward*essen. Die Gewerkschaft Deutscher Lokomotivführer (GDL) vertritt nur die Interessen der Lokomotivführer*innen und Zugbegleiter*innen. Auch für Ärzt*innen und Lehrer*innen gibt es Spartengewerkschaften wie den Marburger Bund oder den Philologenverband.

Beispiel Krankenhaus: Die Gewerkschaft ver.di vertritt die Interessen aller Beschäftigten in einem Krankenhaus. Sie setzt sich für gute Arbeitsbedingungen der Pflegekräfte, der Ärzt*innen, des Reinigungspersonals und des Personals in der Verwaltung ein. Die Gewerkschaft Marburger Bund vertritt dagegen nur die Interessen der Ärzt*innen.

Einfluss auf die Politik

Die Gewerkschaften sind eine wichtige Kraft in der Politik. Bevor ein Gesetzesvorhaben zum Thema Arbeit und Soziales umgesetzt wird, werden Vertreter*innen der Gewerkschaften dazu angehört. Sie bringen die Perspektive der Arbeitnehmer*innen ein und sorgen dafür, dass ihre Rechte in den Gesetzen festgeschrieben werden. Gleichzeitig sorgen die Gewerkschaften mit ihren Forderungen an die Politik nach besseren Arbeitsbedingungen auch für neue gesetzliche Regelungen. Die Einführung des Mindestlohns in Deutschland im Jahr 2015 wurde maßgeblich von den Gewerkschaften vorangetrieben.

Tarifverträge

In Deutschland gelten zurzeit circa 73.000 Tarifverträge. Die Gewerkschaft kann den Tarifvertrag mit einem einzelnen Arbeitgeber oder mit einem Arbeitgeberverband abschließen. Tarifverträge mit einem einzelnen Arbeitgeber nennt man Firmentarifvertrag oder Haustarifvertrag. Daneben gibt es Branchentarifverträge für bestimmte Arbeitsgebiete oder Flächentarifverträge, die für ein bestimmtes Gebiet gelten. Für die Angestellten im öffentlichen Dienst gilt der Tarifvertrag für den öffentlichen Dienst (TVöD) oder der Tarifvertrag der Länder (TV-L). Tarifverträge können auch für allgemeinverbindlich erklärt werden. Dann gelten sie unabhängig von der Mitgliedschaft in einer Gewerkschaft oder im Arbeitgeberverband.

Lohn- und Gehaltstarifverträge

Ein Lohn- und Gehaltstarifvertrag regelt die Höhe des Arbeitsentgelts in einzelnen Entgeltgruppen. Innerhalb dieser Gruppen gibt es verschiedene Stufen, in die man je nach Berufserfahrung oder Betriebszugehörigkeit eingeordnet wird.

Beispiel: Nach dem Tarifvertrag der Länder (TV-L) bekommt ein/e Arbeitnehmer*in der Entgeltgruppe 8 und der Stufe 2 einen Bruttomonatslohn von 3.173,48 Euro. Nach zwei Jahren in der Stufe 2 steigt er/sie automatisch in die Stufe 3 auf und bekommt 3.299,66 Euro. Er/sie kann in der Entgeltgruppe 8 bis zu 3.634,13 Euro brutto monatlich in der sechsten und letzten Entgeltstufe verdienen (Zeitraum 01.12.2022 bis 30.09.2023).

Manteltarifverträge

Im Manteltarifvertrag oder Rahmentarifvertrag steht etwas zur regelmäßigen Wochenarbeitszeit, zum Urlaubsanspruch, zu den Zuschlägen oder den Kündigungsfristen.

Beispiel: Manteltarifvertrag für die chemische Industrie

Die Industriegewerkschaft Bergbau, Chemie, Energie und der Bundesarbeitgeberverband Chemie e. V. haben den Manteltarifvertrag »Chemische Industrie« abgeschlossen.

Darin steht in § 2:

Die regelmäßige tarifliche wöchentliche Arbeitszeit an Werktagen beträgt ausschließlich der Pausen 37,5 Stunden.

▸▸ Eine Vollzeitstelle nach dem Tarifvertrag bedeutet also nicht eine 40-Stunden-Woche, sondern nur 37,5 Stunden.

Und in § 12 steht:

Der Urlaub beträgt 30 Urlaubstage.

▸▸ Auch wenn der Arbeitsvertrag weniger Urlaub vorsieht, haben alle, die unter diesen Tarifvertrag fallen, Anspruch auf 30 Tage Urlaub.

Einblick in die Tarifverträge

Den Tarifvertrag der Länder (TV-L) und den Tarifvertrag für den öffentlichen Dienst (TVöD) kann man im Internet abrufen. Dazu gehören auch die aktuellen Entgelttabellen, aus denen man das Gehalt ablesen kann. Die meisten anderen Tarifverträge findet man nicht offen im Netz. Gewerkschaftsmitglieder können sich wegen eines Tarifvertrages an ihre Gewerkschaft wenden. Alle Tarifverträge sind aber in den **Tarifregistern** der Bundesländer veröffentlicht. Diese können von jeder Person eingesehen werden. Die Tarifregister geben Auskünfte an Interessierte und die Möglichkeit, die Tarifverträge vor Ort einzusehen.

Streiken für den Tarifvertrag

Tarifverträge werden von Vertreter*innen der Gewerkschaft und der Arbeitgeber verhandelt. Wenn die Arbeitgeberseite keine guten Angebote macht, kann die Gewerkschaft den Streik als Mittel einsetzen.

Der Streik ist ein Mittel im Arbeitskampf, um einen guten Tarifvertrag durchzusetzen. Die Beschäftigten hören für einen bestimmten Zeitraum auf zu arbeiten. Sie gehen auf die Straße oder stellen sich vor den Eingang zum Betrieb, um ihre Forderungen nach mehr Lohn oder kürzerer Arbeitszeit zu stellen. So wird auf den Arbeitgeber Druck ausgeübt, den Forderungen nachzukommen. Für die Zeit des Streiks bekommen die Beschäftigten keinen Lohn vom Arbeitgeber, aber dafür ein Streikgeld von ihrer Gewerkschaft. Das Recht auf Streik ist gesetzlich geregelt.

Der Arbeitgeberverband

Der Gegenspieler der Gewerkschaften ist der Arbeitgeberverband oder ein einzelner Arbeitgeber. Viele Arbeitgeber organisieren sich in Arbeitgeberverbänden und vertreten ihre Interessen gemeinsam. Arbeitgeber der Metall- und Elektroindustrie sind z. B. in dem Verband Gesamtmetall zusammengeschlossen. Gesamtmetall ist bei Tarifverhandlungen der Gegenspieler der Industriegewerkschaft Metall. Auch die Arbeitgeberverbände unterstützen ihre Mitglieder durch Informationsdienste, Rechtsberatung und Lobbyarbeit.

Vorteile durch die Mitgliedschaft in einer Gewerkschaft

Gewerkschaftsmitglieder haben in der Regel Anspruch auf kostenlosen Rechtsschutz im Arbeitsrecht und Sozialrecht. Sie können sich bei ihrer Gewerkschaft zu Fragen zum Arbeitsvertrag, zur Eingruppierung, zum Zeugnis oder auch zu Problemen mit dem Arbeitsamt beraten lassen. Steht eine Klage gegen den Arbeitgeber an, bekommen Sie in vielen Fällen eine kostenlose Vertretung vor dem Arbeitsgericht oder Sozialgericht. Neben dem Rechtsschutz bekommen Sie von der Gewerkschaft im Fall eines Streiks ein Streikgeld.

Kosten der Mitgliedschaft

Der Mitgliedsbeitrag beträgt bei den meisten Gewerkschaften 1 Prozent des Bruttogehalts. Wenn Sie also 2.600 Euro brutto im Monat verdienen, gehen davon 26 Euro monatlich an die Gewerkschaft. Wenn Sie arbeitslos werden oder in Elternzeit gehen, zahlen Sie weniger.

Eintritt in die Gewerkschaft

Vielen Gewerkschaften können Sie online beitreten. Sie füllen das Formular aus und schicken es ab. Danach müssen Sie regelmäßig Ihren Mitgliedsbeitrag zahlen und haben dadurch Anspruch auf die Leistungen der Gewerkschaft, wie z. B. tarifliche Leistungen, Streikunterstützung, Weiterbildung und eine Gewerkschaftszeitung. Dazu kommt in der Regel eine kostenlose Rechtsberatung sofort nach Eintritt und eine Kostenübernahme und Vertretung auch vor Gericht nach ein paar Monaten Wartezeit.

Wenn Sie möchten, können Sie sich über die Zahlung des Mitgliedsbeitrages hinaus in gewerkschaftlichen Gruppen engagieren.

Fragen und Antworten

1. Welche ist die richtige Gewerkschaft für mich?

Die Gewerkschaft muss für die Branche, in der Sie arbeiten, zuständig sein. Arbeiten Sie bei einem Automobilunternehmen, ist die IG Metall für Sie zuständig. Arbeiten Sie im Gastgewerbe, vertritt Sie die NGG. Wenn es nicht eindeutig ist, können Sie beim Deutschen Gewerkschaftsbund oder einzelnen Gewerkschaften nachfragen. Die Kontaktinformationen finden Sie im Internet. Für einige Berufsgruppen gibt es eine Auswahl an Gewerkschaften, die zuständig sind. Im Bereich Kindertagesstätten werden die Beschäftigten z. B. von ver.di und der GEW vertreten. Informieren Sie sich auf den Internetseiten der verschiedenen Gewerkschaften oder lassen Sie sich Informationsmaterial zuschicken. Fragen Sie auch vertrauenswürdige Kolleg*innen nach Gewerkschaften, die sich bereits in Ihrem Betrieb engagieren.

2. In meinem Arbeitsvertrag steht, dass ein bestimmter Tarifvertrag in seiner jeweiligen Fassung gilt. Muss ich jetzt in die Gewerkschaft eintreten?

Ein Tarifvertrag gilt automatisch für ein Arbeitsverhältnis, wenn der/die Arbeitnehmer*in Mitglied in der Gewerkschaft ist und der Arbeitgeber Mitglied in dem entsprechenden Arbeitgeberverband. Aber auch wenn Sie nicht Mitglied einer Gewerkschaft sind, können Sie Vorteile durch einen Tarifvertrag haben, und zwar durch die sogenannte Bezugnahmeklausel.

In Ihrem Arbeitsvertrag steht dann z. B.:

Auf das Arbeitsverhältnis findet der Tarifvertrag der Textil- und Bekleidungsindustrie Berlin in seiner jeweiligen Fassung Anwendung.

Sie bekommen den Tariflohn vom Arbeitgeber, ohne dass Sie Beiträge für die Gewerkschaft zahlen müssen. Das machen Arbeitgeber mit dem Ziel, dass die Beschäftigten nicht in die Gewerkschaft eintreten und die Gewerkschaft bei den nächsten Tarifverhandlungen nicht stärker wird und höhere Lohnforderungen stellen kann. Sie müssen also nicht in eine Gewerkschaft eintreten, das ist freiwillig. Sie profitieren aber von jedem neuen Tarifabschluss, weil der Tarifvertrag *»in seiner jeweiligen Fassung«* gilt. Sie werden mehr verdienen, wenn Sie der Gewerkschaft durch Ihren Beitritt eine stärkere Stimme verleihen. Denn eine Gewerkschaft ist nur so stark wie die Anzahl ihrer Mitglieder.

3. Wo ist der Unterschied zwischen einem Betriebsrat und der Gewerkschaft?

Sowohl Gewerkschaften als auch Betriebsräte setzen sich für bessere Arbeitsbedingungen ein. Sie bestehen nebeneinander und haben unterschiedliche Rechte und Pflichten. Der Betriebsrat wird im Betrieb gewählt und ist automatisch für alle Beschäftigten des Betriebs zuständig. Er hat Mitbestimmungsrechte bei personellen Maßnahmen wie Kündigungen und Versetzungen. Außerdem kann er mit dem Arbeitgeber Betriebsvereinbarungen verhandeln, die für alle Arbeitnehmer*innen gelten. Er kann aber nur auf der Ebene des Betriebs oder Unternehmens wirken. Die Gewerkschaften haben nicht nur den einzelnen Betrieb im Blick, sondern engagieren sich für gute Arbeitsbedingungen über die Grenzen der Betriebe und Unternehmen hinweg. Über die Mitgliedschaft in einer Gewerkschaft kann man frei entscheiden.

21.

Gesetze und andere Rechtsquellen im Arbeitsrecht

Um eine Rechtsfrage zu beantworten, reicht der Blick in den Arbeitsvertrag meistens nicht aus. Die Rechtslage wird noch von vielen anderen Rechtsquellen beeinflusst. Im Arbeitsrecht gibt es unzählige einzelne Gesetze, die Regeln für Arbeitgeber und Arbeitnehmer festlegen. Im Betrieb kann eine Betriebsvereinbarung gelten oder es gibt einen Tarifvertrag, der auf das Arbeitsverhältnis anwendbar ist. Auch eine neue Rechtsprechung des Bundesarbeitsgerichts oder sogar des Europäischen Gerichtshofs kann den Fall beeinflussen.

Diese verschiedenen Rechtsquellen können nebeneinanderstehen und sich ergänzen. Es kann aber auch sein, dass sie sich widersprechen und man herausarbeiten muss, welche über den anderen steht und damit gilt.

Diese Rechtsquellen wirken auf die Arbeitsverhältnisse ein:

Weisungsrecht oder Direktionsrecht des Arbeitgebers

Im Arbeitsvertrag steht meistens nur die allgemeine Berufsbezeichnung der Beschäftigten, z. B. Verkäufer*in oder Mechatroniker*in. Wenn es darum geht, **was** ein einzelner Beschäftigter **wann** und **wo** konkret tun soll, greift das Weisungsrecht des Arbeitgebers.

> **Beispiel:** Ein Arbeitnehmer ist als Verkäufer für Haushaltswaren in einem großen Kaufhaus mit einer Arbeitszeit von 30 Stunden in der Woche eingestellt worden. Ob er im Bereich Kochen oder Backen eingesetzt wird, bestimmt seine Vorgesetzte. Der Arbeitgeber kann auch die Arbeitstage und die genauen Arbeitszeiten festlegen. Auch die Anweisung zur Vertretung einer Kollegin mit den gleichen Tätigkeiten wäre vom Weisungsrecht gedeckt.

Dem Weisungsrecht des Arbeitgebers sind aber auch Grenzen gesetzt. Diese Grenzen finden sich z. B. im Arbeitsvertrag, in Betriebsvereinbarungen und Tarifverträgen, den Arbeitsgesetzen und auch in Verordnungen der Europäischen Union.

> **Beispiel: Lenkzeiten nach der EU-Verordnung 561/2006**
> Nach dieser Verordnung dürfen die Lenkzeiten von Lkw-Fahrer*innen 56 Stunden in der Woche nicht überschreiten. Eine Weisung des Arbeitgebers, länger zu fahren, wäre unzulässig.

Der Arbeitgeber muss die Weisungen auch nach »billigem Ermessen« erteilen. Das bedeutet, dass er berechtigte Interessen des Arbeitnehmers berücksichtigen muss. Er muss z. B. auf die familiären Belange der Beschäftigten Rücksicht nehmen.

Arbeitsvertrag

Der Arbeitsvertrag wird zwischen Arbeitgeber und den Beschäftigten geschlossen. Normalerweise legt der Arbeitgeber den Arbeitsvertrag vor und die Beschäftigten unterschreiben diesen. Es müssen jedoch nicht alle Regelungen im Arbeitsvertrag auch gültig sein. Der Arbeitsvertrag findet seine Grenzen in den Rechtsquellen, die in der Hierarchie über ihm stehen, wie z. B. den Betriebsvereinbarungen, den Tarifverträgen und den Arbeitsgesetzen.

Betriebsvereinbarung

Wenn es im Betrieb einen Betriebsrat gibt, kann dieser mit dem Arbeitgeber Betriebsvereinbarungen verhandeln und abschließen. Eine Betriebsvereinbarung gilt für alle Mitarbeiter*innen im Betrieb und wirkt sich auf deren Arbeitsverhältnisse aus. Betriebsvereinbarungen regeln z. B. die genauen Arbeitszeiten und Pausen oder Maßnahmen im Betrieb zum Gesundheitsschutz. Wenn Neuerungen eingeführt werden, wie Homeoffice oder mobiles Arbeiten, kann der Betriebsrat durch eine Betriebsvereinbarung die Rechte der Belegschaft festschreiben.

Bei öffentlich-rechtlichen Arbeitgebern kann der Personalrat Dienstvereinbarungen mit dem Arbeitgeber abschließen.

Wenn es im Unternehmen mehrere Betriebe mit Betriebsräten gibt, wählen die einzelnen Betriebsräte einen Gesamtbetriebsrat. Dieser Gesamtbetriebsrat kann zu Themen, die das gesamte Unternehmen betreffen, mit dem Arbeitgeber Gesamtbetriebsvereinbarungen abschließen.

Beispiel: Eine Gesamtbetriebsvereinbarung regelt den Einsatz der Software im Unternehmen.

In einem Konzern kann zudem ein Konzernbetriebsrat gewählt werden, der wiederum zu bestimmten Themen Konzernbetriebsvereinbarungen abschließen kann.

Beispiel: Die Vorschriften zum Thema Compliance sind in einer Konzernbetriebsvereinbarung für alle Unternehmen des Konzerns geregelt.

Tarifvertrag

Ein Tarifvertrag wird zwischen einer Gewerkschaft und einem einzelnen Arbeitgeber oder einem Arbeitgeberverband abgeschlossen.

Beispiel: Tarifvertrag zwischen dem Arbeitgeberverband Gesamtmetall und der Gewerkschaft IG Metall.

Wenn der Arbeitgeber Mitglied im Arbeitgeberverband ist und die Beschäftigten Mitglied in der Gewerkschaft, gilt der Tarifvertrag für das Arbeitsverhältnis. Ein Tarifvertrag gilt auch, wenn im Arbeitsvertrag eine Bezugnahmeklausel auf einen Tarifvertrag steht.

Beispiel: »Es gilt der Tarifvertrag der Länder (TV-L) in seiner jeweils geltenden Fassung.«

Wenn ein Tarifvertrag vom Bundesministerium für Arbeit und Soziales für allgemeinverbindlich erklärt wurde, gilt er für alle Arbeitnehmer*innen und Arbeitgeber dieser Branche.

Tarifverträge gehören zum kollektiven Arbeitsrecht, weil dort Regelungen für eine Vielzahl von Arbeitnehmer*innen getroffen werden. Der Tarifvertrag steht in der Pyramide unter den Gesetzen im Arbeitsrecht. Es gibt aber Gesetze mit einer sogenannten Tariföffnungsklausel. Das Gesetz erlaubt dadurch, dass der Tarifvertrag eine andere Regelung trifft.

Rechtsverordnungen

Die Regeln der Arbeitsgesetze werden in Rechtsverordnungen genauer bestimmt. Sie werden nicht durch den Gesetzgeber, sondern durch die Bundesregierung, die Bundesministerien oder die Landesregierungen erlassen.

Beispiel: Das Bundesministerium für Arbeit und Soziales hat eine Corona-Arbeitsschutzverordnung erlassen. Darin wurden Schutzmaßnahmen gegen Infektionen mit Corona am Arbeitsplatz geregelt.

Gesetze im Arbeitsrecht

Es gibt nicht ein Arbeitsgesetzbuch mit allen Regelungen für das Arbeitsrecht in Deutschland, sondern unzählige einzelne Gesetze. Im Bürgerlichen Gesetzbuch stehen einzelne Vorschriften für das Arbeitsrecht. Die Regeln zu Kündigungen stehen im Kündigungsschutzgesetz und das Recht auf Urlaub im Bundesurlaubsgesetz. Regelungen zu Teilzeit und Befristungen findet man im Teilzeit- und Befristungsgesetz. Es gibt aber auch Überraschungen. So steht der Anspruch der Beschäftigten auf ein Arbeitszeugnis in der Gewerbeordnung.

Die Arbeitsgesetze stehen über dem Arbeitsvertrag, den Betriebsvereinbarungen und Tarifverträgen. Wenn diese gegen ein Gesetz verstoßen, ist die Regelung darin unwirksam.

Beispiel: In einem Arbeitsvertrag wird eine Arbeitszeit von 70 Stunden in der Woche vereinbart. Diese Regelung verstößt gegen das Arbeitszeitgesetz. Der Arbeitgeber kann sich nicht darauf berufen.

Die meisten Arbeitsgesetze findet man einzeln im Internet. Es gibt aber auch Gesetzessammlungen als Buch, wie z. B. die Arbeitsgesetze des Beck Verlags oder die Arbeits- und Sozialordnung des BUND Verlags.

Grundgesetz

Das Grundgesetz ist die Verfassung der Bundesrepublik Deutschland. Es steht über den einzelnen Gesetzen. Diese müssen sich an den Werten im Grundgesetz messen lassen. Auch die Rechtsprechung der Arbeitsgerichte zieht die Grundrechte heran, wenn sie über Maßnahmen der Arbeitgeber entscheidet.

Beispiel: Die Gerichte verpflichten die Arbeitgeber, bei ihren Entscheidungen Rücksicht auf die familiären Belange der Beschäftigten zu nehmen. Denn die Ehe und die Familie werden vom Grundgesetz besonders geschützt.

EU-Recht

Das Recht der Europäischen Union geht dem deutschen Recht im Konfliktfall vor. Wenn die beiden Rechtsordnungen sich widersprechen, findet in der Regel das europäische Recht Anwendung.

Das Europäische Recht findet über EU-Verordnungen direkt Eingang in die deutsche Rechtsordnung. Die europäische Datenschutz-Grundverordnung (DSGVO) gilt z. B. wie ein Gesetz in allen Mitgliedsstaaten der Europäischen Union. Das deutsche Bundesdatenschutzgesetz wurde an diese europäische Verordnung angepasst.

Die Richtlinien der Europäischen Union geben den Mitgliedsstaaten bestimmte Ziele vor und diese müssen sie in nationales Recht umsetzen.

Beispiel: Das deutsche Allgemeine Gleichbehandlungsgesetz ist das Ergebnis der Umsetzung von mehreren Europäischen Richtlinien wie der Antirassismus-Richtlinie, der Richtlinie zur Verwirklichung der Gleichbehandlung der Beschäftigten und der Gender-Richtlinie.

Die Europäische Grundrechte-Charta fasst die allgemeinen Menschen- und Bürgerrechte und auch wirtschaftliche und soziale Rechte zusammen. Darunter fällt auch das Recht auf gute Arbeitsbedingungen:

Artikel 31 EU-Grundrechte-Charta

Gerechte und angemessene Arbeitsbedingungen

(1) Jede Arbeitnehmerin und jeder Arbeitnehmer hat das Recht auf gesunde, sichere und würdige Arbeitsbedingungen.

(2) Jede Arbeitnehmerin und jeder Arbeitnehmer hat das Recht auf eine Begrenzung der Höchstarbeitszeit, auf tägliche und wöchentliche Ruhezeiten sowie auf bezahlten Jahresurlaub

Wenn die europäische Gesetzgebung Verordnungen und Richtlinien erlässt, muss sie die Vorgaben aus der Grundrechte-Charta beachten.

Die Rechtsprechung des Europäischen Gerichtshofs beeinflusst die Rechtsprechung der Arbeitsgerichte in Deutschland.

Beispiel: Der Europäische Gerichtshof hat in einem Urteil aus dem Jahr 2019 entschieden, dass Arbeitgeber ein System einrichten müssen, um die Arbeitszeit der Beschäftigten zu erfassen. Dies soll der Sicherheit und dem Gesundheitsschutz am Arbeitsplatz dienen. Deshalb müssen auch die Arbeitgeber in Deutschland durch eine Gesetzesänderung verpflichtet werden, ein solches System einzurichten.

Richterrecht – Rechtsprechung der Arbeitsgerichte

Neben den Rechtsquellen in der Pyramide ist auch die Rechtsprechung der Arbeitsgerichte zu beachten. Gesetze regeln nicht jede Einzelheit. Die Richter*innen entwickeln das Recht fort, indem sie die Gesetze anwenden und weitere Regeln aufstellen. Auch politische Diskussionen und gesellschaftliche Entwicklungen fließen in die Rechtsprechung mit ein.

Beispiel: In einem Urteil aus dem Jahr 2019 zu sexueller Belästigung am Arbeitsplatz verweisen die Richter*innen auf die MeToo-Diskussion (siehe Fall im Kapitel »Sexuelle Belästigung am Arbeitsplatz« auf Seite 200).

Eine arbeitsrechtliche Streitigkeit beginnt immer vor dem Arbeitsgericht. Danach kann eine Berufung beim Landesarbeitsgericht eingelegt werden. Gegen die Urteile des Landesarbeitsgericht kann die Revision beim Bundesarbeitsgericht in Erfurt eingelegt werden. Das Bundesarbeitsgericht ist die letzte Instanz. Die anderen Arbeitsgerichte orientieren sich an der Rechtsprechung dieses höchsten Gerichts.

Weitere Rechtsquellen

Betriebliche Übung

Wenn der Arbeitgeber seinen Beschäftigten wiederholt die gleiche Leistung zukommen lässt und diese darauf vertrauen, dass es so weiterläuft, spricht man von betrieblicher Übung. Es entsteht ein Rechtsanspruch der Arbeitnehmer*innen auf diese Leistung, ohne dass es eine schriftliche Vereinbarung dazu gibt.

Beispiel: Der Arbeitgeber zahlt drei Jahre lang hintereinander ein Weihnachtsgeld an alle Beschäftigten aus. Im vierten Jahr möchte er dies nicht fortsetzen. Mittlerweile ist er aber dazu verpflichtet.

Wenn sich der Arbeitgeber nicht für die Zukunft binden will, muss er ausdrücklich darauf hinweisen.

Gesamtzusage

Bei einer Gesamtzusage erklärt der Arbeitgeber der ganzen Belegschaft oder einer Gruppe von Beschäftigten, dass sie eine bestimmte Leistung bekommen.

Beispiel: Bei einem Betriebsausflug hält der Geschäftsführer eine Ansprache. Er kündigt an, dass ab jetzt alle Mitarbeiter*innen im Juni des Jahres ein Urlaubsgeld von einem halben Bruttomonatsentgelt bekommen.

Der Inhalt dieser Gesamtzusage wird Teil des Arbeitsvertrages. Der Arbeitgeber ist verpflichtet, die Leistung zu erbringen.

Verhältnis der Rechtsquellen zueinander

Es kann sein, dass es für die Klärung einer Rechtsfrage mehrere Rechtsquellen mit unterschiedlichem Inhalt gibt.

> **Beispiel:** Im Arbeitsvertrag stehen beim Urlaubsanspruch 26 Tage. Der Manteltarifvertrag sieht 30 Urlaubstage vor und das Bundesurlaubsgesetz schreibt etwas von 24 Tagen.

Für das Verhältnis der Rechtsquellen untereinander gelten zwei wichtige Regeln: das Rangprinzip und das Günstigkeitsprinzip.

Das Rangprinzip

Die Regel des Rangprinzips lautet: »oben sticht unten«, also die ranghöhere Rechtsquelle geht vor. Da genügt ein Blick auf die Pyramide der Rechtsquellen.

> **Beispiel:** Wenn der Mindestlohn nach dem Mindestlohngesetz bei 12 Euro brutto in der Stunde liegt, darf im Arbeitsvertrag kein geringerer Lohn vereinbart werden.

Das Günstigkeitsprinzip

Weil das Arbeitsrecht ein Schutzrecht für die Arbeitnehmer*innen ist, meint »günstiger«: »günstiger für die Beschäftigten«. Danach gilt die Regel, die besser für die Beschäftigten ist.

Mit diesen beiden Regeln können wir die Frage nach dem Urlaubsanspruch von oben beantworten:

Es gilt ein Urlaubsanspruch von 30 Tagen.

Der Tarifvertrag steht über dem Arbeitsvertrag, der nur einen Urlaub von 26 Tagen vorsieht (Rangprinzip). Das Gesetz mit den 24 Urlaubstagen steht zwar über dem Tarifvertrag. Weil die Regelung im Tarifvertrag jedoch günstiger ist, gewinnt sie gegenüber der gesetzlichen Regelung (Günstigkeitsprinzip).

Dispositives oder nachgiebiges Recht

Das sogenannte dispositive oder nachgiebige Recht ist eine Ausnahme vom Rangprinzip und vom Günstigkeitsprinzip. Tarifverträge können z. B. in bestimmten Fällen eine andere Regelung als das Gesetz vorsehen.

Beispiel: Nach dem Teilzeit- und Befristungsgesetz darf ein Arbeitsvertrag ohne Sachgrund nur auf zwei Jahre befristet werden. Das Gesetz sieht vor, dass ein Tarifvertrag auch einen längeren Befristungszeitraum bestimmen kann. Auch wenn dies zum Nachteil der Beschäftigten ist, kann der Tarifvertrag z. B. eine Befristungsmöglichkeit von drei Jahren vorsehen.

Stichwortverzeichnis

IMPRESSUM

1. Auflage

Hinweis: Die Ratschläge/Informationen in diesem Buch sind von Autorin und Verlag sorgfältig erwogen und geprüft, dennoch kann eine Garantie nicht übernommen werden. Eine Haftung der Autorin beziehungsweise des Verlags und seiner Beauftragten für Personen-, Sach- und Vermögensschäden ist ausgeschlossen. Dieses Buch ersetzt keine juristische Fachberatung durch eine Anwältin oder einen Anwalt.

Projektleitung: Dr. Harald Kämmerer

Textredaktion: Susanne Schneider

Covergestaltung: Veruschkamia unter Verwendung von Bildmaterial von shutterstock (1471864379 von MPetrovskaya, 2138157839 von MPetrovskaya, 2054741006 von Frogella)

Herstellung und Innenlayout: Timo Wenda

Satz: Uhl + Massoupust, Aalen

Druck: CPI books, Leck

Printed in the EU

Penguin Random House Verlagsgruppe FSC® N001967

ISBN 978-3-517-10030-2